感性認知

アイステーシスの心理学

三浦佳世 編著

北大路書房

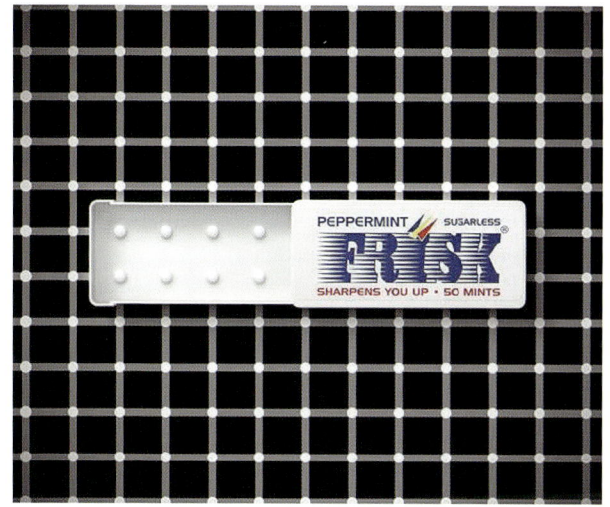

口絵1 フリスク屋外広告で使用された錯視図形 (本文 p24, 図1-1)

口絵2 蛇の回転錯視 (北岡, 2005) (本文 p25, 図1-2)

口絵3 ヴァリーニの作品「9つの踊る三角形」(左) とそのヴァンテージポイント外からの見え (右)（本文 p46, 図2-1）

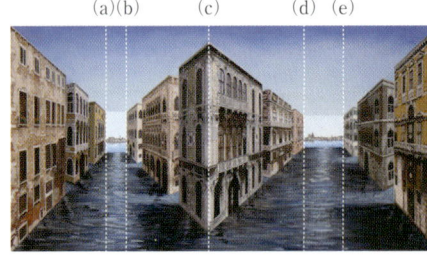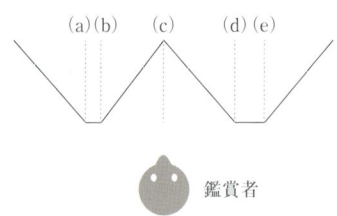

口絵4 ヒューズ「消えゆくヴェニス」(2007年) とその実際の凹凸（本文 p54, 図2-4）

口絵5 デル・カソ「非難からの逃走」(1874年)（左）およびそのステレオグラム（中および右）（本文 p59, 図2-5）

口絵6 ミード「トランジット」(2009年)（本文 p60, 図2-6）

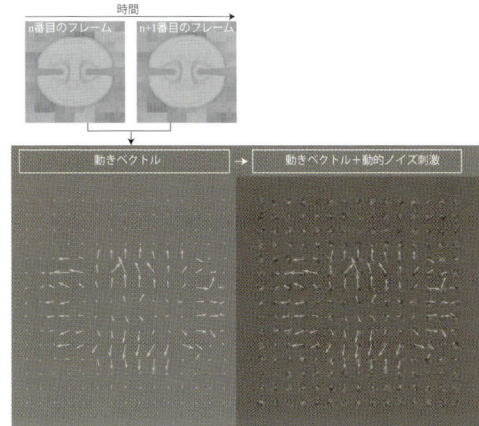

口絵7 河邊ら(2015b)で用いられた動的ノイズ刺激の生成過程を説明する図(Kawabe et al., 2015b)

まず,液体流動映像の2フレームを抽出し,フレーム間の動きベクトルを計算する。次に,その動きベクトルに従って,動的ノイズ刺激における低域通過型ホワイトノイズを移動させる。上図右下では,動きベクトルと動的ノイズ刺激とが重ねられて表示されているが,実際の実験に用いられた刺激には,矢印は刺激にふくまれていない。(本文 p68,図 3-3)

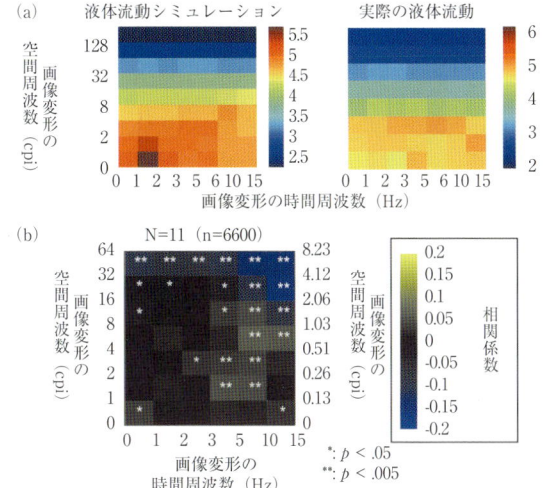

口絵8 画像変形の時空間周波数成分の解析(Kawabe et al., 2015c)

(a) シミュレートされた液体流動(左)および実物の液体流動における画像変形の時空間周波数のプロファイル(右)。(b) 透明液体知覚に関する逆相関法実験の結果。黄色および青のサブバンドは,透明液体知覚を促進・抑制するサブバンドを示す。(本文 p72,図 3-6)

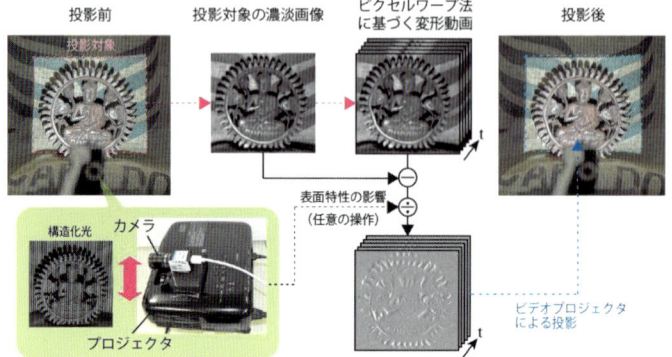

口絵9 変幻灯の代表的な実装例（河邉ら，2015a）（本文 p74，図3-7）

口絵10 実験に用いられた動きや静止を表す画像（Yamamoto & Miura, 2012b）右端の画像は左端の人の姿勢を象った抽象画像（本文 p102，図5-4）

口絵11 異時同図法とモーション・ラインの絵巻物での例
左：画面中央上と右下の人物が同一の異時同図法（伴大納言絵詞），右：回転する法輪と剣の護法童子にみられるモーション・ライン（信貴山縁起絵巻）（本文 p108, 図 6-1）

 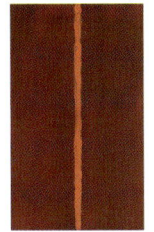

口絵12 空間芸術における内在的時間
左：ティントレット「聖母の神殿奉献」（1552年頃），右：ニューマン「ワンメント」（1948年）（本文 p110, 図 6-2）

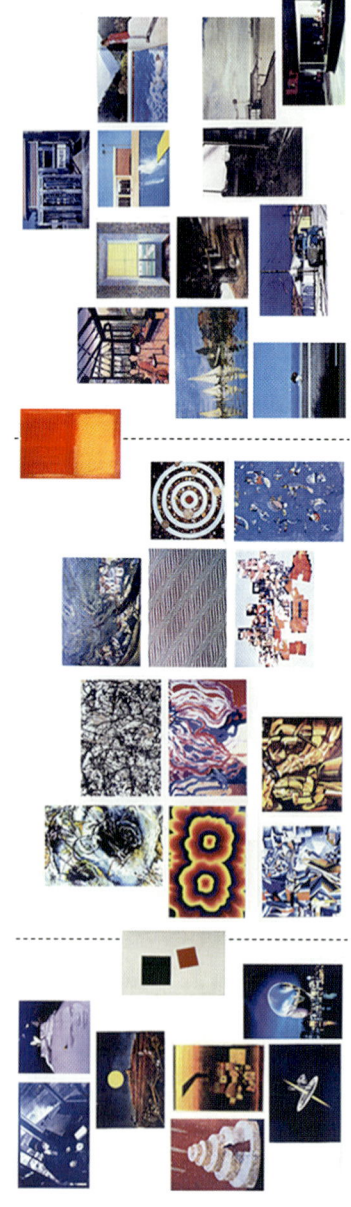

口絵13　類似した印象を喚起する作品（三浦, 2011をもとに作成）

左から，第1群：停止（止まった），第2群：変化・動き・速度感（すばやい），第3群：持続（ゆっくり）の印象を与える作品（本文 p113，図6-3）

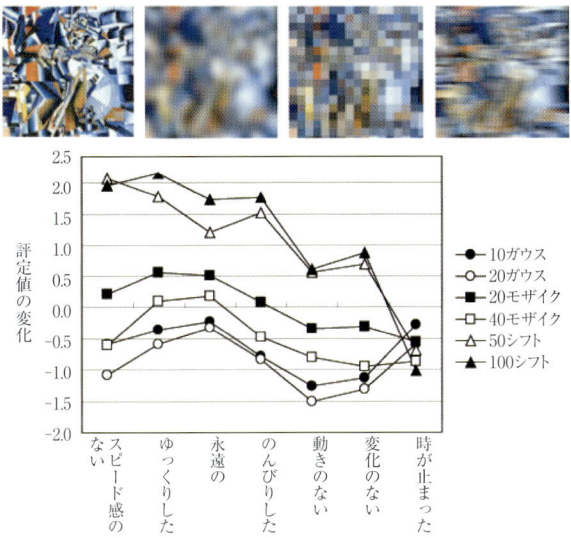

口絵14 フィルターリング実験の刺激例(上)と速度印象の変化(下)
（三浦，2006，2011）

刺激は左から，原画，ガウスフィルター，モザイクフィルター，シフトフィルターをかけたもの。結果のグラフは3作品の平均値に基づく。縦軸は原画の評定値からの差分（本文 p117, 図6-4）

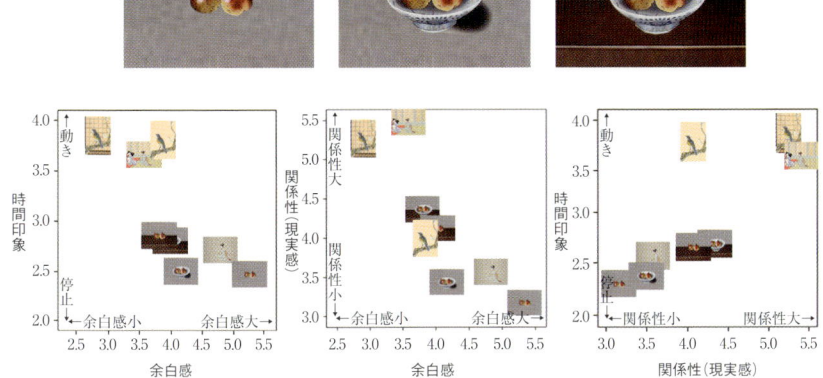

口絵15 余白感，時間印象，現実感の関係を調べた刺激例(上)と相関図(下)（本文 p122, 図6-5）

口絵16　ギリシャのパルテノン神殿
上部の三角形の部分がまだ無傷だった当時，建物の寸法は黄金比と一致していたと言われている（本文 p 126，図 7-2）

口絵17　ノーマン・ロックウェル「The Connoisseur」（邦題：「ちんぷんかんぷん」）（1962年）
（本文 p 131，図 7-4）

口絵18　ジャクソン・ポロック「Number 1, 1950 (Lavender Mist)」（1950年）
（本文 p 131，図 7-5）

はじめに

「一言では語れませんが，一口飲めばわかります」という広告がある。言葉を尽くしても本質に迫れないが，直感的，感覚的に一瞬にして全体像を把握できる，あるいは，論理的，意識的には説明が難しいが，日常において無自覚的に対応している，そうした心の働き・能力は確かにある。「感性」と呼ばれるものだろう。感性の定義については序章に詳しいが，美しさや快さといった感性評価に止まらず，「包括的，直感的に行われる心的活動およびその能力」と定義してみよう。本書は，そうした感性の様々な現われを，知覚心理学あるいは認知心理学の立場から，実証的データに基づき，背後のメカニズムや処理プロセスを念頭に議論したものである。

1998年に九州大学に人間環境学研究科が立ち上がった折りに，「感性認知学」と冠した講座も創設された。この講座への就任要請は，知覚と芸術の融合に関心のあった私にとって心引かれる話であった。一方で，当時は「感性」という言葉には科学の俎上に乗せるには際物的なイメージがあり，また，知覚研究から出発した私にとって，「認知」という研究領域は構成概念に基づいて細かな部分を検証している印象があり，それらの重なった「感性認知」という看板に多少の抵抗感もあった。そもそも「感性認知」とは何を研究する学問なのか，また，学問が方法に拠って立つものだとすれば，「感性認知学」はどのような手法を用いればよいのか，参考にできる前例もなかった。「感性」と「認知」に分けて，それぞれを研究すればよいと言ってくれる人もいたが，それは望まなかった。両者は融合できるはずだという漠然とした思いがあった。何より，感性という言葉の持つ曖昧さが拡大され，科学としての可能性をつぶされることは避けたかった。能力不足は承知だがやるしかない，と引きうけた。

就任してすぐ，感性認知学を，印象を通して，その基盤となる知覚や認知の特性やメカニズムを検証する一方で，知覚や認知の方法論や知見を通して，感性の特性やプロセスについて考える，という双方向な研究として位置づける姿勢が固まった。「知覚すること」と「感じること」を合わせて考える姿勢も早くから決まった。実際，見ることを理解するにも，感じることの視点が重要

i

なことは実感していた。たとえば，明るさ知覚や色覚を深掘りしても，それらに関係する「質感」には届かない。運動知覚の研究を詰めても，静止画像に見られる動きの印象には別の視点が必要である。物体認知研究を極めても，その物体に対する魅力が知覚に影響することは見落とされてしまう。まして，視線や表情においては感じること抜きに語れない。そもそもゲシュタルト心理学では知覚が「よさ」という感性評価と直結し，よいものが知覚されると指摘していたではないか。誰も，それを感性評価と呼んでこなかったが，知覚研究の基盤に感性的な視点が含まれていることを意識した。知覚過程のいずれにおいても感性的側面を合わせて考えないと，全体像は得られないと思った。「包括的知覚（comprehensive perception）」という言葉が浮かんだ。

しかし，「感性認知学」という研究領域名が腑に落ち，研究室名の名付け親の先見の明に気づいたのは，「アイステーシス（aisthesis）」という概念を知ったときである。感覚も感性も含む広義の「知覚」を意味するこの概念をもとに，18世紀半ばに「美学（aesthetics）」が誕生していた。しかも，この領域の創始者は「感性による認識学」を目指そうとしていた，というのである。その頃には，知覚と芸術の融合はもとより，感性を包括的，直感的な活動全般として，実証的な手法で考察する方向を目指していた私にとって，「知覚」と「感性」が同根で，かつてこの概念に基づき，感性の認識学を目指した哲学者がいたということは，「感性認知学」研究の源流を見つけた思いがした。

1991年に，文科省科研費の重点領域研究に「感性情報処理の情報学・心理学的研究」が採用され，1998年には感性工学会が創設された。21世紀に入ると，2000年に『知性と感性』（福村出版），2006年に『感性の科学』（朝倉書店），2007年に『知覚と感性の心理学』（岩波書店），『美と感性の心理学』（富士房インターナショナル）が出版された。この間，2005年には日本認知心理学会に感性学研究部会を立ち上げることになった。さらに，2012年度からは，日本学術振興会の科研費細目において，実験心理学や認知科学の分野に「感性」というキーワードを入れることができた。海外においても，2010年代に入ると知覚・認知系の学会に，芸術に関わる新たな国際学会が創出されたり（Visual Science of Art Conference：2013年創設），Aesthetic science（感性科学）を冠した本が相次いで出版されたりした。もちろん，IAEA（International Association of Empirical Aesthetics：1965年創設）やAPA（American Psychological Association）のdivision 10（Society for the Psychology of Aesthetics, Creativity and the Arts：1945年創設，ただし機関誌は2006年創刊），日本でも造形心理学懇話会（1984〜1991年）などは早くからあった。それでも，1998年の就任からの18年，感性科学を取り巻く環境は大きく変化し，基礎科学の一分野として定着したことを実感する。

　この本は，そうした18年間に，「感性認知学研究室」に在籍した新進気鋭の研究者の協力によって実現したものである。みずからの専門領域を活かして執筆された各章の内容は，各自が切り拓いてきた道の記録でもある。それは同時に，感性認知学のフロンティアともなっている。

　しっかりとした内容を読みやすく書くことを意識した本書は，感性科学に関心を持つ研究者や知覚・認知研究の専門家はもとより，美学や感性工学，神経美学などの近接領域の研究者，また，感性研究に関心はあるがどのよう研究テーマがあり，研究方法があるのか分からない初学者にも目を通してもらいたい。さらに，心の科学や芸術に関心を持つ一般の人にも，手にとってもらいたいと思う。それぞれの章は独立しているので，関心のある章から読み出し，難しい用語にとらわれず，まずはこの領域の魅力と可能性を感じてほしい。

　序章は他章と異質な内容となっている。先端科学の本に，あるいは実践とつながる心理学の本に，この章はそぐわないという指摘があるかもしれない。確かに感性科学は文理融合の領域であり，本書の執筆者も各々その姿勢で臨んでいる。私も学生時代から文理融合の場に身を置いてきた。しかし今になって，感じるのは文文融合，つまり，哲学などの人文科学との交流の希薄さである。哲学は，心や知覚，感性について吟味してきた長い歴史を持つ。学ぶべきは多い。また，感性の定義は十人十色といいながら，この章では個人の考えに終始している，という印象を与えるかもしれない。そう感じたらぜひ，議論の材料としてほしい。序章は結果的に既刊の『知覚と感性』（北大路書房，2010）のそれと似た章立てとなった。しかし，すべて今回，一から考え直したものである。

　装丁についても触れておきたい。勢いのある最先端の研究領域を包むのにカバーの古典的な静物画は不似合で，表紙にいたってはなぜ馬なのか，と思われ

ることだろう。私自身，シャープでモダンな装丁にしたいと，第1章の執筆者であり，デザイナーとしても腕をふるってきた銭に，錯視を利用した動きのある画面を作成してもらおうと考えていた。彼と研究室で相談していたとき，私の机の上に掛かっている二枚の絵に話題が及んだ。いずれも画家だった実父の作品である。銭は「それを使いましょう」と提案してくれた。研究室出身の者には馴染み深いものだから，と。研究者としての道を歩むことを応援してくれた両親に感謝する意味でも，その提案をありがたく受け入れることにした。

　実は，この絵に合わせて，最初に予定していた表題まで変えることになった。絵と文字の調和という感性印象に基づくことによる。その際，すべての表題案を銭にデザインしてもらい，互いに意見を述べ合った。ゼミの延長のような方法に多忙の中，対応してくれた仲間に感謝する。

　なお，カバーの「アフリカ彫刻のある静物」は油絵で，彫刻や花瓶などの対象は，いずれも異なる国から集められたものである。一枚の絵の中でそれぞれが個性を放ちつつ，調和を保っているとすれば，感性認知学研究室もそうだったのではないかと思う。一方，表紙の「少年乗馬」は父の考案したスクラッチの手法で描かれている。今回，表紙に使うために額からはずして写真を撮ったところ，黒い背景の中に思っていたよりずっと多くの色が閉じ込められていることに気づいた。研究も発表に至る成果はほんの一部で，多くの予備実験や失敗実験に支えられている。一人の研究者の成果も，研究室のメンバーと共有された議論に基づいている。そうした場を九州大学で得たこと，その経験を思い起こさせる絵を使うことができた幸運を思う。カバーや表紙も楽しんでもらえれば幸いである。

　最後に，院生時代からの友人で，専門を同じにする夫の長年の支援に感謝する。「あとがき」のような「はじめに」となった。異例をお許しいただきたい。

2016年1月
三浦佳世

目次

はじめに

◆序章 感性認知学の射程：アイステーシスの心理学 ── 1
第1節 アイステーシスの視点　1
1．アイステーシスからの出発／2．アイステーシスからの再出発／3．主体と客体あるいは主観と客観／4．実証科学としての感性認知学
第2節 感性とは何か　8
1．感性の定義／2．知覚との相違／3．感覚との相違／4．感情との相違／5．知性との相違／6．生得性と獲得性／7．普遍性と個人差／8．感性と文化
第3節 感性認知研究の多様な視点とアプローチ　18

◆第1章 デザインと錯視 ── 23
第1節 錯覚のフリスク　23
第2節 格子型錯視　26
第3節 コントラスト　28
第4節 方位情報　29
第5節 周辺視野と眼球運動　32
第6節 格子型錯視の生起メカニズム　33
第7節 いたずらな黒点はなぜ起こるのか　38
1．なぜバーが長くなるときらめき格子錯視は強くなるのか／2．なぜバーの位置ズレがきらめき格子錯視に影響するのか／3．なぜパッチの明るさが下がると錯視が弱まるのか／4．なぜ錯視が周辺視野で起こるのか
第8節 錯視からデザインへ　42

◆第2章 絵画における三次元空間の表現と知覚 ── 45
第1節 はじめに：平面を空間として見るということ　45
第2節 網膜像のあいまいさ　45
1．ヴァンテージポイント／2．アナモルフォーシス／3．不良設定問題
第3節 奥行き手がかり　49
1．絵画的手がかり／2．視覚系の「ギャンブル」／3．立体視
第4節 手がかりの統合　54
1．リバースペクティブ／2．運動視差／3．奥行き手がかりの統合／4．平面手がかり
第5節 おわりに　61

v

◆第3章　液体の質感 ─────────────────────── 63
　第1節　はじめに　63
　第2節　粘性を見る視覚の仕組み　64
　第3節　透明な液体を見る視覚の仕組み　70
　第4節　実物体の見え方を編集する光投影技術「変幻灯」　73
　第5節　おわりに　75

◆第4章　日常音への感受性と脳波：時系列処理と感覚ゲーティング ── 77
　第1節　はじめに　77
　第2節　脳波・事象関連電位からみた脳活動　78
　第3節　時系列パターンに対する事象関連電位：時間縮小錯覚を事例に　81
　第4節　無用な長物は排せよ：感覚ゲーティング　83
　　1．感覚ゲーティングと日頃感じる音環境への煩わしさ／2．疾患と個人差／3．生理的な表現形質／4．計測の実際
　第5節　おわりに　88

◆第5章　感じる時間のメカニズム ───────────────── 91
　第1節　はじめに　91
　　1．時間の感覚／2．時間の範囲と区分
　第2節　内的状態と時間の感覚　92
　　1．覚醒度の影響／2．注意の影響／3．感情の影響
　第3節　外的な情報と時間の感覚　98
　　1．刺激のマグニチュードの影響／2．動きの知覚による影響
　第4節　時間知覚のモデル　102
　　1．内的時計モデル／2．外的な情報に基づく時間の知覚
　第5節　おわりに　105

◆第6章　絵画における時間 ──────────────────── 107
　第1節　はじめに：研究の背景　107
　　1．静止画像における動きの表現・動きの印象／2．空間芸術における時間の観点／3．感性認知学における時間研究の出発点
　第2節　絵画の中の時間・心の中の時間　112
　　1．空間表現に感じる時間印象／2．心的時間の構成要素／3．時間印象の空間要因／4．知覚と表現のリテラシー／5．認知的要因の視点／6．時間知覚と時間印象
　第3節　時間印象と現実感覚　121
　　1．余白・時間印象・現実感／2．時間の非連続性と違和感
　第4節　鑑賞の時間相—印象のマイクロジェネシス研究　122

目次

◆第7章　美の原理 ─────────────────────────── 125
　第1節　はじめに　125
　第2節　黄金比は美か否か　125
　　1．美しい比率の誕生／2．黄金比という造形美／3．フェヒナーの黄金比実験／4．人は潜在的に黄金比を選好するのか／5．黄金比＝美は迷信？
　第3節　フラクタル：混沌の中に潜む数理性　129
　　1．自然の中のフラクタル／2．芸術は「フラクタル」だ！／3．絵画の中のフラクタルと美しさ
　第4節　1／fゆらぎ：ランダムと単調のあいだ　133
　　1．自然はゆらぐ／2．ゆらぎの求め方／3．絵画のゆらぎと美しさ
　第5節　美の神経科学　137
　　1．神経美学からの新たなアプローチ／2．美の司令塔：美醜の判断と脳活動／3．脳への刺激で美の判断を変えられるか
　第6節　おわりに　139

◆第8章　気持ち悪さの心理学 ──────────────────── 141
　第1節　気持ち悪さ　141
　第2節　感情としての気持ち悪さ　142
　　1．表出される／2．自動的である／3．書き換え可能である／4．身体状態と結びついている／5．注意を引く／6．伝染する
　第3節　嫌悪感としての気持ち悪さ　147
　第4節　その他の気持ち悪さ　151
　　1．視覚的不快感／2．不気味さ
　第5節　面白い気持ち悪さ　153

◆第9章　空間と感情 ─────────────────────── 155
　第1節　上下空間と感情の結びつき　155
　第2節　空間-感情メタファが関与する現象　156
　　1．空間が感情を誘導するパタン／2．感情が空間を誘導するパタン
　第3節　空間-感情メタファのメカニズム　160
　　1．上下空間と感情の結びつきの起源／2．処理の仕組み
　第4節　左右と感情の結びつき　164
　第5節　おわりに　168

vii

◆**第10章　パフォーマーの感性の熟達**　169
　第1節　パフォーマーとは　170
　　1．熟達領域の分類／2．「表現−非表現」の軸
　第2節　熟達における「技術」と「感性」　173
　　1．「技術」と「感性」／2．演劇における技術と感性
　第3節　パフォーマーにおける感性　178
　　1．3つの視点／2．即興性／3．態度・人柄
　第4節　おわりに：感性を身につけるためには　183

引用文献　187
人名索引　205
事項索引　209
あとがき　215

感性認知学の射程：アイステーシスの心理学

三浦佳世

第1節 アイステーシスの視点

1．アイステーシスからの出発

「感性認知学」という研究室の名称は，「感性」に関する，もしくは，「感性」に属する事柄を，認知科学あるいは認知心理学の観点から議論することを念頭につけられたものだろう。その意味で，すぐれて現代的な研究領域として設定されたといえる。

ところが，18世紀半ばのドイツで，すでに「感性認知」を冠した学問領域が提案されていた。1750年に哲学者バウムガルテン（Baumgarten, A. G.）は「Aesthetica」という著書を著し，episteme aisthetike を対象とする学問領域を興そうとした。episteme は，「確かな理性的認識」あるいは思考体系を意味する言葉である。また，aisthetike は，あらゆる種類の「知覚」を意味する古代ギリシャ語「アイステーシス（aisthesis）」に由来するとされる。

アイステーシスとは，ドイツの哲学者ヴェルシュ（Welsch, 1990）によると，「感覚的な知覚であれ，精神的な知覚であれ，日常的な知覚であれ，また，崇高な知覚であれ，生活世界の知覚であれ，芸術の知覚であれ」あらゆる種類の「知覚」を意味する言葉だったという。ただし，この「知覚」の働きは事物に即して「感じること」に基づくものだったというから，バウムガルテンは可知的ではなく可感的，すなわち，従来の論理学が範疇としなかった「判明ならざる認識」を対象とした学問の構築を目指していたと思われる。この点で，現代

の感性認知学と目的を共通にする。

　しかし，他ならぬバウムガルテン自身が，感性や感覚で感知される完全性を美として，それを主要なテーマに据え，また，aestheticaに「美しきものの学」の訳語を与えたことで，episteme aisthetikeは，「美学（Aesthetics）」として，特定の方向へ展開していくことになる[1]。さらに彼が「芸術一般は美に関わるものであるから，芸術理論でもある」と述べたことで，美学は芸術を中心とする学問としても定着していく。

2．アイステーシスからの再出発

　20世紀後半になると，芸術は美をめざすものではなくなり，芸術に立脚して美の理論を極めることは難しくなってくる。また美学自身も，例えば雰囲気，環境，時間など多様な観点から議論を進めるようになり[2]，美を中心とした理論構築の意義が問い直されるようになる。そうした時代にあっては，美学ではバウムガルテンの当初の目的に戻り，感性学，感覚学として，再構築しようとする動きが現われる（Welsch, 1990；Böhme, 2001；京都市立芸術大学美学文化理論研究会, 2001）。

　一方，現代の知覚・認知研究も，特定の現象やメカニズムをより深く知るだけでなく，感性評価や感情を含めた包括的な視点，つまりは「アイステーシスとしての知覚」（包括的知覚）あるいは統合的認知の観点が意識されるようになる。例えば，顔の表情や視線方向の知覚は，意図の読み取りやそれに伴う感情の観点を入れることで，その特殊性が理解できる（三浦, 2006）。写真のミニチュア効果は，ぼけの勾配に基づく距離の推定に加え，リアリティの観点からも議論することで規定因の理解に近づける（三浦, 2014）。知覚あるいは認知の全容に接近するには，感性評価や感情を含めた包括的，総合的な視点が必

注

[1] 日本語の「美学」は中江兆民の訳語に基づく。なお，大澤（2008）によれば，「美学」というディシプリンが成立したのは19世紀後半のできごとなので，18世紀半ばのバウムガルテンに「美学」の根拠を求めるのは，彼を核として，「美学」を再構成的に位置づけるという意図があってのことだったのだろうという。同様に，現代の「感性認知学」においてもアイステーシスの原義に遡ることで，知覚と感性を包括的に捉える実証科学を再構築する意図がある。

[2] この動きに先立ち，19世紀半ばに，ドイツの哲学者ローゼンクランツ（Rosenkranz, 1853）は「醜の美学」を著し，真善美に限らない美学を提示している。

要だという認識が共有されるようになってくる。

　こうした美学・芸術領域での動向や，知覚・認知研究での展開，あるいは，人の曖昧な反応を扱う感性工学の登場は，各学問領域において独立的に生じたものであったが，いずれも旧来の思考の枠組み，合理的な論理だけでは捉えきれない状況に対応した新たな考察の枠組みや視点が求められ，学融合的な機運の中で，一層，その動きが加速化したものと思われる。バウムガルテンが「美（kalon）」ではなく「知覚（aisthesis）」に基づき，「曖昧な認識領域に関する確かな学」を打ち立てようとしたことは，むしろ今の時代にあって，重要性を増していると思われる。

3．主体と客体あるいは主観と客観

　バウムガルテンは，美を「広義の趣味（情趣を感じ取る能力）によって感知される完全性」と定義した。このことは，美を対象の特性に帰すのではなく，主体の側に位置づけたことを意味する。イギリスの哲学者ヒューム（Hume, 1757）も「美はものそれ自体の質ではなく，それを見る心の中に存在する」と述べた。美しい景色は最初から存在しているのではなく，各人の心の中で誕生する，ということなのだろう。

　しかし，この美しさが多くの人に賛同あるいは共感される場合，景色が美しい，つまり風光明媚な景色が存在する，という帰属の逆転が生まれる。すなわち，内在する主体の判断（主観）が，外在する客体の対象（客観）の特性として認知されることになる。対象の特性と，それに基づく主体の反応は，客観的（objective）と主観的（subjective）に対応し，本来，両極に位置づけられるはずのものである。しかし，感覚や感性の領域では，両者はコインの表裏のように入れ替わることが可能だということになる[3]。

　かつて，筆者は脳科学者や哲学者と共に，「美はどこにあるか」という議論を行なったことがある（*Round table meeting on aesthtics with professor S. Zeki,*

注
- [3] フランスの哲学者のルブール（Reboul, O., 1980）は感覚の説明にアイロンの例を挙げる。アイロンに触って，その温度が低い場合は，アイロンの温度つまり客体の状態として認識されるが，温度が高い場合は，手の痛みつまり主体の状況として感じられる。主体の経験はときに客体の特性として距離を持って語られ，ときに客体の特性が主体自身の体験として認識される。

2006年)。その際，脳科学者は美は「脳の中」にしかないといい切り，哲学者は外界の「対象」にあると答えた。心理学者である筆者は，迷った結果，それらの間，すなわち「脳（主体）と対象（客体）との間」にあると回答した。確かに，脳は空想において，また，記憶の想起において，対象がなくても，そのイメージを生み出すことはできる。しかし，今，見ているものは，外界の対象に対応していて，それがなければそのようには見えない。この意味で，感覚あるいは知覚は，対象に即して生れるものである。とはいえ，今見ているように見えるのは，主体の視覚系つまりは脳の働きに因る。そうだとすれば，主体と客体のトランザクショナルな「関係性」の中で，今，見ている光景，聞こえている情景，感じている味が，感知され評価されると考えざるを得ない。地理学者，オギュスタン・ベルクは「風景は，人が外界に働きかけ，外界は彼らに働きかけ，その相互作用の産物として出現する」と述べた。美しい風景は外界に客観的に存在するのでも，脳や心の中だけに主観的に存在するのでもなく，その間にあるとすれば，主体と客体の逆転もそこに原因を求めることができるように思われる。

　心理学者ハンフリー（Humphrey, N., 2006）は，スクリーンに投じられた「赤」を見ることについて考察している。赤と呼ぶ光は，測光器で測定することができる非個人的な客観的事実である。それにもかかわらず，個々人の見ている「赤」はみずからの視覚系において作り出されたもので，個人の主観的な事実である。みずからが作り出した感覚を外部の対象として距離を置いて見ており，しかも，この感覚こそが，知覚者の内部，つまりは主体そのものを形作っている。ここでも主観と客観の入れ子構造が示される。

　もう一度，この感覚が他者と共有される場合を考えてみよう。私たちは，他者と赤く映し出されたスクリーンを見ているとき，お互いに「赤を見ている」と思うことができる。実際，「赤」という言葉を介して，そのことを確かめることもできる。しかし，このとき言葉で共有できるものは何だろう。個々人がその色をその言葉で呼んでいれば，全く異なる色を見ていても，同じ命名が与えられる。色票を用いてはどうか。個々人がマッチングした色票はまたしても類似した色になるだろう。その色に見えているのだから。結局，感覚・知覚のレベルでは，他者が見ている色を共有することはできず，「赤」は感覚におい

序章　感性認知学の射程：アイステーシスの心理学

て，共有不可能だということになる（他我問題）。

　それでは，赤の暖かさといった感性印象からではどうだろう。印象を多次元的に重ね合わせれば，お互いの見ているものにより近づけるのではないか。SD法で得られる内包的な意味とはそういうものだろう。だが，そうして判断の観点を重ねても，他者の感じているものを完全に捉えることはできない。それにもかかわらず，私たちは感覚あるいは感動を他者と共有できるという，まさに常識（common sense：感覚の共有）を，一方では確固とした信念として持っている。感覚や感性の共感と誤解がここにある。

　もうひとつ問題になるのは，「感性」が事物に即して行なわれる経験なのか，それとも，この経験に基づく判断なのかという点だろう。カントは美に関して後者の立場を取り，その考え方と袂を分かつべく，経験を重視する一部の美学は感性学，感覚学としての美学の再構築を始めた。心理学においてはどうか。

　ここで，いったん確立した知覚や印象が，無自覚のうちに遡及的に書き換えられ，後づけ的に理解される，という事実に注目してみたい。例えば，アイロンの温度が高かったとき，熱いと分かって手を引っ込めるのではない。まず，手を反射的に離した後，熱さとして自分に起こったことを理解する。画像に対する快・不快の評価は，手を挙げるという，その後の運動行為によって書き換えられる（第9章参照）。子どもが飛び出してきたからブレーキを踏んだという認識は，実際にはブレーキを踏んだ後に，子どもだと気づいている。意識に上ってくるものは，時間的にも空間的にも複数の情報が照合もしくは統合され，修飾された結果であり，それも含めて私たちの知覚であり印象だといえる。しかし，このとき，「事物に即して行なわれる反応」としての感覚や感性，あるいは知覚の領域を逸脱している，と考えるべきだろうか。アイステーシスとしての知覚という考え方は，それもまた知覚として捉えようという提案でもある。

　もちろん，そうした総合的な働きは認知だ，という考え方が一般的かもしれない。バウムガルテンが示した「感性に関する認識の学」という観点からすれば，この過程を感性認知と呼んでもよい。というのも，概念は現象に先立つものではなく，現象は概念に合わせて生じるものではないからである。知覚や認知は概念であり，現象を理解するための枠組みでしかない。必要なのは，総合的，俯角的に現象を捉え，その心的過程あるいは心的機構に迫ることである。

5

4. 実証科学としての感性認知学

それでは,「感性認知学（aesthetic science）」とは何を目指すものなのか。バウムガルテンの感性の認識学とどう違うのだろうか。

端的にいえば, 現代の感性認知学は, 実験心理学をベースとする実証科学だという点だろう。実証科学とはデータに基づき, 議論を行なう学問である。その際, 感性認知学は, 上述の議論からも示唆されるように, 客体（対象）の特性から考えるアプローチと, 主体（知覚者）の特性から考えるアプローチが可能となる。実際, 両方のアプローチが併存していて, むしろ, その多視点的なアプローチこそ, 感性認知学を重層的なものとするのに貢献していると思われる。

刺激特性の観点から変数を操作し, 背後にある法則を示唆する「客体からのアプローチ」は, フェヒナーの黄金比研究 (Fechner, 1876), すなわち実験美学から始まり, 造形心理学に引き継がれ, 感性認知学においても健在である。比率（黄金比や色彩調和）に限らず, ゲシュタルト心理学が注目した対称性や規則性, 情報学が提供した冗長度やエントロピー, あるいは, 地理学や数学の影響を受けたランダムネスやフラクタル, 応用物理学もしくは電気工学に由来する空間周波数特性や1/fゆらぎなど, 美しさや快さのテーマに限っても, 多様な観点が導入されている（第7章参照）。物理特性と知覚や評価の関係を考察するサイコフィジクス (psychophysics：心理物理学) の手法は, 実験心理学の基本でもある。

一方,「主体（人）の特性からアプローチ」には, 芸術心理学やアートセラピーのように, 嗜好や創造性をパーソナリティ特性の観点から考察し, ときに, 病理的な特徴を指摘してきた領域もある。一方, 感性科学の変換点になったといわれるバーラインの研究 (Berlyne, 1974) は, 主体の覚醒度や, その覚醒度を規定する複雑性や新奇性などの照合変数に基づき, 快不快やその他の感性印象を説明した。こうした心理特性間の関係を扱う手法をサイコメトリクス (psychometrics) と呼ぶなら, それに加えて, 認知心理学は処理負荷や典型性や処理流暢性など, 個人の特性や経験に基づく影響因を, 背後の処理プロセスの観点とともに提供してきた。この分野はまた, 従来の顕在的な反応だけではなく, 潜在的な反応を採る手法を提案してきた。

序章 感性認知学の射程：アイステーシスの心理学

　しかし，主体と客体の関係が視点の違いによって変わる感覚や感性の世界では，客体からのアプローチと主体からのアプローチも繋がりを持つ。バーラインの照合変数の1つである複雑さは心理的な印象だが，彼自身がそうしたように，物理的な特性からも規定できる。一方で，行場ら（1985）はパターンのよさが物理特性で規定できる幾何学的な特徴だけでなく，印象としての規則性，活動性，評価性によっても影響を受けることを指摘した。また，三浦（2008）は建物の印象が壁の輝度や，窓の面積，屋根の角度など，対象の物理値とは相関しないが，壁の明るさや，窓の大きさ，屋根の傾きといった，それに対する主体の心理的な印象とは相関することを示している。物理特性との関係で知覚や評価を明らかにすることで，工学的な応用へ繋げられることがあるだろう。しかし，背後の知覚メカニズムや認知プロセスを考察しようとすると，体制化や処理流暢性など，主体の側からの考察が必要になる。

　かつてバーラインは快さについて考える際に，情報学に基づいて刺激を定義し，結果を多変量解析のデータと比較し，快中枢などの脳科学の知見を視野に入れて，行動学の立場に立って接近‐回避のモデル構築を行なった。そこには，当時の最先端の科学の知見や方法が積極的に用いられていた（Silvia, 2012）。同様に，現代の感性認知学も，心理物理学はもとより，感性評価（多変量解析などの統計手法），認知科学，画像情報学，脳科学（第7章；苧阪，2013）などの多様な手法や理論を用いて研究を進めている。感性のような総合評価を研究対象にしようとすると，総合科学的な視点や方法論が必要になるのだろう。

　なお，感性認知学においては，個人差・文化差などの「差異」に関する議論も重要である。このことも，アイゼンク（Eysenck, 1941）の時代から，あるいはすでにフェヒナーにおいて（Fechner, 1876）指摘されてきたことでもある。科学では普遍性の追求が第一義だが，差異に関する普遍性についても研究が積み重ねられてきている。本書では個人差について，第4章をはじめ第5章，第8章，第10章などでも言及されている。

　まとめると，実証科学としての感性認知学は，実証科学の分析的手法を用い，意識できるものから無意識的なものまでを含め，多層的，多視点的かつ包括的，総合的な視点から，対象と主体との関係性について，背後のメカニズムや処理プロセスを意識しつつ考察を進めるもの，といえるだろう。

第2節
感性とは何か

そもそも，感性とは何なのか。感覚や感情とはどう違い，どう一致するのか。語源である知覚とは何が違い，何が共通するのか。概念は現象に先立つものではないと上述した。しかし，ここでは，あらためて感性の定義と特徴について，そうした枠組みを借りることで考えてみたい。

1．感性の定義

感性は，日常的には美的センスや表現における才能，あるいは直感判断などに対して用いられることが多い。しかし，哲学者の佐々木健一（2001）は，感性を「感じることの性質もしくは能力」と定義している。一方，心理学者の三浦（2013）は，感覚との違いを意識し，感性の特性を「包括的，直感的に行なわれる心的活動およびその能力」と一歩踏み込んで定義している。

「包括的」というのは，佐々木（2001）が別の箇所で指摘した「一挙にものを捉える精神の働き」と似て，感性による反応や判断，表現はしばしば「総合的」に行なわれることを示すものである。「統合的」という表現の方が一般的かもしれないが，三浦の定義において用いられていないのは，感性によって捉えられたものが，情報あるいは処理を「統合」した結果なのか，複数の情報を比較照合し「選択」した結果なのか，あるいは，「未分化」的に行なわれた結果，統合的に見えているのかが明確だとは限らないからである。

一方，「直感的」というのは，直観的ということでもあり，基本的には，論理的な思考回路を介さずに，反応が行なわれることを意味している。このため，ときに言語的な説明が困難であり，判断の根拠や理由を自覚できない場合も多く，しばしば瞬時に結論が与えられる。

ただし，直観的であるということは，生得的であることを意味しない。訓練や学習の結果，自動化された無自覚的，反射的な反応も含まれるだろう。感性は磨くことができるのであれば，むしろ「セカンド・ネイチュアー」と化した能力として注目すべきかもしれない。

なお，感性判断や感性評価は，常に無自覚的とは限らない。美意識などにおいては，後述するように，意識的，理性的に下される判断も含まれるからであ

る。
　ところで，三浦の定義に含まれる「包括的，直感的に行なわれる心的活動」とは，具体的には，どのようなものなのだろう。彼女は以下の例をあげている。

1）美しさや好みのような評価性判断，
2）印象や評価を伴う知覚，すなわち質感や速度感のような知覚印象，
3）論理を基盤としない判断や思考。例えば，感性知やヒューリスティクスのような日常的な直感判断，
4）科学や芸術の創造の基盤となるようなひらめきや洞察などの直感的思考，すなわち，既存の知識や旧来の論理で到達できない発見や発想，
5）スーパー技能者や優れたスポーツ選手が示す磨き上げられた身体感覚。

ここにも，感覚，知覚，思考など，多様な心の働きが含まれている。

2．知覚との相違

　三浦（2006）はかつて実証研究の結果を通して，感性の定義を行なったことがある。すなわち，浮世絵に描かれた女性の印象を，視線の観点から検討し，感性を以下のような特徴を持つものとして定義した（三浦における感性の定義の変遷については，三浦，2010参照）。

1）多義的で不完全な情報に基づき，
2）複数の情報を統合して，
3）無自覚的に，
4）直感的，瞬間的に，
5）印象・評価の形をとって，
6）状況にあった判断を下す能力で，
7）学習可能性をもち，
8）創造・発見などの能動的側面にも関わる。

　ところが，この感性の定義は，そのまま知覚にも当てはまる。例えば，陰影に基づく凹凸判断（shape from shading）を思い起こそう（図0-1）。図に

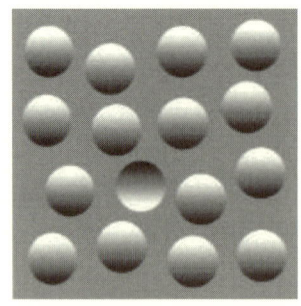 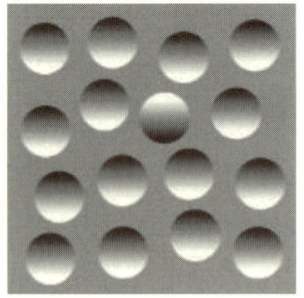

図 0-1 陰影に基づく凹凸の知覚
左右の図は同じ図形を180度回転したものである。凹凸の知覚は仮説にもとづく推論の結果であることが分かる。

示されるように，視覚的な凹凸の判断は，1）一義的に与えられず，2）複数の陰影情報を仮説のもとで統合することで，3）無自覚的に，また，4）瞬間的に行なわれ，その結果は，6）安定しており，7）生後6〜7か月頃から可能になる。この現象は，8）無自覚的推論（unconscious inference）という知覚の能動性を示すものに他ならない。

ここで含まれていないのは，5）印象・評価の形をとって，という点だけだろう。このため，三浦は，感性を「印象評価を伴う知覚」と定義して，知覚と感性の差別化を図ったことがあった（三浦，2010）。

しかし，ゲシュタルト心理学では，もとより知覚の基盤に「よい」という感性印象を据えている。彼らは知覚されるのは，「よい形」であると指摘する。

例えば，図0-2（左）では，十字と六角形が重なって見え，それ以外の複雑な幾何学図形の組み合わせ（右）として見ることは難しい。この例も，1，2）多義的な見え方の中から，3，4）無自覚的かつ瞬時に，何より，5）よい形が，6）安定的に知覚され，7）先天盲の事例が示すように（鳥居，1975）臨界期での学習によって獲得されたものであり，8）知覚の能動性を示す事例である。加えて，この図はゲシュタルト心理学の採る手法，優れたデモンストレーションによる知覚の説明という，視覚的思考の例でもある。

『感性の思考』において，感性の語源としてのアイステーシス（知覚）に注目したヴェルシュ（Welsch，1990）は，知覚の持つ，何かに気づき，差異を識

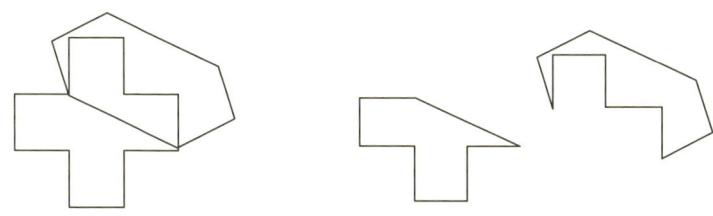

図0-2 「よい形」に基づく図形の知覚
左の図は典型的な図形の重なりとして知覚され，右のような複雑な図形の重なりには知覚されない。
(Metzger, 1953)

別し，分節化する能力に注目している。ドイツ語で「知覚」は Wahr-nehmen（真理の識別）と表記される。知覚あるいは感性が，ロゴスに属する働きをみずからのうちに含んでいることを示唆するものだろう。

したがって，感性の定義として提示したものは，そのまま，知覚の定義としても通用することになる。しかし，この類似性は当然のことである。そもそも感性の語源であるアイステーシスは知覚を意味していたのだから。

とはいえ，知覚と感性は全くの同義というわけでもない。速度印象は速度知覚と同義ではなく，広がり感は側方距離の知覚と一対一に対応するわけではない（大中・松田，2006）。

3．感覚との相違

低次感覚とされる味覚や触覚の言葉が，洋の東西を問わず，高次感性にかかわる表現に用いられることは興味深い。

例えば，ドイツ語の感覚的（sinnlich）という形容語には，理性的あるいは賢いといった意味が含まれ，英語の sense にも感覚と意味の両義がある。感じることを意味する feeling も，触覚を起源とし，予感などの意味を持つ。

触覚に関しては，感じることを意味する fühlen も触覚に起源を持つが，英語の tactual（触覚の）は，勘（tact）や戦術（tactics）と語源を共有し，tacit knowledge の暗黙知と訳される。日本語でも感触という場合，ものに触れた印象を意味するとともに，人と接したときの直感的な判断にも使用される。一方，日本語の「味わい」は味覚から転じ，繊細で趣きを持った印象を示す言葉として使われる。インドでも，美的体験を意味する rasa は，もともと味一般を意味する言葉で，転じて，情緒，喜びなどを意味する語に使われるようになっ

たという（Ramachandran & Hirstein, 1999）。英語でも，好きずきという意味での趣味は taste，つまり味覚によって表現される。

同様に，「臭い」という嗅覚に関する日本語は，怪しいという意味でも用いられ，低次感覚特有の，言葉に置き換えられない微妙な感覚や，理屈で説明できない判断が示唆されている。

多感覚的な印象も感性と深くかかわる。「共通感覚」の語源となるアリストテレスのセンスス・コムニスは，五感の統合様式を意味すると同時に，「心の座」も意味していたという。個々の感覚が同時に機能することで，共通感覚として総合的な働きをし，転じて，社会における感性知，潜在知，そして常識（common sense）の意味を担うことになったのだろう。コムニスはまた，コミュニケーションの語源だともいう（中村，1997）。こうした総合的な感覚の働きは，バランス感覚，違和感といった言葉などにも示唆される。

ところで，日本語の感性はもともと翻訳語であって，その語源の１つが，カント（Kant, 1781）の Sinnlichkeit にあるといわれている（坂本，1996）。天野貞祐が「純粋理性批判」を訳した際に，「物事に刺激を受けて働く受動的な認識」，より端的には，「感覚データに対する感受性（sensitivity）」を意味する言葉に，「感性」の語を充てたという。

三浦（2007）は感覚を，「主には感覚器で捉えられた自己や外界に対する情報，それを生み出す過程」と定義している。心理学では一般に，知覚と区別して，感覚については，入力状態の低次な段階を指すことが多い。また，その鋭敏さに関しては，感受性あるいは感度（sensitivity）の表現が用いられる。こうした心理学での定義に照らしても，カントの Sinlichkeit は，感覚として捉えた方が分かりよい。

なお，カント（Kant, 1790）は，美しさなどの印象評価や嗜好については，感性という「認識」ではなく，趣味に関する「判断」であるとして区別している。確かに，物事の味わいや情趣を感じる能力，審美眼などは，時間や空間に対する認識とは異なるだろう。一方で，判断だとすれば，厳密にいえば，感覚つまりは経験ではないということになる。

一方，感性科学の領域ではどうだろう。「感性判断」という場合には文字通り，判断レベルの活動として感性を捉えているのか，それとも，感性によって

行なわれる判断を指しているのか。多くの場合，後者として使われているように思われる。「感性認知」も同様である。

4．感情との相違

　日本語の感性の，翻訳語としての，もう 1 つの語源は，西周が英語の sensibility を，感情の意味で用いられていた同音の「感性」を充てたことに由るとされる（坂本, 1996）。sensibility には傷つきやすさや情緒といった意味があり，知情意の「情」の意味に当たるのだろう。感性はパトスであるという指摘（平成 5 年度文部科学省科学研究費補助金重点領域研究海外広報文）もこの流れを汲む。

　味覚センサーで知られる工学者の都甲潔（2004）は，「感性とは，人の持つ感情やイメージ，感受性のことである」と定義して，感情としての感性，つまり，内発的要因に基づく側面を重視している。「感性に合った」という日常的な使い方はそうした例だと彼は指摘する。また，感性と感動を比較することで，感性とは「静かな感情」だと指摘する。

　しかし，感性と感情は異なる性質も持っている。情報学の長尾真（1995）は感性を定義する際に，「人間によって認識される情報で，一般的知性によって認識される情報以外の情報のうち，感情の世界に入らない部分」と定義し，感性と感情とを区別している。三浦が「感性はときに感情を抑えたところで行なわれる判断」だというとき（三浦, 2007, 2010），感性判断を行なう主体は，対象（客体）と距離をとっていることを意味している。対象（object）を見るためには距離が必要であり，この距離ゆえに客観的（objective）にもなれる。一方，内からわき上がってくる感情は，それを感じている主体（subject）との間に距離がなく，主観的（subjective）にならざるをえない。

　カント（Kant, 1790）は美を「無関心な（私欲のない）快」と位置づけた。それゆえ，広辞苑の感性の第 3 の定義では，「理性によって制御されるべき欲望」と述べられているのだろう。橋本治が「美しい女／男」と「いい女／男」の例を用いて説明したのは，この違いだと思われるが，感情は関心（私欲）とのかかわりにおいて生じると考えられる。ただし，快不快や好き嫌いにおいて，感性と感情は接近し，区別は難しい。

　感性と感情の違いは，学習可能性の点にも現われる。感性や感覚は磨くこと

ができ，鋭い－鈍いという尺度が使われる。一方，感情は磨くことができず，抑制することを学ぶにとどまる。また，尺度には強い－弱いが用いられる。

なお，本書では第8章あるいは第9章において，感情という表現が用いられている。一般に，知覚研究者は「感性」の用語を，認知研究者は「感情」の用語を用いる傾向があるように思われる。心の機能に関しては，用語の選択にも研究者の考えが反映され，それには研究領域も影響するのだろう。

5．知性との相違

河内（1997）は両側頭葉後下部に血腫ができた建築士が，図面などは正確に理解できても，建物の美的評価や風景を楽しむことができなくなった例を紹介し，知性と感性は異なることを指摘している。しかし，論理的に正しい数式は美しいことが指摘されたり，「いい音楽だと，譜面の音符の配置が絵のようにきれい」（久石，2006）といわれるように，感性評価によって，正しさが直感される場合もある。判断や思考といった知的な働きが，感覚や知覚にも含まれていることはすでに指摘した。感性も同様である。

「重要なことはたいてい論理で追求できない。感覚的に分かっていても概念化できない」（内山節（哲学者）），あるいは，「分かるということには，言葉がはじかれている領域がある」（小池昌代（小説家））といった指摘は，論理的な思考回路と，それとは別の異なる思考回路があることを示している。不十分な条件に基づき，瞬時に，妥当な解を得て，しかし，その解をどうやって導いたかを説明することは難しいヒューリスティクス（heuristics）による回答は，日常的に行なわれていることでもある。

面白いことに，革新的な発見や創造的な思考や表現においても，感性の関与が不可欠であることや，言語によらず視覚的に行なわれることはしばしば指摘される（Penrose, R., 1989；von Franz, M. L., 1964）。現状や旧来の枠組みを打破するような能動的な知の側面は，感性の働きによるのだろう。

バウムガルテンは，下位認識能力を扱う学問として，アイステーシスの学を興した。このことは，感性の認識能力を，論理学が扱う認識能力に劣るものと位置づけたことを意味している。しかし，上に示したような感性の優れた思考の現われは，論理的な思考と非論理的な思考は方法論が異なるのであって，優劣のないことを示唆しているように思われる。三浦（2006）は，感性が進化論

的に，言語や概念などの論理的思考に先立って登場し，長い時間をかけて，洗練されてきたものだとすれば，後発の言語や思考では追いつけず，それが言葉で説明できない，非論理的という印象を与えるのかもしれないと指摘している。狭義の知性は，感性の一部が論理的思考に特化した場合を意味するにすぎないのかもしれない。

とはいえ，論理的な思考にも誤りが見つかるように，直観的思考にも特有の誤りがあることは，行動経済学や素朴物理学の文脈で指摘されている（例えば，中島，1987；Shimojo & Ichikawa, 1989）。ただし，そうした誤りも，長い時間軸や人間関係などの異なる文脈において捉え直すと，妥当性を持つ場合もあるだろう。論理的な知性を過大評価することも，感性知を過大評価することも，いずれも適切ではなく，異なる知の方法があると考えるのが妥当だろう。

6．生得性と獲得性

「知性と意思はゆっくりと徐々にしか育たない。しかし感覚の方は，生まれたその日から，あるいはそれ以前から，快という魅力によって望ましいものを探し求め，苦痛という刺激によって有害であるものを避けることを可能にする」（千代，2010）という指摘がある。感性が感じ方であり，感じる能力（佐々木，2001）であるなら，感覚と同様，生の能力として生得的に与えられるものだろう。

自閉症児ナディアが幼少時に示した優れた描画力は，ラマチャンドランによれば，注意資源の大半をひとつのモジュール，すなわち美的調和に関わる右の頭頂葉に振り分けた結果である（Ramachandran & Hirstein, 1999）。逆にいうと，多くの場合，資源を分散させ，特定の能力の突出を抑えることで，バランスの取れた成長を遂げるのだろう。

一方で，感性は「磨く」ことができるともされる。すなわち，突出した能力も，学習や経験によって獲得されるという認識がある。スポーツ選手が身体感覚に鋭敏であったり，骨董商が高い鑑識眼を持っていたり，作曲家やデザイナーが直感を鍛えるために広く優れた作品に接することも，こうした認識と関係する。それは特定のニューロンの感度（感受性）を高めることであったり，ニューロンのネットワークを広げることであったり，ニューロンの軸索を太くして素早い伝達を可能にすることであったりするのだろう。

感性の習熟は，しばしば，言語や論理によらないことも注目される。技能の熟達において優れた技術を見ることや，運動能力の向上において，感性言語といわれるオノマトペを介することが有効であるという指摘は，感覚や感性における能力の向上が，論理的な回路によるものではないことを示唆している。動作の模倣に関係するとされるミラーニューロンが，人においては運動性の聴覚野と重なっていることは（Stamenov & Gallese, 2002），そうした学習基盤を考える際に興味深い。なお，本書では感性の熟達に関しては第10章に詳しい。

7．普遍性と個人差

　カントは，美は共通感覚に基づくため，その判断は普遍的であるが，この普遍性は対象の特性ではなく個人の判断に基づくため，個人差が入り込む，と指摘した（Kant, 1790）。それより前，バウムガルテンと同時代のイギリスの哲学者バーク（Burk, 1757）は，共通する原理の上に，判断力つまりは知性が加わることで，趣味（好み）の違いが生まれると指摘する。さらに彼は感受性の違いや注意の違いも個人差に影響することを指摘している。

　実際，何に注意を向けるかによって評価は影響を受け，何に注意を向けるかは個人の知識や経験に影響される。三浦利章は盆栽を見るときの眼球運動を測定し，文字通り，素人と玄人の「目のつけ所」の違いを示し，それが知識と経験に基づくものであることを指摘している（Miura, 2012）。もちろん，見方の違いは盆栽の評価に影響する。見方と評価の関係は，児玉・三浦（2011）によっても調べられており，彼らは与えられたパターンがどのように体制化されるかは個人に異存し，この体制化の違いがパターンの処理負荷に関係し，それがパターンのよさ判断に影響することを示している。

　個人の経験や知識，関心が好みに影響することは，この他にも，さまざまな形で指摘されている。例えば，経験者はしばしば複雑で難解なものに対して高評価を下すが，それは専門家の方がナイーブな人たちよりも作品を理解できる（Biederman & Vessel, 2006），あるいはできると感じている（Silvia, 2012）からだという知見がある。スーザン・ソンタグが，現代音楽が耳に痛く，現代絵画が見た目に楽しくないのは，「ある時代の芸術の提供する快楽の形式に感性が追いつく」のに時間がかかるからだと指摘する。（Silvia, 2012）

　また，久（1988）は風景に対する親しみの感情が，評価者が子ども代に過ご

した環境に依存することを指摘している。幼少期に経験した環境が感性を形作り，判断の枠組みとして働くのだろう。コンクリートの打ちっ放しによる住宅を高評価するのは，それが現われた時代に幼少期を送った世代であるという報告もある（三浦，2008）。一方，羅と三浦は，建物の評価において，文化の影響を受けるものと受けないものがあるが，どういうものが影響を受け，どういうものが受けないかは，文化によらず共通していることを示している（Luo & Miura, 2015）。もとより，嗜好は「好きずき」とされるが，その個人差・文化差も普遍的な特徴があることが示される。そうした個人差に見られる普遍性に関しては，身体性も関係し，構図の好み（中嶋・一川，2010）やよさ判断（Casasanto, 2009）における左右差は，利き手，すなわち身体的な処理流暢性にかかわっていることが指摘されている。

　覚醒水準も影響することは，感覚知覚のレベルでも（第4章参照），感性のレベルでも（例えば，Berlyne, 1974），同様である。

　さらに，感性判断においては，ある時代のある特定の評価者の好みが判断のスタンダードになることもある。例えば，千利休の「利休好み」や小堀遠州の「遠州好み」などはそうした例だろう。

　好みの基準はまた，流行のように，時代や社会の影響を受けて，評価が変動することもよく知られている。それには新奇性と親近性がかかわり（Berlyne, 1974），とくに，後者には単純接触効果がかかわっていることが，絵画やデザインに関しても報告されている（Cutting, 2003; Carbon, 2010）。

8．感性と文化

　「感性は日本人の自然観に裏打ちされ，世界に誇れる概念」あるいは，「西洋の理性や論理（ロゴス）と対比関係にあるパトス（受動・情念）に基盤を持つ日本独自の評価基準」（平成5年度文科省科学研究費補助金重点領域研究海外広報文）などのように，感性は日本独自のものの捉え方だといわれることがある。西洋では論理や理性が重視されるのに対し，日本では情緒や人間関係の機微が重視されるという指摘もしばしば行なわれる。

　しかし，感性の語は，すでに述べたように，もとより，海外の言葉の翻訳語として誕生したものである。ただ，複数の外国語に語源を持つゆえ，日本語の「感性」が多義的な意味を持っている可能性はある。

ところが，中国語の感性は，「感」と「性」の合成語であって，「感」には sensitivity（感覚），「性」には sensibility（感情）の意味があるともいわれる（桑子，2001）。そうだとすれば，翻訳語としての Sinnlichkeit と sensibility の両方の語源が，もとより「感性」の語に含まれていたことになる。東洋においては，対象の認識の基盤をなす感覚と，感覚によって喚起される印象や評価を包含する概念として，もともとアイステーシス的な概念や発想があり，それが感性と称されていたのかもしれない。

感性に対応する欧米の言葉にも違いが指摘されている。例えば，英語の sensibility には道徳的な意味はなく，フランス語の sensibilité に美的能力は含まれず，ドイツ語の Sinnlichkeit が感覚データにとどまるとされる（佐々木，2001）。語源から示されるこうしたことは，「感性」が日本独自の心的作用というより，それぞれの民族あるいは地域による「感じること」のあり方が反映された概念であり，それぞれの文化や価値感の現われだということではないだろうか。それだけに，同じテーマでの研究が異文化において追試されることが望まれる。

第3節
感性認知研究の多様な視点とアプローチ

感性の捉え方が，人において，また民族や地域において，微細な差異があるという事実は，同じ研究室の出身者によって，「感性認知」の枠組みで執筆された本書にも示されている。以下に各章の特徴を述べてみよう。

第1章　感性錯視学とデザイン

野口薫は，錯視図形の錯視量と図形の美しさを測定し，両者が対応していることを指摘して，「実験現象美学」という学問を提唱した（Noguchi, 2003）。錯視として効果的なものは図形として強く，強い図形では美しさも強く現われると考える。同様の発想は北岡（2007）にも示され，「錯視デザイン」という言葉を創案した。錢は今，「感性錯視学」を生みだそうとしている。彼はもともと広告やデザインに関心を持ち，デザイナーとしても優れたセンスを発揮してきた。彼は錯視の美しさに限らず，人の目を惹きつけ，驚きを与え，面白さを喚起する点に着目し，広告の観点からも注目しているのだろう。科学とデザ

序章 感性認知学の射程：アイステーシスの心理学

インを融合させようとする彼の意図は，本稿にも片鱗が示されていて，新たな一歩が示されている。

第2章 3次元空間と絵画表現
　「絵画的奥行き手がかり」という言葉があるように，絵画と奥行知覚の関係は古くから指摘されてきた。田谷はこのテーマを，現代芸術と最新の知覚研究に基づき展開していく。彼が最初に示すヴェローニの作品は，芸術の形で示された「エイムズの椅子」だろう。エイムズの椅子とは，ある視点から見たときだけ椅子に見え，それ以外の視点からは，ばらばらの線分の集合物体にしか見えない図形である。ここで重要となるのは「視点」である。リアルな「だまし絵」でも，写実的な風景画でも，見方をずらしたシュールレアリズムの作品においても，視点が理解の鍵となる。そのことを奇妙な形で体験できるのはリバースペクティブだろう。彼はそうした作品の背後にある知覚メカニズムを説明し，最後に3次元的に忠実であるにもかかわらず2次元絵画として知覚されるミードの作品を紹介する。次章の河邉の変幻灯と対比させると，いずれも物体の表面に異なる質感を与えて対象を変容させていながら，めざす方向の違いが明らかで，興味深い。

第3章 粘性－動態による質感
　質感は，かつてカラーモードの文脈で検討され，実験現象学で扱われたテーマである。心理物理学が感覚に迫る典型的なアプローチだった時代に，実験現象学の「分類」という手法はいかにも弱く，色彩学においてもマイナーな領域だった。ところが，近年，質的な印象に注目が集まるとともに，画像解析やシミュレーションの手法が取り込まれたことで，この分野は大きな転換と飛躍を遂げた。河邉の取り上げた粘性も，誰もが日常生活で的確に判断しているのに，何に基づいて判断したかを問われると答えに窮するという感性の典型例だろう。彼が最後に示すプロジェクションマッピングの例は，第2章のミードの作品と関係し，また，作家が直感的に行なってきた企てを理論的に示す点で，第1章とも共通点を持つ。

第4章　感覚ゲーティングと個人差

　聴覚での感性研究というと，音楽の感性印象や騒音研究が思い浮かぶ。しかし荒生は，そのどちらでもなく，日常での「煩わしい音」に対する感受性に注目し，その個人差を感性ゲーティングの観点から考察する。普通は遮断される情報が，感覚ゲーティングが適切に作用しないために意識に上ってくれば，さぞかし煩わしいことだろう。こうした例は音に限らず光においても指摘されている。荒生は聴覚の例をもとに，それが末端の感覚ではなく，脳に原因があることをデータに基づき指摘する。その際，必要な専門用語やグラフの見方をていねいに説明し，この分野の素人にも理解のきっかけを与える一方，専門家には自分の経験を通して，データをうまく取るコツを語っている。感覚ゲーティングの発想は，イデオ・サヴァンのように，特殊な才能を発揮する場合にも当てはまるのではないだろうか。

第5章　心理的時間

　カント（Kant, 1781）は感性を，外界から感覚データを取り込む認識能力として捉え，時間と空間をアプリオリな形式として持つと考えた。しかし，心理学的には，空間と時間はかなり異なる性質を持つ。私たちが感じる時間は（空間と異なり）物理的な時間と様々な点で対応せず，時計で示される時間も国際的な約束事であって，心理的な時間ではない。山本は私たちの「感じる時間」がどのような特徴を持ち，何に影響されるかを紹介し，心理学での時間モデルに言及する。興味深いのは，共同研究の1つでもあるのだが，幾何学図形の知覚時間が，図形を「走っている人」と見るか，「ネギ」と見るかによって変わることである。能動的な見方が時間という認識の枠組みを変えるだけでなく，そもそも人は能動的に世界を認識するものだ，という当然の事実が示されるからである。

第6章　時間の心的構造

　知覚研究者として出発した三浦の転換点となった研究であり，九州大学に着任するきっかけとなった研究でもある。印象の似た絵画は，時間印象が共通しているという実験結果は，その後，他者の追試でも概ね支持されてきた。また，

序章　感性認知学の射程：アイステーシスの心理学

その印象は停止・変化で，時間の認識のあり方を反映しているのではないかという示唆は，今なお筆者にとって刺激的で，検討を続けている。絵画による時間知覚，印象の時間相，違和感と時間などの研究結果を本稿に反映できなかったのは残念だが，当初から気がかりだった刺激の物理特性を，黒木大一郎技官の助けを借りて測定し，今回の考察に反映できたことは幸いだった。なお，最新の研究では，本稿で示した実験刺激の覚醒度と美しさを統制し，時間知覚に及ぼす影響を調べた。その結果，絵画の刺激としての複雑さも影響することが示唆された。絵画を用いた実験の面白さと難しさを実感するところである。

第7章　美への対象からのアプローチ
　バウムガルテンが実際に取り組んだ美の認識に関し，現代の視点と方法から研究を進めている長のこの章は，フェヒナーの古典的な黄金比研究から始め，絵画の美しさをフラクタルや1/fゆらぎなどの客観的指標からアプローチする知見を紹介している。実験美学の展開を知ることのできる章だろう。従来の顕在的なアプローチに加え，潜在的な実験方法や神経美学にも言及し，従来とは異なるステージで，美の議論が始まっていることが示されている。第8章に示される主体側からのアプローチと比較すると，感性認知学が採る2つのアプローチの特徴が見えてくる。

第8章　気持ち悪さへの主体からのアプローチ
　山田は，気持ち悪さをテーマに，第7章と逆に，主体側からのアプローチを中心に，実証されているものも実証されていないものも取り上げて幅広い視点から議論しており，認知心理学の考え方が広く示されている。フロイトの「不気味なもの」はよく知られているが，ここでは精神分析学の観点は持ち込まず，また，進化論的な早急な意味づけもせず，むしろ，少数派と多数派といった社会心理学的な観点を示唆している点が新鮮である。現代社会が抱える負の問題の回答への糸口になるかもしれない。三浦は，関連するテーマとして，草間彌生の水玉パターン（目玉パターンも含む）への関心から，卒論生とともに，主体と客体からのアプローチで実験を進めてきた。しかし，なぜ彼女の作品が受け入れられ，なぜ一部の若者にハスコラが流行するのかを考えたとき，主体と

客体からのアプローチに加え，時代や社会の視点も入れる必要がある。感性認知学の多層性が生かせるテーマだと思われる。

第9章　身体運動とリンクする感情
　上下・左右・前後や，ここ・そこ・あそこといった空間は，単なる方位や広がりを示すだけでなく，どの言語にあっても，意味や価値を伴っている。しかし，心理学の観点から，なぜ右や上はよいとされるのかの理由を述べようとすると，同一の観点からでは説明できないことが分かる。ある場合は，利き手の処理流暢性が関与し，ある場合には空間メタファーがかかわってくる。佐々木は，感情とも価値とも意味ともとれる，まさに狭間のテーマを，空間，言語，行動を繋ぐリングの中で考察している。認知心理学だけでなく，言語学や空間学にも示唆を与えるのではないだろうか。

第10章　感性を磨く
　演劇を対象に実験心理学の立場から研究を行なっている日本でほとんど唯一といってよい安藤によるこの章は，演劇に限らず，スポーツや教室での講義などの場においても当てはまるものである。熟達において技術と感性の軸があり，優秀なパフォーマーになるには，後者が不可欠であることを指摘し，演じることがうまくなるには，感情を込めて，感情に溺れず，人との関係性を意識し，みずからの意思で理想を追求していくことであり，一方，指導者はパフォーマーに対し，いかに「気づきの場」を多様な形で与えられるかであるという指摘は，感性を磨くことに止まらず，人はどう生きるべきかを示す内容ともなっていて，本書で唯一，教育心理学出身の彼女らしい展開になっている。感性研究の様々な将来を示すものでもあるだろう。

　各章の内容は上述のように，テーマもアプローチも姿勢も異なっている。個性豊かな先鋭の研究者が，みずから切り開いた世界を他の知見と重ねて語る各章の面白さを共有していただければ幸いである。

第1章

デザインと錯視

銭 琨

第1節
錯覚のフリスク

　フリスク（FRISK）は，オランダのペルフェティ・ファン・メレ社が発売したミントタブレットであり，世界中で人気を博している。そのフリスクのCMやポスター広告には，面白いアイデアや新鮮味があふれるデザインがよく使われており，ブランドイメージの形成，それから販売の好調にも貢献している。2008年末から2009年にかけて，図1-1；口絵1のようなイメージをデザインに利用したフリスクの広告を，地下鉄駅や車内で見かけたことがあるだろう。真っ黒な背景に灰色の格子があり，その格子の交差点にミントタブレットのような真っ白な円形が配置される。面白いことで，このポスターに目を向けたとたん，目線の焦点から離れた白い円形のなかに黒い点がちらほら見える。しかし，その腕白な黒点を探そうと思い目線を移したら，焦点の当たったところは真っ白なミントタブレットに変わり，黒点はよそのところに逃げてしまう。こういった画面の真ん中にフリスクの小箱があり，引出しのように全開したトレーに8粒のフリスクが交差点の位置に合わせて配置されている。なるほど，いたずらな黒点に侵されないのは，箱に囲まれたこの8粒の本物のフリスクだけなのだ。

　初めて見た人でもしばらく経ったらこの手品はばれるだろう。この画像には黒い点が一粒も存在せず，格子の交差点におけるすべての円形は真っ白であった，と。では，なぜ我々はいたずらな黒点が見えるのか。これは我々人間に，

図1-1　フリスク屋外広告で使用された錯視図形

ものの物理的なありさまを誤って知覚する，いわゆる錯覚という現象が起こるからである。筆者がIT系のコンサルタントの仕事をした時に，バグのないシステムなんて存在しないぞとまわりの人がよく言っていた。人間の知覚システムも同じく，「錯覚（Illusion）」と呼ばれるバグがたくさん起こる。しかし，この錯覚のバグは人間生来のものであり，努力によって修正や改善できるわけでもないし，このようなバグがあることで我々の知覚システムが欠陥しているとも決して言えない。錯覚の生起は，人間の知覚システムによって行なわれる情報処理のごく正常な活動の一部である。

　知覚という堅苦しい語彙を使ったが，もっと直感的でわかりやすい言葉に切り替えると，「感覚」という類義語がある。人間は視覚，聴覚，嗅覚など，様々な感覚モダリティの持ち主である。錯覚もこれらの様々な感覚モダリティにおいて生じる。フリスクの広告に現われたいたずらな黒点は，視覚における錯覚であるため，「錯視（Visual Illusion）」とも呼ばれている。もっと平易な言い方として，「だまし絵」という呼び名もよく知られている。そう，錯視は，人の目を騙す魔術師である。

　人間は未知のものに好奇心をそそられ，不思議なことに興味が掻き立てられる。好奇心や興味を持った結果，つい注意を向けてしまい，面白さを感じる。視認率を命とする屋外広告にとっては，錯視のマジックを駆使し，人々の目線や注意を引くのはとても効率的な手段である。嬉しいことに，広告デザインに使えそうな錯視の素材は豊富である。前述のフリスクの広告に使われたいたず

第 1 章　デザインと錯視

図 1-2　蛇の回転錯視（北岡，2005）

らな黒点は，明るいものが暗く見える現象であり，明るさの錯視に分類される。明るさの錯視のほかに，ものの大きさや傾きが変わって見える幾何学的錯視，ものの色が変わって見える色の錯視，動かないものが動いて見える動きの錯視，それに実在するものが消えたり，実在しないものが見えたりする錯視など，様々な錯視現象が発見されてきた。人間の視覚情報処理システムは，こんなにバグだらけだと，実に不思議である。

　当然だが，これらの錯視現象は視認率向上の目的で多くの広告デザインに活用されている。本章を執筆する2015年の初頭に，日本最大手の百貨店グループの傘下店舗がいっせいに実施した冬のクリアランスセールの広告には，動きの錯視としてとても著名な北岡が2003年に制作した「蛇の回転」錯視が使用された（図1-2：口絵2 北岡，2005）。電車駅か新聞紙でこのデザインに見覚えがある読者もおられるかもしれない。筆者は地下鉄新宿駅でその広告を目撃した。壁一面を飾った大型屋外広告に，無数の蛇がとぐろを巻きながら回転するような光景が見えた。この錯視自体は昔から知っていたが，それにしてもあの迫力に圧倒された。

　錯視は他にも様々な広告デザインに活用されてきたが，錯視という現象はなぜ起こるのだろう。一言に人間の視覚情報処理システムのバグだといっても，なぜ人間の視覚系はこのようなミスをするか。その原因を究明するために，錯視を対象とする知覚心理学的研究が多く行なわれてきた。実は，フリスクの広告に現われたいたずらな黒点は筆者の博士論文研究の対象であった。次の節か

25

らは，このいたずらな黒点を一例として，錯視現象はどのような要因に左右され，どのようなメカニズムによって起こされるのか，解明していこうと思う。

第2節
格子型錯視

　これまで「いたずらな黒点」と呼んできた錯視現象は，心理学の分野では「きらめき格子錯視（The Scintillating Grid Illusion）という名称で知られている（Schrauf et al., 1997）。白い円形パッチのなかに錯覚的黒点がきらめくように明滅して見えることから名づけられたと考えられる。「きらめき格子錯視」と呼ばれるなら，ほかの「格子錯視」もあるだろうと自然に思うわけだが，それはみごとに正解である。実はきらめき格子錯視が発見された1世紀以上も前に，格子型錯視の鼻祖といわれる「ハーマン格子錯視（The Hermann Grid Illusion）が報告された（Hermann, 1870）。図1-3（a）に示されたハーマン格子錯視における格子の交差点には，きらめくほどの強烈な錯視効果ではないものの，ぼやけた暗い影が見えるだろう。その黒い影も実は錯視現象であり，実在しないものである。くっきりとした白い格子がぼやけた暗い影をつくり出す。では，格子自体をぼかしたらどうなるか。おそらくそのような発想から，「ベルゲン格子錯視（The Bergen Grid Illusion）」がつくられた（Bergen, 1985）。図1-3（b）に示すように，ぼかしたハーマン格子の交差点では強烈にきらめいた黒点が見える。そして最後，黒色の背景・灰色の格子・白色の円形パッチに構成されたきらめき格子錯視が生まれた。この一連の制作から，きらめいた錯視効果の生起には背景・格子・円形パッチの3種類の幾何学要素の間の輝度コントラストがクリティカルな要因であることが示唆される（Schrauf et al., 1997）。そのコントラストを実現するには，黒い背景の正方形に挟まれた白い格子をぼかすか，格子の輝度を下げて灰色に変えるかであるが，いずれも有効な手段である。

　前述の3種類の格子型錯視は，いずれも明るさの錯視であったが，格子による幾何学図形の変形錯視も報告されてきた。図1-3（c）は格子による変形錯視として初めて報告された「ギザギザのひし形錯視（The Jaggy Diamonds Illusion）」であり，交差点に置かれたひし形のパッチは，本来の四角形よりも

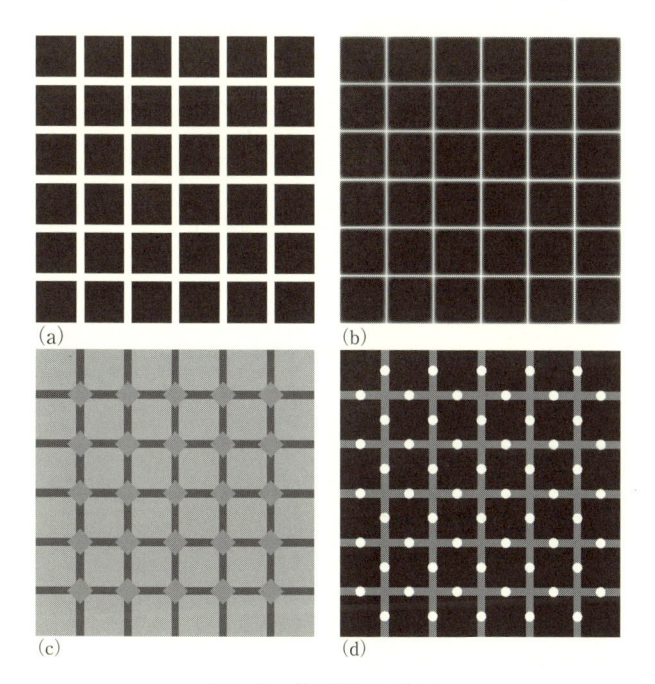

図1-3　格子錯視のパタン
(a) ハーマン格子錯視，(b) ベルゲン格子錯視，(c) ギザギザのひし形錯視，(d) 格子による圧縮変形錯視

もっとギザギザのように見える錯視現象である（Kawabe et al., 2010）。

　最後に，格子型錯視の生起場所は必ずしも格子の交差点とは限らない。筆者が最近発見した「格子による圧縮変形錯視」は交差点以外の部分で生じた錯視現象である。図1-3（d）に示されたように，格子の交差点以外に配置された円形パッチは，隣り合いの2つの交差点に圧迫され，楕円形のように見える。

　きらめき格子錯視，ハーマン格子錯視，ベルゲン格子錯視，ギザギザのひし形錯視，それに格子による圧縮変形錯視，それぞれの見え方を持つことにかかわらず，実はこれらの「格子型錯視」には多くの共通点がある。さて，どのような視覚的要因が格子型錯視の効果を左右するのだろうか。

第3節
コントラスト

　コントラストとは，対比度とのことであり，一般的には明るさの対比度を指すことが多い。しかし格子型錯視にとっては，明るさのコントラストはもちろん，大きさのコントラストも重要な生起因である。格子型錯視にはコントラスト，すなわち「対比」が形成できる構成要素は2つか3つしか存在しない。まずは縦横に均等に並ぶ格子，それに格子に区切られたような背景，この2つの要素はどの格子型錯視にも存在する。さらに，きらめき格子錯視と幾何学図形が変形する錯視には，円形かひし形のパッチという，第3の要素が含まれている。これらの要素から成り立つ明るさや大きさのコントラストは，錯視効果の強度（錯視量とも呼ばれる）に影響を及ぼすわけである。

　まずは明るさのコントラストを見ていこう。これまで紹介した5種類の格子型錯視はいずれも真っ黒の背景を使用したため，その背景と明るい格子やパッ

図1-4　明るさのコントラストを変えた格子型錯視

28

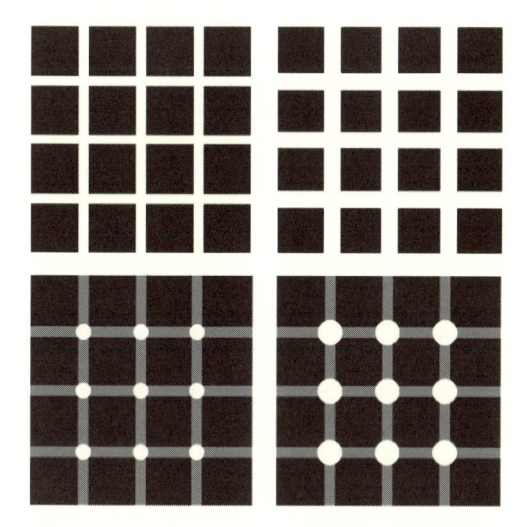

図1-5　大きさのコントラストを変えた格子型錯視

チとのコントラストが大きかった。では，背景を明るくして，格子やパッチとの間のコントラストを下げたらどうなるだろう。図1-4にその結果を示した。第2節にある錯視の画像と見比べてみると，錯視効果の強度が下がったことがわかるだろう。これで，格子型錯視の生起に，各幾何学的構成要素の間の明るさのコントラストが重要なことが明らかになった。

　それでは，次に大きさのコントラストを見よう。格子をつくる縦横のバーの幅や，円形パッチの直径を大きくすると，錯視が見えにくくなるのは図1-5で明らかだろう。

第4節
方位情報

　「方位」という言葉を聞いた瞬間，どのようなイメージが湧くだろう。おそらく，東西南北という「方角」や，方位を確かめるといった時の「位置」みたいな意味合いを思いつくだろう。しかし，知覚心理学分野における「方位情報（Orientation Information）」という言葉は，方角の情報でも位置情報でもなく，「角度（傾き）の情報」に近いといえよう。時計の針を単純な線分としてイメー

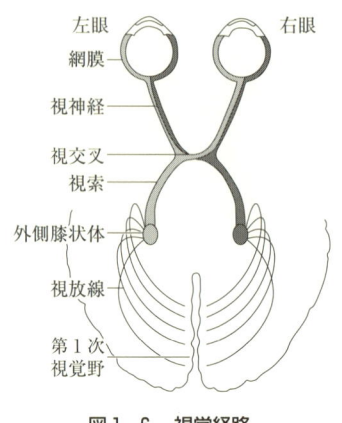

図1-6 視覚経路

（左眼／右眼／網膜／視神経／視交叉／視索／外側膝状体／視放線／第1次視覚野）

ジしてみよう。時刻によって3本の針がそれぞれに違う角度になり，その傾きを「方位」として呼ばれるのだ。何となく「方角」に似たようなイメージだが，実は「方角」と思われたくない理由があるのだ。

パソコンやデジタルカメラと同じように，人間の視覚系にも一連の情報処理プロセスがあり，視覚経路か視覚伝導路（Visual Pathway）と呼ばれている（図1-6）。外界からの視覚情報は瞳孔から目に入り，水晶体と硝子体を経て網膜に投影する。網膜のなかにある視細胞は，視覚情報を電気信号に変換し，網膜の奥にある神経節細胞に伝達する。さらに神経節細胞から眼球を出て，視神経の束で視交差，外側膝状体という組織を経由して大脳皮質に到達する。大脳という人体の司令塔には様々な部署があり，それぞれの役割分担を持つ。そのなかでは，視覚情報処理を司る部署が視覚野（Visual Cortex）と呼ばれ，視神経から伝達してきた視覚情報を継続的に処理し，その情報に対する認知や理解を完成させる。もちろん，膨大な視覚情報を一括で処理し切ることが不可能なため，視覚野と呼ばれる部署は，第1次視覚野（V1），第2次視覚野（V2）など，様々な階層に分けられている。電気信号に変換された視覚情報は瞳孔からの長い旅を終え，大脳に到着してから初めて訪れるのは第1次視覚野というところである。

第1次視覚野の細胞は，「方位選択性（Orientation Selectivity）」と「方向選択性（Direction Selectivity）」という2つの性質を持っている。方位選択性は静止している対象（例えば線分）の傾きが判断できる性質であり，方向選択性は運動している対象の運動方向が分かる性質である。ここで本節の最初に書いた「方位情報」は「方角情報」に思われたくない理由がお分かりいただけただろう。一般的には「方角」といったら「方向」の意味合いにもっと近いが，「方向」と「方位」の情報は我々の脳のなかでは完全に別々に扱われるからである。

さて，格子型錯視の効果には方位情報がどう影響を及ぼすか。方位情報を変

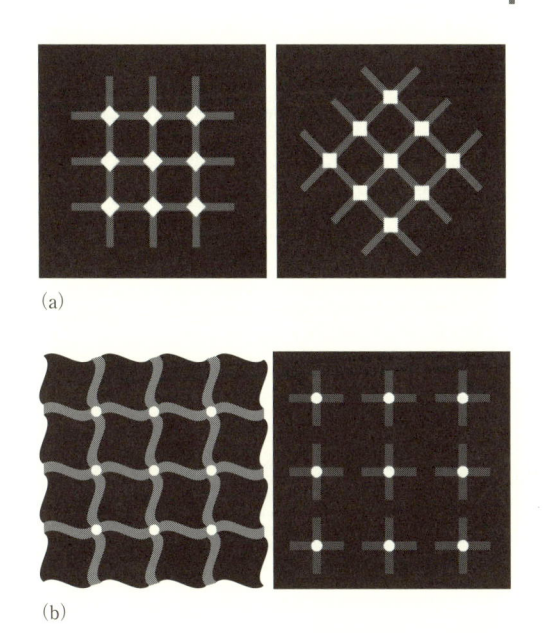

図1-7 格子型錯視の効果に方位情報が及ぼす影響
(a) ひし形パッチを使用したきらめき格子錯視並びに45°回転された図形，(b) 方位情報が妨害されたきらめき格子錯視の刺激例

えることと，方位情報を邪魔することとの2つの手法で見てみよう。図1-7 (a) は，ひし形のパッチを使用するきらめき格子錯視と，その図形を45°回転したものである。回転後の図形における錯視効果が，回転前よりも有意に下がることが報告されている（Qian et al., 2009）。回転することによって，図形における方位情報を提供する最大手サプライヤーの「格子」の傾きが変わり，格子の方位が垂直・水平から，45°・135°に変わった。その結果，錯視効果が弱まった。この因果関係には，脳神経科学の裏付けがある。それは，第1次視覚野における「方位選択性」を持つ細胞の割合である。第1次視覚野には単純細胞（Simple Cell）と複雑細胞（Complex Cell）との2種類の細胞がある（超複雑細胞（Hypercomplex Cell）が存在する説もある）。単純細胞は運動方向の検出ができず，方位選択性の専門家である（Hubel & Wiesel, 1965）。専門家だからこそ，1つの細胞が1種類の傾きだけに対して反応するが，垂直・水平に反応する細胞は他の傾きに反応する細胞よりも数が多い（Mansfield, 1974;

Mansfield & Ronner, 1978)。そのため、きらめき格子錯視を45°回転することによって、格子の方位情報を検出できる細胞の数が減ったわけである。

次に、方位情報を邪魔する例をあげよう。図1-7 (b) には、格子を曲げたり切り離したりして、格子による方位情報を妨害する例を示した。その結果、いずれも錯視の効果が弱まっている（Levine & McAnany, 2008；Qian et al., 2012）。

図1-7ではきらめき格子錯視における方位情報の重要性が明示されたが、ハーマン格子錯視とギザギザのひし形錯視も同じ傾向が報告された（Spillmann, 1971, 1994；Spillmann & Levine, 1971；Kawabe et al., 2010）。この本を45°ほど斜めに傾けて、図1-3 (a) と図1-3 (c) を観察してみよう。

第5節
周辺視野と眼球運動

すべての格子型錯視に共通するもう1つの特徴は、錯視が起こる場所のことである。錯視図形のどこにでも起こりうる格子型錯視にも、実は絶対に起こらない場所がある。それは、注視の対象となったところである。あるパッチに目の焦点を当てたら、そのパッチには黒い点も見えないし、変形も生じない。換言すれば、錯視が生じるのは、注視点以外の範囲に限る。

視覚を研究対象とする知覚心理学には、「中心視（Foveal Vision）」や「周辺視（Peripheral Vision）」といった、視野の範囲を指す用語がある。中心視と周辺視の境界は、網膜に結像する位置によって区分されるが、一般的には注視点周辺の視角約2°[1]の範囲が中心視、その範囲以外が周辺視と考えられる。格子型錯視は、周辺視でしか起こらないという特徴がある（Hering, 1920；Schrauf et al., 1997；VanRullen & Dong, 2003）。

格子型錯視の「あちこち見える」という見え方に導いたのはもう1つの原因があり、それは目の動き（眼球運動）である。どの錯視図形でも、ある一点を

注

[1] 視角（Visual Angle）とは、視対象の一方の端と観察者の眼球位置（眼球を光学系と考えた場合は結節点）とを結んだ直線とその視対象のもう一方の端と結節点とを結んだ直線がなす角度である（日比野, 1999）。

凝視するよりも，目線をあちこちに移した方がより強烈な錯視効果が生じるだろう（Ehrenstein, 1941, 1954；Verheyen, 1961；Schrauf et al., 1997）。なお，眼球運動に関連する錯視生起のための「時間」についても考察が行なわれ，呈示時間が140ms以下になると錯視量が急激に減ることが報告されている（Shrauf et al., 2000）。短時間呈示によるコントラストの減少が原因だと考えられている。

これまでは格子型錯視に共通する特徴を見てきたが，では，そもそもなぜ錯視が起こるだろう。次の章では，格子型錯視の代表格であるハーマン格子錯視ときらめき格子錯視を例として，錯視生起のメカニズムに迫ろう。

第6節
格子型錯視の生起メカニズム

まずは格子型錯視家族の大長老，ハーマン格子錯視を見てみよう。格子型錯視におけるきらめく効果や変形効果が報告される遥か前に発見されたハーマン格子錯視の生起機序については，かつて様々な仮説が立てられた。今日でもこの錯視現象の説明によく使われる最も主流だった説明は「側抑制説（網膜神経節細胞説とも呼ばれる）」という理論である（Baumgartner, 1960；Wolfe, 1984；Spillmann, 1994）。

この理論を紹介するには，まず「側抑制（Lateral Inhibition）」という神経活動を説明しよう。側抑制とは，神経細胞からの入力あるいは出力が，抑制性介在ニューロンを介しておのおのの近傍の神経細胞に対して抑制的に加えられることである（村上，1999）。視覚系のみならず，神経系統全般に存在する活動現象であるが，ここでは，第4節で紹介した視覚伝導路の初期段階における網膜神経節細胞（Retinal Ganglion Cell）間の側抑制を指す。図1-8（a）のような同心円を1つの網膜神経節細胞としてイメージしよう。この細胞の中心部（Aの部分）と周辺部（Bの部分）に与える刺激は異なる神経的反応をもたらす。網膜神経節細胞はさらにオン中心型とオフ中心型との2種類に分けられる。図1-8（a）の細胞をオン中心型に考える場合は，細胞の中心受容野（Aの部分）が刺激される場合に細胞の発火が活発になる。しかし，周辺受容野（Bの部分）が刺激される場合は，細胞の発火活動が逆に抑制される。この抑制が

(a)　　　　　　　(b)

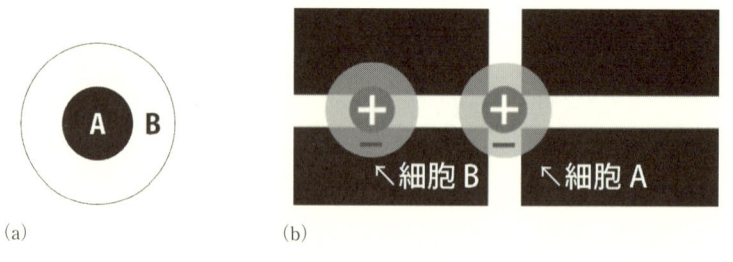

図1-8　中心・周辺拮抗型の受容野を持つ細胞のイメージ (a) と, 側抑制説によるハーマン格子錯視の説明 (b)

側抑制である。

　では, ハーマン格子錯視の例を見てみよう。図1-8 (b) は, ハーマン格子錯視の一部を切り取って表示した。交差点部分にあたるオン中心型の網膜神経節細胞Aと, 格子部分にあたる細胞Bの反応を見比べてみよう。細胞Aと細胞Bの中心受容野は, いずれも明るいところに位置するため刺激が一定だが, 両細胞の周辺受容野の状況が異なる。細胞Aは細胞Bよりも周辺受容野にあたる明るい部分が多いため, 周辺受容野が受ける刺激も細胞Aの方が強い。その結果, 細胞Bよりも細胞Aのほうはもっと強い側抑制を受ける。この側抑制の効果は, 交差点部分が格子部分よりも暗く見えた現象の説明になったわけである。

　側抑制説はハーマン格子錯視の生起メカニズムの解釈として長年使われたが, この理論の不足も次々と指摘されてきた。シラーとカーヴィー (Schiller & Carvey, 2005) の論文では, 側抑制説で説明できないハーマン格子錯視の加工例がまとめて紹介され, 側抑制の強度が変わっても錯視量が変わらない例と, 側抑制の強度は変わらないが錯視量が変化した例の2パタンがあった。前者としては, オリジナルの図 (図1-9 (a)) から格子を太くしたり (図1-9 (b)), さらに斜めの格子を加えて米字状の格子にしたりする場合で (図1-9 (c)), 周辺受容野における明るい刺激が増えるため, 側抑制が強くなり, 錯視量も増えるはずだが, 実際は錯視量がほとんど変わらない。一方, 直線の格子を曲げたり (図1-9 (d)), 図形全体を45°回転させたりする場合は (図1-9 (e)), 中心・周辺受容野に対する刺激量が変わらないのに, 錯視量が有意に下がった

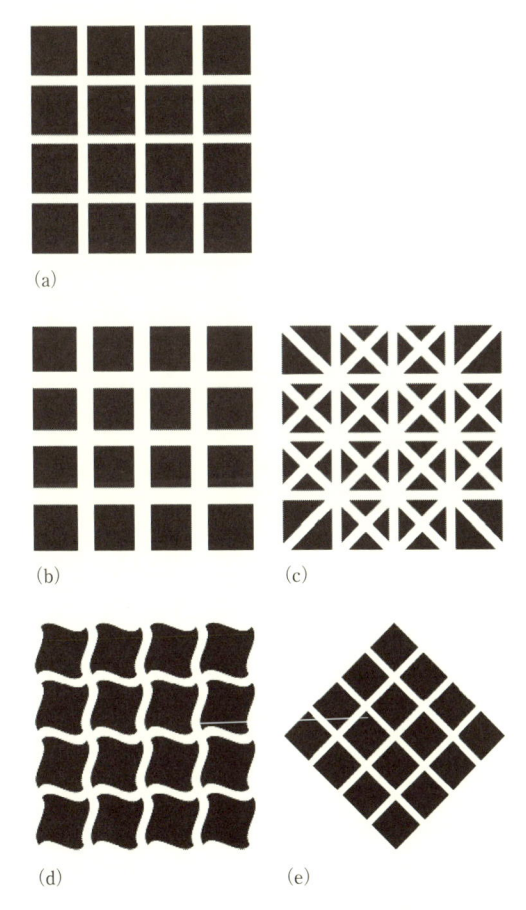

図1-9 側抑制説の限界を示すハーマン格子錯視の加工例
(a) と比べて，(b) と (c) の側抑制の強度が増えたが，ハーマン格子錯視の強度が変わらない。一方，側抑制の強度が (a) と変わらないが，(d) と (e) のハーマン格子錯視の強度が弱まった。

との報告もあった。これらの加工例は，側抑制説の限界を示した。

　Schiller & Carvey（2005）は上記の加工例を示した同時に，新しい仮説を提唱した。それは「S1単純細胞説」である。S1単純細胞とは何だろう。第4節の説明をふまえ，この特殊な単純細胞を紹介してみたい。

　第4節で紹介した単純細胞は，細胞が持つ副領野（Subfield）の個数によって分類されている。図1-10（a）の示した通り，3つの副領野を持つバー検出器細胞（Bar detector）と，2つの副領野を持つエッジ検出器細胞（Edge detector），さらに，1つの副領野しか持たないS1単純細胞（S1 type simple cell）である（Schiller, et al., 1976a）。この3種類の単純細胞はすべて方位情報を検出する機能を持つが，検出の仕方については，検出器細胞とS1単純細胞に大きな違いがある。その違いを決定するのは，副領野の数である。

　2つ以上の副領野を持つバー検出器とエッジ検出器細胞は，その複数の副領野として促進領域と抑制領域が存在し，促進領域と抑制領域における刺激の強度差で方位情報が検出される。そのため，検出器細胞にとっては，方位情報を検出するには刺激量の差分が必要だが，その差分をつくる刺激量自体や副領野の反応強度自体は記録されない。図1-10（b）はエッジ検出器細胞の働き方を例として説明している。細胞の促進領域（ON部分）と抑制領域（OFF部分）に落ちる刺激量（明るさ）が異なるが，差分が同じのため，検出の結果も同じである。つまり，検出器細胞は方位情報の検出ができるが，刺激の明るさを記録できず，ハーマン格子錯視という明るさの錯視との関連性が低いと考えられる。

　一方で，S1単純細胞は1つの副領野しか持たないため，副領野間の差分によって方位情報を特定するのはまず無理である。S1単純細胞は，明るさの上昇に反応する副領野を持つON型S1単純細胞と，明るさの下降に反応する副領野を持つOFF型S1単純細胞との2種類に分類される。図1-11（a）に示されたように，ON型S1単純細胞とOFF型S1単純細胞はいつもペアになり，それぞれにエッジの明るい側と暗い側に沿って反応する（Schiller et al., 1976b；Malpeli, et al., 1981）。逆に，エッジが中断したり，湾曲したりするときは，S1単純細胞の反応が弱くなり，方位情報の検出もできなくなる。

　ハーマン格子錯視のS1単純細胞説は，ON型S1単純細胞の働きで錯視を

第 1 章 デザインと錯視

(a)

バー検出器細胞　　エッジ検出器細胞　　S1単純細胞

10 - 4 =
6 - 0 =

6

(b)

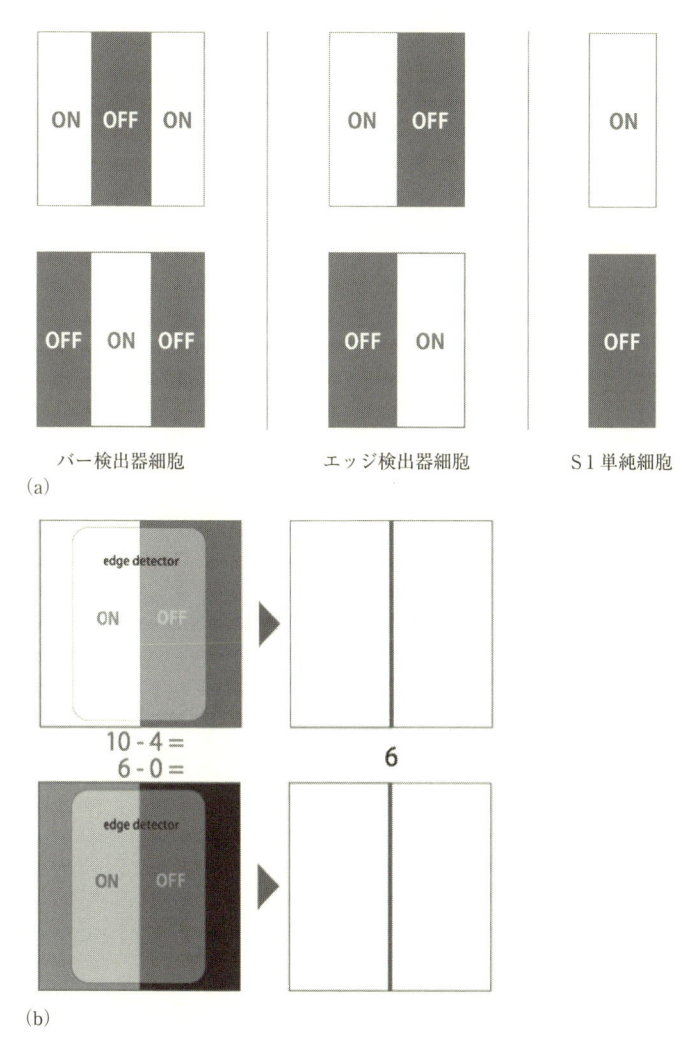

図1-10　3つの単純細胞のイメージ(a)とエッジ検出器細胞による方位情報検出のイメージ(b)

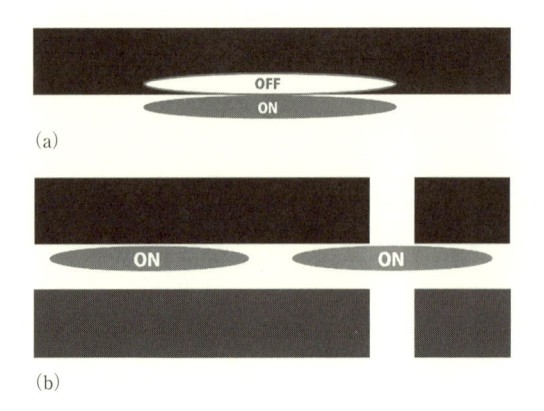

図1-11　S1単純細胞によるハーマン格子錯視の説明
(a) S1単純細胞による方位情報検出のイメージ。(b) S1単純細胞によってハーマン格子錯視の生起を説明するイメージ。交差点には連続したエッジがないため，右側の細胞の反応が弱くなり，交差点部分は暗く見える。

説明する。図1-11（b）に示された通り，ハーマン格子錯視の交差点には，連続したエッジがないため，ON型S1単純細胞の反応が弱まり，交差点部分が暗く見える。これはS1単純細胞説の主旨である。さらにSchiller & Carvey（2005）はS1単純細胞説を用い，側抑制説で解釈できない加工例の発生機序も説明した。この仮説は，ハーマン格子錯視のメカニズムとして最も説得力のある説明になった。

第7節
いたずらな黒点はなぜ起こるのか

　では，本章初頭の問題に戻ろう。フリスクの広告にも雇われたいたずらな黒点こと，きらめき格子錯視はなぜ起こるだろう。

　きらめき格子錯視とハーマン格子錯視の共通点はこれまでたくさん紹介したが，それほどの共通点を持つ2つの錯視現象は生起メカニズムも共通するではないかとの疑問を持つようになった。それでは，ハーマン格子錯視を説明した側抑制説とS1単純細胞説で，きらめき格子錯視を説明できるか，試してみよう。

　まずは側抑制説である。ハーマン格子錯視を完全に説明できないこの仮説は，

きらめき格子錯視にも適しない新たなエビデンスが報告された。それは両眼視におけるきらめき格子錯視の研究である。人間は左右一対の目の持ち主であり，それぞれの目の網膜に投影した情報は脳で統合的に処理される。Schrauf & Spillmann（2000）の研究では，パッチと格子を違う平面におき，その平面を操作することにより立体視条件でのきらめき格子錯視の強度を測定したところ，一般の観察条件よりも有意に低下することがわかった。さらに最近の研究では，両眼呈示されたきらめき格子錯視は，片眼呈示よりも錯視効果が強いことが明らかになった（Read et al., 2012）。これらの研究は，錯視が網膜レベルではなく，両眼視覚情報統合後の脳の視覚野レベルで生起するという主張に新たな裏付けを提供した。

　では，ハーマン格子錯視を比較的にじょうずに説明できたＳ１単純細胞説はきらめき格子錯視にも使えるだろうか。筆者の研究グループでは，Ｓ１単純細胞説を利用してきらめき格子錯視の生起メカニズムを解釈した（Qian et al., 2012）。図１-12（a）に示された通り，格子の交差点部分は輝度の異なるパッチが存在することにより，連続したバーによる方位情報が影響され，ON型Ｓ１単純細胞の反応が弱まり，暗い錯視が生み出されたと考えられる。さらにＳ１単純細胞説を先行研究の成果に組み合わせ，以下のような，きらめき格子錯視に関わる様々な現象を解明した。

１．なぜバーが長くなるときらめき格子錯視は強くなるのか

　図１-７（b）の分断されたきらめき格子錯視では，分断された格子が長ければ長いほど錯視量が高くなるとの報告があった（Qian et al., 2012）。一方で，Ｓ１単純細胞は，受容野にあたるエッジが長いほど，細胞の反応は強くなる（Hubel & Wiesel, 1977; Snowden et al., 2006）。図１-12（b）の説明通り，バーにおける細胞の反応が強くなると，パッチにおける細胞の反応は変わらないため，そのコントラストは大きくなる。その結果，錯視が強くなると考えられる。

２．なぜバーの位置ズレがきらめき格子錯視に影響するのか

　分断された格子のバーが十分な長さを持つとしても，そのバーを上下左右に

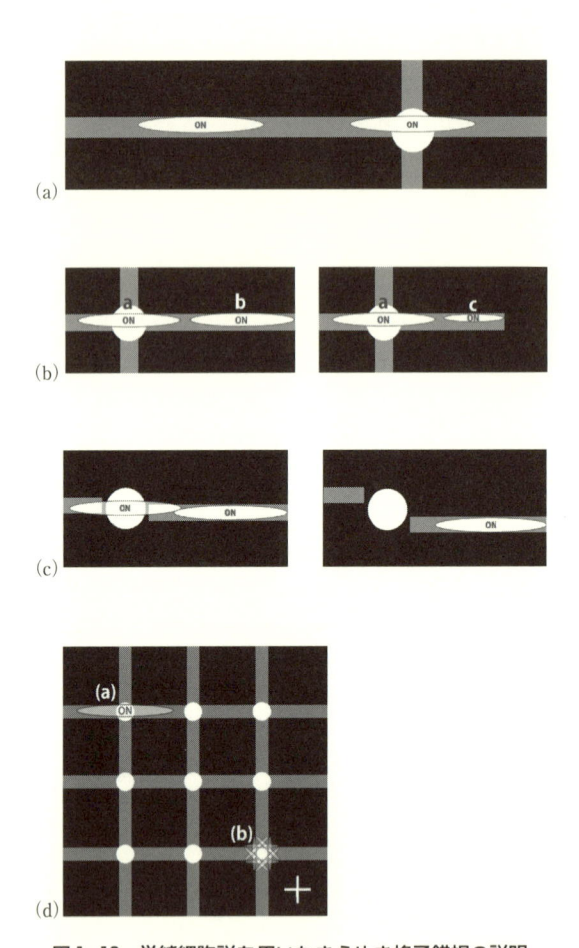

図1-12 単純細胞説を用いたきらめき格子錯視の説明
(a) S1単純細胞によってきらめき格子錯視の生起を説明するイメージ。(b) a細胞の反応は変わらないが，b細胞の反応はc細胞の反応よりも強いため，a細胞とのコントラストもb細胞の方がc細胞より大きい。そのため，a細胞とb細胞の組み合わせでの錯視量が強い。(c) ある程度のバーのずれは方位情報検出に影響しないが，ずれの程度が大きくなると，パッチ部分の方位情報が検出できなくなり，錯視現象が消える。(d) 右下の十字形が凝視点を示す。周辺視野におけるa部分は大きな細胞しかないため，パッチを跨いで方位情報を検出できるが，b部分では小さな細胞が円形パッチのエッジを正確に検出できるため，パッチを跨ぐ反応ができない。

ずらすと錯視が弱まる。実はバーの位置ズレは，方位情報の統合とバーの検出を抑制するとの報告がある（Kapadia et al., 1995; Kapadia et al., 2000）。位置ズレが小さい時にS1単純細胞は反応するが，ズレが大きくなると単純細胞が反応しなくなるため，錯視効果も低下すると考えられる（図1-12 (c)）。

3．なぜパッチの明るさが下がると錯視が弱まるのか

パッチの明るさを下げると，灰色の格子の明るさに近づき，パッチ－格子間の明るさのコントラストが下がる。この明るさのコントラストに邪魔された交差点部分のS1単純細胞の反応が再度活発になる一方，格子に沿った細胞の反応が変わらないため，細胞間の差が縮まり，錯視が生じ難くなると考えられる。

4．なぜ錯視が周辺視野で起こるのか

Snowden, Tompson, & Troscianko(2006)は，周辺視野における単純細胞は中心視野における単純細胞よりもサイズが大きいと報告している。図1-12 (d) に示されたように，周辺視野では大きな細胞によりパッチを跨いだバーの方位情報が把握でき，パッチを跨いだ細胞の反応と格子に沿った細胞の反応の差で錯視効果が生み出される。しかし，中心視野の単純細胞が小さいため，パッチのエッジによる方位情報が細かく正確に検出され，錯視生起に必要なパッチ－格子間の細胞反応のコントラストが実現できなく，錯視現象が起こらなくなる。

これまでの説明で，きらめき格子錯視には格子による方位情報が重要だということが明らかであった。では，方位情報さえあれば，「格子」にこだわる必要もないだろうか。実は，図1-13で紹介したような格子を使わな

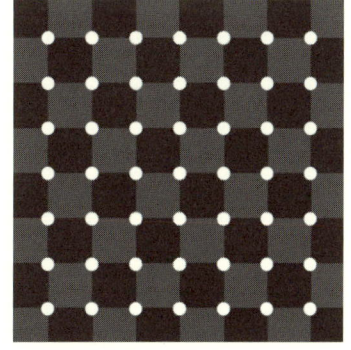

図1-13　格子を使用しないきらめき錯視の例

いきらめき錯視もある程度観察できると思う。要は，きらめき格子錯視に最も重要なのは格子自体ではなく，格子から生まれた方位情報である。方位情報は，きらめき格子錯視やハーマン格子錯視などをつくり出す最もクリティカルな要因なのである。

第8節
錯視からデザインへ

　前節まではきらめき格子錯視とハーマン格子錯視を例として，錯視現象が生じる知覚心理学・神経科学的なメカニズムを説明した。錯視現象は目から脳までの視覚伝導路における一連の神経活動の産物であり，そのメカニズムの解明は錯視研究の最も基礎的な部分である。錯視に対する感性的評価，注意や時間知覚への影響など，もっと高次な認知処理に関する研究も多く行なわれており，デザイン・建築・医療・交通・化粧やファッションなどへの実用に繋がる。最近は「応用錯視学」という新しい学問が提唱されるほど，錯視の実社会への応用・貢献が注目されている。

　本章の第1節では，錯視の広告デザインへの活用を紹介したが，広告という利益追求のシビアなビジネス世界に，なぜ素朴な錯視現象がウエルカムなのか。

　広告の世界では，AIDMAの法則という，消費者が広告宣伝に対する心理的活動プロセスを示す理論が1920年代に提唱され，今日でも活用されている。AIDMAは，Attention（注意），Interest（関心），Desire（欲求），Memory（記憶），Action（行動）の5つの単語の頭文字であり，広告と接触してから消費行動に導く5つの段階をまとめている。Colley(1961)が提唱した広告のDAGMARモデルはさらにこのプロセスをAwareness（意識），Comprehension（理解），Conviction（確信），Action（行動）の4ステップにまとめ，広告に対する最初の「気づき」が重要視された。さらに日本でよく知られる広告宣伝の「マクスウェル・サックハイム（Maxwell Sackheim）の三原則」，Not Read, Not Believe, Not Actでも，消費者がそもそも広告に目を向けないことが筆頭の問題とされた。

　これらの理論はいずれも広告への最初の気づきや注意を問題視している。巨大な屋外広告のそばを素通りした人々の注意を引き，関心を起こし，記憶に刻

むために，広告クリエイターやデザイナーは知恵を絞り尽くしている。この広告にとっての死活問題に，錯視という目のトリックが活用されてきた。ハリウッド映画では大金を費やしてVFX（Visual Effects，映画のポストプロダクションにおける視覚効果）を制作し，観者へ幻想的な視覚世界を見せる。しかし，錯視はだれでも見えるただのVFXである。このVFXは広告のアピールポイントと合致すれば，注意を引くことはおろか，きっと印象に残る広告作品になるだろう。筆者自身も学部時代に広告学を専攻し，どうすればインパクトの強い広告デザインをつくれるかと苦慮した際に，錯視というすばらしい材料に目を奪われた。それは，院生時代から錯視研究をやり始めた理由にもなった。

　もちろん，錯視現象の活用は広告デザインに限らない。単純な視覚芸術作品としても錯視は人気を博している。一般的にだまし絵と思われる「多義図形」というカテゴリーの錯視作品はとくに活発に創られており，関連のアート展や美術展は世界中に開けられている。一方で，未発見・未解明の錯視現象はたくさんある。日常生活における小さな気づきや不思議な思いは，新しい錯視現象の発見に結びつくかもしれない。奇妙で面白い錯視の世界をぜひ楽しんでみよう。

第2章

絵画における三次元空間の表現と知覚

田谷修一郎

第1節
はじめに：平面を空間として見るということ

　本章では3名の現代美術家の作品を通して，キャンバスやスクリーンなどの平坦な面上に三次元空間を表現できるのはなぜかという問題について考察する。平面上に空間を表現できるということは，我々の視覚系（眼と脳）が二次元像から三次元空間を復元する仕組みを備えていることを意味する。しかし，極端な言い方をすれば，眼はそもそも三次元空間を見るようにできていないため，その復元過程は我々の多くが素朴に考えるよりもずっと複雑で難しい。

　本章で紹介する芸術家の作品はすべて三次元空間を復元する視覚系の働きがその中心的魅力を生み出すような仕掛けを備えている。それらの仕掛けを実験心理学が明らかにしてきた視覚系のメカニズムに基づいて解説し，そのことによって絵を見るという行為の背後にある視覚系の働きを明らかにすることが本章のねらいである。

第2節
網膜像のあいまいさ

1．ヴァンテージポイント

　フェリチェ・ヴァリーニ（Felice Varini）というスイス出身で現在フランスを拠点に活動している現代美術家がいる。彼の作品は最近しばしばニュースサイトなどで取り上げられ，SNSでその画像が共有されることも多いので，彼

図2-1　ヴァリーニの作品「9つの踊る三角形」(左) とそのヴァンテージポイント外からの見え (右)
Felice Varini 'Nine dancing triangles', France (Chateau Chasse-Spleen, Moulis en Medoc 2012.) Photos by André Morin. Photocollage by Gil Dekel

の名前を聞いたことがなくても彼の作品をどこかで見たことがある人は多いだろう。ヴァリーニの作品はそのほとんどが円・三角形・四角形などのシンプルな幾何学図形やその組み合わせで、キャンバスの上ではなく実空間内の建築物――部屋の一隅や、大きなものであれば城の壁面など――に描かれる。ただし描かれた幾何学図形は実際に色の塗られた建築物の表面を離れ、何もない空間に浮かぶ透明な平面上に描かれているように見える。図形はたいていの場合赤・青・黄色などの基本色一色で塗りつぶされているため、現実空間に巨大な幾何学模様が浮かんでいるような、超現実的な印象を鑑賞者に与える (図2-1；口絵❸左)。

　写真を通してヴァリーニの作品にふれた多くの人は、幾何学図形の描かれたその空間に立って実物を見てみたいと思うだろう。日常的な風景の中に忽然と現われる巨大で無機質な幾何学模様。しかしそのような劇的な体験を期待して実際にその場に立ってみると少し肩透かしをくらうかもしれない。なぜならヴァリーニの幾何学模様は彼が「ヴァンテージポイント (vantage point)」と呼ぶ特定の一点から見るときにのみその完全な形状が現われるように描かれているためである。ヴァリーニの作品は投光機を用いて描かれている。ヴァンテージポイントに置かれた投光機で幾何学図形を建築物に投影し、その投影された図形を塗りつぶすことで作品は完成する。したがってヴァンテージポイント以外の視点からはバラバラになった図形の切片しか見ることができない (図2-1；口絵❸右)。このため、我々が作品の描かれた場に実際に赴いたときに最初に目に入るのは空中に浮かぶ超現実的な幾何学模様ではなく、ところどころ

図 2-2　現存する最古のアナモルフォーシス絵画「レオナルドの目」(1485年)

にペンキの塗られた建築物の壁面である可能性の方が高い[1]。

2．アナモルフォーシス

　ヴァリーニの幾何学図形のようにある一点から見た時にのみ完全な絵の現われる描画方法はアナモルフォーシス（anamorphosis）とかアナモルフォーズ（anamorphose）と呼ばれ，その起源は15世紀に遡ることができる。アナモルフォーシスを用いて描かれた絵画で現存する最も古いものはレオナルド・ダ・ヴィンチ（Leonardo da Vinci）の『アトランティコ手稿（推定年代1478〜1518年）』に残されている幼児の顔および眼のシンプルな線画である（Chastel, 1961；Schwartz, 1998）。これらの線画は水平方向に極端に引きのばされて描かれており，正面から見ると何が描かれているか不明瞭であるが，右横のヴァンテージポイントから絵画平面と視線のなす角度を水平に近付けて覗き込むと，微笑む幼児の顔あるいはこちらを見つめる目がそれぞれ現われる（図 2-2）。アナモルフォーシスの手法を用いた画家としてはルネサンス期のドイツの画家ハンス・ホルバイン（Hans Holbein）とイギリスの画家ウィリアム・スクロッツ（William Scrots）の作品がよく知られる（Vishwanath et al., 2005；Wolfe, 2012）。本邦ではグラフィックデザイナーの福田繁雄がこの手法を用いた作品を多数残しているほか，意外にも江戸中期に刀の鞘を投影用の円筒に利用して鑑賞する「鞘絵」とよばれるアナモルフォーシスが流行したこともあった（稲垣，1988）。また最近では2013年と2014年にそれぞれホンダとキヤノンが広告動画にアナモルフォーシスを用いて話題となった。

　ヴァンテージポイントのもたらすいわば「偶然の見え」を我々が楽しむことができるのは，二次元画像上の一点について，それがどれだけ我々から遠くに

注
[1]　ただしヴァリーニは幾何学図形の完全な形状が見えるかどうかは自身の作品に重要ではないとインタビューで述べている（Dekel, 2014）。

あるのかという「奥行き」の情報を得る術がないからに他ならない。この情報の欠如のために，写真を通してヴァリーニの作品を見るとき，幾何学図形の切片は実際に描かれている建築物の表面ではなく中空に属するように見える。この問題を別の例でもう少し詳しく考えてみよう。黒い背景におかれた表面の滑らかな真白い球体を写真に撮ったとする。その球体がどれくらい遠くにあるのか正確に応えることは相当に難しい，ということは想像に難くないだろう。球の大きさからおおよその距離が判断できると主張する人もいるかもしれないが，写真に映るものの大きさは距離に反比例するため，この方略は役に立たない。例えばカメラの10cm前に置かれた直径4cmのピンポン玉と500m先の直径20mのガスタンクは同じ大きさで写真に写る。

　実のところ，ある物体が二次元平面上に投影されたとき，その投影像のなしうる大きさは無限に存在するため，大きさの情報だけから物体の距離を一意に特定することはできない。ここでもう一度ヴァリーニの作品に話を戻そう。例えば投光器を用いて正方形が投影された場面を考えてみる。正方形の左上隅は建物の奥まった壁面に，右下隅は手前に出っ張った壁面に投影されたとする。写真には遠くのものは小さく近くのものは大きく映るため，この2つのパーツのヴァンテージポイントからの見た目の大きさを揃えたいならば，このとき実空間では正方形の左上隅は左下隅よりも大きな面積が塗られる必要がある。逆に言えばこうして大きさを揃えて写真に撮ってしまえば2つのパーツが別々の距離にあることを知る術は失われる。実際，仮に透明な面に正方形を描いてヴァンテージポイントから写真を撮れば，投光器を用いて描かれた正方形の写真とまったく同じ画像を作成することができる。

3．不良設定問題

　ヴァリーニの幾何学図形は写真に「奥行き」の情報が欠落していることよって成立していると述べた。この二次元像における「奥行き」情報の欠落はそのまま我々の視覚が抱える問題でもある。我々の見ている世界は網膜に投影された外界の像にもとづいて外界の三次元構造を復元したものであるが，網膜像は写真と同様に縦と横のふたつの次元しか持たない二次元像である。二次元像の1点がどれくらいの距離にあるかを知ることは不可能であると先に述べたが，

問題は距離がわからないことだけではない。三次元空間内の物体は視線に対し様々な角度をとることができ，このことは物体の網膜像の大きさと形に無限のバリエーションを与える。つまり網膜に投影された外界の像の形や大きさから，その像の物理的な形状と大きさを知ることはそもそも不可能なのである。このことを視覚科学では「二次元像からの三次元空間の復元は不良設定問題である」と称する（Poggio et al., 1985）。

しかし実感として我々は日々の生活の中でも世界を三次元空間として捉えることを難しいとは感じない。また二次元平面上に表現された絵画を三次元空間として見ることもできる。これは我々の視覚系が二次元網膜像に含まれる様々な情報を利用して三次元空間を復元するメカニズムを備えるためである。次節ではこのメカニズムについて解説する。

第3節
奥行き手がかり

1. 絵画的手がかり

二次元網膜像から三次元空間を復元するために，我々の視覚系は様々な情報を利用している。瞳孔を拡大収縮させたり眼球を回転させたりする筋肉の動きを信号として利用した一部の網膜外情報を除き，情報の多くは網膜像に含まれている。外界の三次元構造を復元するために利用されるこれらの情報を，「奥行き手がかり（depth cue）」とか単に「手がかり（cue）」とよぶ（中溝・田谷, 2008）。

網膜像に含まれる手がかりは単眼の網膜像だけで有効な単眼性手がかりと左右の網膜像を同時に使用して初めて有効になる両眼性手がかりに大別できる。そして単眼性手がかりはさらに外界の物体や観察者自身の運動による網膜像の動きが手がかりになるものと，静止網膜像そのものに含まれるものに分類できる。片目をつむり立ち止まったとき単眼網膜像は静止した1枚の二次元画像となるが，この状態でも世界が平坦に見えないのは静的な単眼手がかりのおかげである。そして単眼網膜像と同様に「静止した1枚の二次元画像」である絵画に平坦でない三次元世界を表現できるのもまた静的な単眼手がかりのおかげである。このため静的な単眼手がかりは「絵画的手がかり（pictorial cue）」と

49

図 2-3　網膜像の大きさに基づく手がかり

も呼ばれる。

　絵画的手がかりには多くの種類があるが，そのいくつかは「(物理的な大きさが等しければ) 遠くにあるものほど小さく網膜に映る」という網膜像の光学的性質を利用したものである (図 2-3 (a～d))。例えばある物体の網膜像はその物体が遠ざかるほど小さくなる。このことからその物体の画像平面上の大きさは物体の相対的な距離の手がかりとなる (「相対的大きさ」図 2-3 (a))。正方形を真っすぐ奥行き方向に傾けた時，画像平面上に投影される正方形の幅は遠くに行くほど狭くなるため，結果として奥行き軸に平行な線分は 1 点に収斂する (「線遠近法」図 2-3 (b))。またこのとき正方形の縦幅も詰まって投影される (「短縮法」図 2-3 (c))。3 次元物体が包装紙や壁紙のような均一なパターンを表面に持つ場合，物体の立体形状によって各要素の大きさと形状が変化するため，物体の 3 次元形状を知る上で有力な手がかりとなる (「テクスチャ勾配」図 2-3 (d))。

　しかし画像平面上の大きさが奥行きの手がかりとなるということは，前節で述べた「大きさは距離の推測に役立たない」という話と矛盾する。実のところ，先に例示した 4 つの手がかりはその情報だけでは奥行きを復元する上でまったく役に立たない。例えば図 2-3 (b) や (c) に描かれた図形を傾いた正方形と見る人は多いだろう。しかし真正面から見た台形である可能性も否めない。実際両者はある条件ではまったく同じ形で網膜上に投影される。線遠近法と短縮法というふたつの手がかりを用いても不良設定問題は解くことができないのである。ではなぜこれらの手がかりは奥行きを知る上で有効と成り得るのだろう。

2．視覚系の「ギャンブル」

　種明かしをすれば，視覚系はこれらの手がかりを用いるときに外界の統計情報を利用している。例えば我々の身のまわりには様々な形のものが存在しているが，四角形であれば多くの場合長方形かそれに近い形をしている。例えば本や廊下，ドアや窓の枠など，長方形でないものを探す方が難しい。したがって，図2-3（b）のような形状が網膜に写った場合，それを台形であるとみるよりも傾いた長方形であると判断した方が，外界の奥行きの見積もりとして適切である可能性はずっと高い。このように，視覚系はいわば外界について蓋然性の高いものに賭けるギャンブルを行なっているのである。

　同様の「賭け」はその他の絵画的手がかりを利用する際にも行なわれている。例えば陰影は光源方向と物体表面の成す角が垂直に近くなるほど表面の輝度が高くなるという物理法則に依拠した手がかりであるが，このことは言い換えると光源方向が決まらなければ陰影は奥行きの手がかりとして役に立たないことを意味している。しかし幸い我々の住む世界では多くの場合光源，つまり太陽や照明はほとんどの場合我々の頭上にある。このため我々の視覚系は物体が上から照らされているということに安心して賭けることができる（Taya & Miura, 2010）。陰影が主要な奥行き手がかりとなる写真を上下逆さにすると見かけの凹凸が反転するのはこのためである（三浦・田谷，2005）。

　興味深いことに我々は光源を真上に仮定するのではなくやや左寄りに仮定することが知られている。これは我々の多くが右利きでありまた左から右に文字を書くことと関連しているのかもしれない（Sun & Perrona, 1998）。つまり，我々は文字を書くときに自分の手の影が邪魔にならないように左側に光源を置くことが多く，このことが「光源方向の掛け」のオッズを偏らせているというのだ。この説には異論もあるが（例　Mamassian & Goutcher, 2001; McManus et al., 2004），最近右から左に書かれるヘブライ語の話者は光源方向をやや右寄りに仮定して陰影情報を利用するということが報告されている（Andrews, et al., 2012）。

　利き手や文化が絵画的手がかりの使い方を変えるということは，視覚系が外界についての蓋然性を経験に基づいて推測していることを示唆する。実際，多くの研究で，我々の蓋然性の見積もりが経験によって更新されることが示され

51

ている。例えば陰影情報と同時に触覚情報を与えると，光源方向は触覚情報と一致するように修正される（Adams et al., 2004）。また，ほとんどが楕円で構成されているような環境にしばらく置かれると，人は世界の平均的な形は円ではなく楕円だと見積もるようになる。つまり，このとき画像平面上の真円は「傾いている」と判断されるようになる（Knill, 2007）。

3．立体視

　次に奥行き手がかりのもう1つのカテゴリーである両眼性手がかり，とりわけ両眼視差の働きについて解説する。両眼視差は一見絵画表現と無関係なようであるが，後に述べるように絵画を見るときに重要な役割を果たしている。

　人間の眼は平均して左右におおよそ6 cm離れているために，右眼と左眼の網膜に投影される外界の像にはズレが生じる。このズレを両眼視差と呼ぶ。両眼視差の方向と大きさは，外界の奥行きの方向（凹凸）と大きさ（奥行き量）と相関する。このことを簡単なデモンストレーションで確かめてみよう。まず右手の親指を立てて腕を真っすぐ前に伸ばし，ひじの関節のあたりにやはり親指を立てた左手を添えてほしい。その状態で手前にある左手親指を注視し，そのまま右眼と左眼の片方を交互につむって左手の親指と右手親指の位置関係に注意を向けると，開けた方の目によって右手の親指の位置が異なることに気づくだろう。例えば右目を開けた時に右手の親指が左手親指の右側に見えたなら，左目を開けた時の右手親指は左手親指の左側に位置して見えるはずである。次に遠くの右手親指に焦点を合わせて同様の観察を行なう，今度は右手親指は動かずに左手親指が動いて見える。そしてその「移動」の方向は先程とは逆向きであることに気づくだろう。すなわち，右眼を開けた時は左側に，左眼を開けた時は右側に動いて見える。さらに左手の拳が右手に付くほど近づけて，左右の親指の距離を縮めて同様の観察を行なってみよう。そうすると今度は左右の目を開閉したときに観察される親指の網膜像上の「移動」距離が先ほどよりずっと小さくなっていることに気づくだろう。こうした外界の奥行きと両眼視差の間の相関は純粋に物体までの距離と左右の眼の位置関係に基づく幾何学の法則に基づくものであるが，視覚形はこの法則を外界の奥行きの復元に利用している。

第 2 章　絵画における三次元空間の表現と知覚

　視覚系が右眼と左眼の網膜像のズレを奥行きの手がかりとして使っているならば，そのズレを真似て描いた 2 枚の絵を右眼と左眼に見せたときに平坦な絵に奥行きを見ることができそうである。このことに初めて気づいたのは19世紀のイギリス人物理学者ホイートストーン（Charles Wheatstone）であった。彼は立体物を見るときの右眼の見えと左眼の見えを模した一組の線画を描き，鏡を用いてそれぞれの絵を右眼と左眼に同時に呈示した。その結果 2 枚の絵は 1 つに「融像」され，単眼の絵には感じることのできない立体感が得られることがわかった（Wheatstone, 1838）。このような両眼視差を再現した一組の絵はステレオグラム（streogram），ステレオグラムを観察するための装置はステレオスコープ（streoscope），そして両眼視差に基づく奥行きの知覚は立体視（stereopsis）と呼ばれる。ホイートストーンのステレオコープは鏡を用いていたために巨大にならざるを得ず一般には普及しなかったが，スコットランド人科学者ブリュースター（David Brewster）やアメリカ人医師ホームズ（Oliver Wendell Holmes Jr.）がプリズムを用いてステレオスコープを小型化してからは玩具として非常に流行した[2]。ブリュースター型のステレオスコープは大正時代に日本でも流行し，詩人の萩原朔太郎はステレオ写真を撮ることを趣味としていた事が知られる（萩原, 1939）。

　現在の 3 D映画に用いられている立体視の基本原理も，右眼と左眼に別々の画像を示すという点ではホイートストーン型のステレオグラムに用いられているものとまったく同じでもある。3 D映画ではスクリーン上に右眼用の映像と左眼用の映像が重ねて投影されているが，映画館の入口で渡される眼鏡をかけることによって片方の映像だけが該当する方の眼に届く仕組みになっている。また，ちょっとした練習が必要であるが，より目や離れ目で観察することで左眼と右眼それぞれに対応する画像を融像することができればステレオグラム特有の立体感を眼鏡なしでも体験できる。

　視覚系は両眼性の手がかりと多様な絵画的手がかりを統合して外界の奥行きを復元している。次節ではこの統合の仕組みを利用した芸術作品を通して手がかり統合の過程について考えてみる。

注
●2　ちなみにブリュースターは万華鏡の発明者でもある（Zone, 2007）。

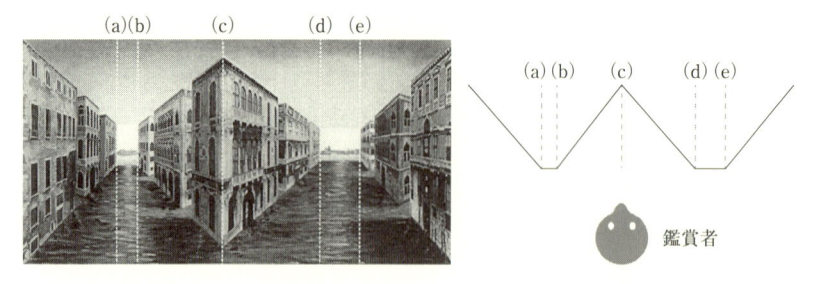

図2-4　ヒューズ「消えゆくヴェニス」(2007年)とその実際の凹凸

第4節
手がかりの統合

1．リバースペクティブ

　リバースペクティブ（reverspective）とはイギリスの現代美術家パトリック・ヒューズ（Patrick Hughes）が彼の一連の作品を指し示すために考案した造語である（Wade & Hughes, 1999）。「reverse（逆）」と「perspective（遠近法）」というふたつの単語を合成したこの造語には，ヒューズの作品の特徴がうまく反映されている（図2-4；口絵4 左）。

　第1節で紹介したヴァリーニの幾何学模様ではある1点（ヴァンテージ・ポイント）から静止して見ることで完全な形があらわれるのに対し，リバースペクティブは鑑賞者が絵画の前で動くことで作品の意図が明らかになる。リバースペクティブは，片目を閉じて静止して見る限り，遠近法を極端に強調された風景画である（多くの場合建築物が描かれる）。しかし絵の前で鑑賞者が片目を閉じ，頭を動かすと，頭の動きに合わせて描かれた風景が動き出して見える[3]。

　リバースペクティブは網膜像のあいまいさと遠近法に対する視覚系の信頼を利用した作品だ。片目で見ることが重要なのは両眼視差を利用できない状態にする必要があるためである[4]。リバースペクティブでは凹凸のある面に風景が

注
- [3] この奇妙な動きはヒュージのウェブサイトにおかれた動画で見ることができる（http://www.patrickhughes.co.uk）。
- [4] 同様に，カメラを通して（動画で）見た場合には両目を開けていても奇妙な動きが見えるのは，画面上では両眼視差が利用できないためである。

描かれるが，遠近法は描画面の物理的な凹凸とは逆向きの奥行きを示すように付けられている（図2-4：口絵4 右）。すなわち，描かれた建物は鑑賞者に近くなるほど小さく，遠ざかるほど大きく，距離と大きさの通常の関係とは逆向きの対応がつけられている。

しかし以上の仕掛けは単に見かけの奥行きと実際の奥行きの前後関係を反転させるだけである。ただこれだけの仕組みで，なぜあの独特で奇妙な動きが見えるのだろうか？この疑問に答えるためには，動的な単眼手がかりについて理解する必要がある。

2．運動視差

前節で述べたとおり，単眼の網膜像に生じる動きもまた奥行きの手がかりとして視覚系に利用される。この種の動的な単眼手がかりのうち，観察者の動きによって生じる網膜像の動きを利用したものを運動視差と呼ぶ。運動視差を体感するために，再び二本の指を用いたデモンストレーションを紹介したい。片目で二本の指を見て，両者が重なる位置から考えてみる。手前の指に焦点をあて，そのまま頭をゆっくり左右に振ると奥の指が頭の動きと同じ方向に動くことに気づくだろう。つまり頭を右向きに動かした時には奥の指もそれに追従するように右に動き，頭を左に動かした時は指も左に動く。次に今度は奥の指に焦点をあてふたたび同様に観察すると，今度は手前の指が頭の動きと逆むきに動くことがわかるだろう。さらに指と指を近づけたり離したりして同様の観察を行なってみると，指と指の間の距離が大きくなるほど網膜上の指の「移動量」も大きくなることがわかる。このように頭の動きに連動した網膜像の動きは外界の奥行きの向き（凹凸）と大きさに対応しており，視覚系はこの対応関係を奥行きの手がかりとして利用している。

運動視差を奥行き手がかりに用いるということは我々が頭の動きに伴う網膜像の動きを常に奥行きに換算しているということである。我々が頭を振ると網膜像は大きく動くが（ためしにスマートフォンのカメラを左右に動かしながらビデオ録画し画面の揺れを確かめてみよう），網膜像の動きに対して世界がそれほど大きく動いて見えないのはこの働きが一役買っている。一方，網膜像の動きは当然ながら実際に動いている外界の物体からももたらされる。しかし外

界の物体のもたらす網膜像の動きはたいていの場合運動視差のもたらす網膜像の動きと「ルール」が異なるために我々が両者を混同することは滅多にない。ここでいうルールとは，運動視差のもたらす網膜像の動きの速さは頭の動きの速さと相関するということ，そして先述のように注視点より手前の物体は頭の動きとは逆に，奥の物体は頭の動きと同じ方向に動くということである。例えば頭を振っている時に鳥が目の前を横切ったとしてもその網膜像の動きはこのルールから外れるため，鳥の動きが奥行きに換算されることはない。

　ここでもう一度リバースペクティブのもたらす網膜像の動きを考えてみよう。リバースペクティブ絵画の前で頭を左右に揺らした時に生じる網膜像の動きは物理的には先述のルールに従っている。つまり注視点の奥側は頭の動きと同じ向きに，手前側は頭の動きと逆向きに動いている。しかし片目を閉じた観察者にはそうは見えない。リバースペクティブでは強調された遠近法によって町並みが描かれるが，この単眼性手がかりが示唆する奥行きは描画面の凹凸とは逆向きであるということを思い出してほしい。つまり観察者が遠近法を手がかりに復元した町並みの前後関係は，物理的な描画面の前後関係とは逆転している。この逆転のために観察者の主観世界では運動視差がルール通りに生じない。すなわち，注視面の手前の領域が頭の動きと同じ向きに動き，注視面の奥の領域は頭の動きとは逆向きに動いているように見える。この「ルール違反」のために視覚系はこの網膜像の動きを奥行きに換算しようとしない。その結果，実際には頭部運動のもたらしている網膜像の動きは（先の例で言えば目の前を横切る鳥のように）外界の物体が動いているために生じるものと解釈される。これがリバースペクティブのもたらす奇妙な動きの正体である。

3．奥行き手がかりの統合

　リバースペクティブの観察は視覚系が複数の奥行き手がかりをどのように利用しているかを考える上で良い材料である。リバースペクティブは，50cmほどの距離で両眼を開けて観察すると，その最大の特徴である奇妙な動きを見ることができなくなる。これはその視距離では両眼性の手がかりが絵画的手がかりに優先するためである。つまりこの場合両眼視差によって描画面の物理的な凹凸が知覚されるので，頭部運動による網膜像の運動は正しく奥行きに変換さ

れ，描画面自体の運動として解釈されることはない。しかし実はおおよそ1.2 m以上離れた位置から観察すると，両眼でも奇妙な動きを見ることができる（Papathomas & Bono, 2004）。これはこの距離においては遠近法が両眼視差に優先するためである。

なぜ距離によって両眼視差と遠近法の優先度が逆転するのであろうか？　手がかりを用いた奥行きの知覚は世界の統計量に基づいたギャンブルのようなものであると述べたが，この喩えは複数の手がかりを同時に用いるときにも有効である。すなわち視覚系はより信頼できる，勝ち目の高い手がかりを優先する。両眼視差，つまり右眼と左眼の網膜像のズレの大きさは対象までの距離が大きくなるほど小さくなる。試しに手近なものを数m先においた時と目の前においた時で左右の目を交互に開閉して両眼視差の違いを比較してみよう。近距離で観察した時にははっきりと確認できる左右の網膜像の違いが，数m先で観察するとほとんど確認できなくなることがわかる。このことは観察距離が大きくなると両眼視差を手がかりとして利用するのが難しくなるということを意味している。その一方で遠近法の示す奥行きは観察距離の影響をうけない。つまり遠近法は遠距離においては網膜像差よりも信頼できる手がかりである。視覚系は近距離では両眼視差，遠距離では遠近法と，状況に応じてより信頼できる手がかりを優先することで，「賭け」の勝ち目を上げているのである。

複数の手がかりが同時に利用できる場面では，上記のようにどちらか一方だけを頼るのではなく双方の手がかりが示す奥行きを平均して奥行きの復元が行なわれることもある。ただしこの際2つの手がかりの示す奥行きが単純に平均されるのではなく，やはりそれぞれの手がかりの確からしさが考慮される。例えば両眼視差は30度，遠近法は10度の傾きを示す平面のステレオグラムを観察する時，両眼視差が優先される場面では単純に両者を平均した20度の傾きが見えるのではなく，両眼視差の示す傾きに近い25度の傾きが見える，といった具合である。興味深いことに，同じ視距離で観察しても両眼視差を優先する度合いには大きな個人差がある（田谷・佐藤，2006）。極端な例では十分近距離でも両眼視差を完全に無視して遠近法だけを頼りに奥行きを見る観察者すらいる。つまり先の例で言えばそのような「遠近法重視型」の観察者には平面の傾きは10度に見える。稀にかなり短い観察距離でリバースペクティブの奇妙な動きを

見ることのできる人がいるが，そのような人は近距離においても遠近法を優先するように手がかりの信頼性を見積もっていると考えられる．また，3D映画の立体感を強く感じる人とそうでない人がいるのはこうした手がかりの使い方の個人差を反映しているのかもしれない．なぜこのような個人差が生じるのかは不明であるが，手がかりの信頼性の見積りは経験に依存して更新されるため（Ernst et al., 2000），個人の視覚経験の履歴が影響しているのかもしれない．

4．平面手がかり

　我々が絵に描かれた三次元空間を見るとき，我々はそれを平面であると同時に三次元空間としても見ている．これは一見あたり前のようであるが，我々がふだん行なっている奥行きの復元方略を鑑みると相当に奇妙なことだ．例えば我々は絵画を見るときに片目を閉じたりしないが，両眼があいていれば両眼視差は見ているものが実際には平面であることを強くシグナルする．しかし我々は依然として画像平面に描かれた空間を三次元として捉えている．

　実際，見ているものが平面に描かれたものであるということに対する気づきは奥行きを過少に見積もらせるようである．例えば絵画やモニタの画面を囲む「枠」は知覚される奥行き量を減衰させる効果を持つ（Eby & Braunstein, 1995）．つまり枠はその中に表現されている空間が平面であることを示す「平面手がかり（flatness cue）」として働く．一方，絵画の枠の持つ平面手がかりの性質は，逆に二次元平面上に描かれたものを三次元物体として見せるための道具として利用されることがある．図2-5；口絵5に示すデル・カソ（Pere Borrell del Casa）のトロンプ・ルイユ（騙し絵）では少年が額縁を乗り越えてこちらに飛び出してくるような臨場感を持つ．これは絵画中の少年が枠に手と足をかけていることで，枠の平面手がかりとしての機能がキャンセルされるためではないかと考えられる．

　枠と両眼視差は常に画像平面における空間の復元を邪魔するわけではない．この2つの手がかりは，斜めから絵を見るときの画像の歪みを補正する役割を担っている（Vishwanath et al., 2005）．あらゆる絵画は真正面から見た時にのみ画家の意図した形が見えるように描かれている．しかし混雑した美術館など絵は常に真正面からみられるとは限らない．斜めから絵を見る時，絵は台形

第 2 章　絵画における三次元空間の表現と知覚

図 2-5　デル・カソ「非難からの逃走」(1874年) (左)
およびそのステレオグラム (中および右)

状に歪んで網膜に投影され，絵に描かれた風景も歪んでいる。それにもかかわらず絵の歪みが強く気にならないのはなぜだろうか。この問題に対する仮説はいくつか提唱されてきた。その1つは，そこまで極端に斜めから絵を見ることは多くないので気になるほど大きな歪みは生じないというものである (Cutting, 1987)。あるいは絵に描かれる物体を我々はよく知っているためその知識が歪みを補正するというものである (Busey et al., 1990 ; Perkins, 1973)。しかし図2-5が示すように，わずかに傾けた絵に生じる歪みはそこに描かれたものがよく知られたものであっても十分に目立つ。ところでこの図はステレオグラムになっているが，これを融像すると画像の歪みは目立たなくなる。このことは，我々が絵を見るときにその描画面の傾きを枠の示す遠近法手がかりと両眼視差に基づいて復元し，その傾きにもとづいて画像の歪みを補正していることを示唆する (Vishwanath et al., 2005)。つまり我々は二次元平面上に描かれた三次元空間を復元するために，現実の三次元空間におかれた二次元平面(絵の外枠) の形状を二次元網膜像に基づいて復元しているのである。

　平面に描かれた三次元空間を復元するために平面を復元しているということは，外界の奥行きについての表象が入れ子のような多層構造を有し得ることを示唆する。つまり視覚系はおそらく我々の立っている三次元空間とその空間内に飾られた絵に描かれた三次元空間の復元を独立平行に行なえるということである。1986年生まれのアメリカ人画家アレクサ・ミード (Alexa Meade) の作品にはこの奥行き表象の多層性が示唆されている。図2-6；口絵6 に示したミードの作品は初老の男性の肖像画を地下鉄の車内の写真に重ねたコラー

59

図2-6　ミード「トランジット」(2009年)
Alexa Meade 'Transit', 2009. http://alexameade.com.

ジュに見える。しかし実際にはこの写真はそれ自体にはいっさいの加工がされていない。コラージュされた絵画のように見える男性は実際に地下鉄の車内に立っている。彼には油彩のタッチを模したボディペイントが施されているのである。このように，ミードの作品は，絵画風のタッチを平面手がかりとして，実際には三次元の物体を二次元平面に描かれたものとして知覚されるように表現されている。つまり，二次元平面上に描かれているものが三次元物体として知覚されるように表現するトロンプルイユとは逆方向に平面手がかりを利用しているのである。

　ミードの作品が興味深いのは，絵画のタッチを模してペイントされた人物や空間が決して平坦に見えるようには表現されていないという点である。つまり彼女の「絵画」において陰影や遮蔽，遠近法などの手がかりは歪められておらず，奥行き手がかりとして三次元空間の復元に有効である。それにもかかわらず，ミードの写真は「二次元絵画（2D painting）」のようだと表現されるし，実際そう感じる人も多いだろう。しかしこの表現はいささか奇妙である。もし彼女の作品が本当に平坦なキャンバス上に描かれた油彩なら「二次元的」とは表現されないはずだ。

　ミードの作品は我々が絵画の中に三次元空間を見るときに「それが絵である」という心的な枠組みに依拠していることを教えてくれる。そしてこの心的枠組みの用いられ方は，奇しくも我々の視覚系が絵を見るときの絵画の枠組みの用い方によく似ている。

第5節
おわりに

　現代に活躍する芸術家の作品を足がかりにして，画像平面上に表現された三次元空間を見ることを可能にしている視覚系のメカニズムについて解説した。ここで紹介した3名の画家は全員が平面ではなく3次元物体をキャンバスとしており，その点で彼らの作品は一般的な絵画とは言いがたいかもしれない。しかし二次元と三次元にまたがる彼らの作品には，現実空間を二次元平面上に表現する媒体としての絵画の本質がむしろ強く表われているように思われる。

第3章

液体の質感

河邉隆寛

第1節 はじめに

　身のまわりの物体は，様々な質感を持っている。ここでいう質感とは，対象を構成する材質（木，プラスチック，鉄，水など）やその材質特性（粘性，やわらかさ，反射の強さなど）のことを指す。材質の物理特性は千差万別である。それにもかかわらず，我々は感覚入力に基づいて瞬時に質感を見分けることができる。このような人間の能力にはどのような「仕掛け」がかかわっているのだろうか。

　質感を認識する仕掛け，つまり質感認識メカニズムにはまだ未解明の点が多い。古くから視覚科学では，身のまわりの物体が何であるかをどのように認識するかという問題，つまり，物体認識の問題についての研究がなされてきた。その一方で，質感をどのように認識するかという問題，つまり，質感認識の問題についての科学的理解が進んできたのはごく最近のことである（Adelson, 2001）。例えば，目の前にアイスクリームがあるとしよう。それがアイスクリームであることに関する認識は物体認識である。一方で，そのアイスクリームがすでに溶けそうかどうか，舌触りが良さそうかどうか，色合いはよいかどうか，などの質的な見かけに関する認識が質感認識である。

　そのような質感は人間の感性に深く関係している。例えば，感性的なモノの価値（よさや，好み）に関して考えてみよう。例えば家具店でソファーを選ぶとき，我々は，それがソファーであるという物体認識にのみ基づいて購入する

63

ものを決定したりはしない。色や生地の見た目の風合い，素材，香り，触ったときの温度など様々な要因に基づいて購入するものを決定するだろう。このように，人間が対象に感性的な価値を見いだすとき，質感認識が重要な要因として作用することは疑いようのない事実である。

このように，日常生活における質感認識の重要性にもかかわらず，質感認識にかかわる科学的知識は限定的である。また，ほとんどの先行研究が，剛体素材（形が容易に変化しない素材）の表面にみる質感を取り扱ってきているが，その研究範囲を非剛体素材（形が容易に変化する素材）にまで広げると，質感認識にかかわる知識はますます乏しくなる。

非剛体素材を実験刺激として用いることは大変難しい。その理由として，物体の画像特徴の記述が大変複雑であることがあげられる。非剛体物体を心理物理学的実験の対象とする場合には，その形状，色，動きの時空間変化を計算的に捉え，それを画像上で操作する必要があるが，これを実現するには心理学の知識のみでは不十分であり，物理学，コンピュータビジョン，コンピュータグラフィックスなどの知識が必要となる。また，液体でよく観察される光の屈折なども考慮すれば，上記に加えて光学の知識が必須となる。このように，非剛体素材の画像特性の記述やその操作には複数研究分野をまたいだ知識が必要となることから，その質感認識研究は進んでこなかったというのが現状であろう。

そのような中，筆者らの研究グループは，液体質感の認識メカニズムの解明に取り組んだ。最初に液体の粘性に注目し，粘性の認識がどのような画像パラメータに基づいて行なわれるのかを検討した。さらに，透明液体の認識に注目し，どのような画像情報に基づいて人間が透明液体認識を実現しているのかという問題に取り組んだ。その概要を以下の節で述べる。さらに著者の研究グループは，液体質感の認識メカニズムに基づき，現実世界の対象へ与える光投影技術「変幻灯」を開発した。この変幻灯に関する議論も第4節で展開する。

第2節
粘性を見る視覚の仕組み

液体は独自の粘り気を持つ。例えば，水はサラサラした液体であるが，はちみつはトロトロした液体である。このような液体粘性に対応したオノマトペの

第 3 章 液体の質感

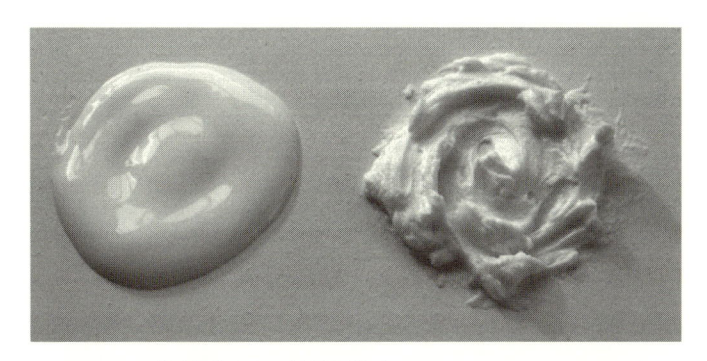

図 3-1 静止画像からの粘性認識（Adelson, 2001 における図 7）
我々は動かない液体の画像を見ただけで，左の液体の方が右の液体よりも粘性が低い（つまり，柔らかく，形が変わりやすい）ことを認識することができる。

表現を，我々は違和感なく受け入れられる。つまり，人間は日常生活において液体粘性を認識し，その表象を保持しているのである。その一方で，我々が液体の粘性をどのように認識しているのか，という問いにはそう簡単に答えることができない。

　写真におさめられた液体の粘性を，我々は容易に認識することができる。エーデルソン（2001）は，人間が静止画像から粘性を認識できる可能性を示唆した最初の心理物理学的知見であろう。図 3-1 において，左の液体はハンドクリームのように見え，右の液体はクリームチーズのように見える。明らかに左の方が右よりもサラサラして見える。エーデルゾンは図 3-1 を用いて，現象的に人間が静止画像から液体粘性を認識できることを示唆したものの，その一方で，どのような画像特徴を用いることで人間が液体粘性の認識を実現しているかは明らかではなかった。

　そこで，ポーランら（Paulun et al., 2015）は，コンピュータグラフィックスおよび物理シミュレーションを用いて，液体の流動する映像を作成し，その粘性を操作した映像を視覚刺激としつつ，人間の観察者がどのような画像情報に基づいて液体粘性を認識するかを実験的に検討した。

　実験には，最大尤度差スケーリング法(maximum likelihood difference scaling method) を用いた。最大尤度差スケーリング法は，マロニーとヤン（Maloney & Yang, 2003）が提案した心理物理学的方法であり，刺激間の閾上の

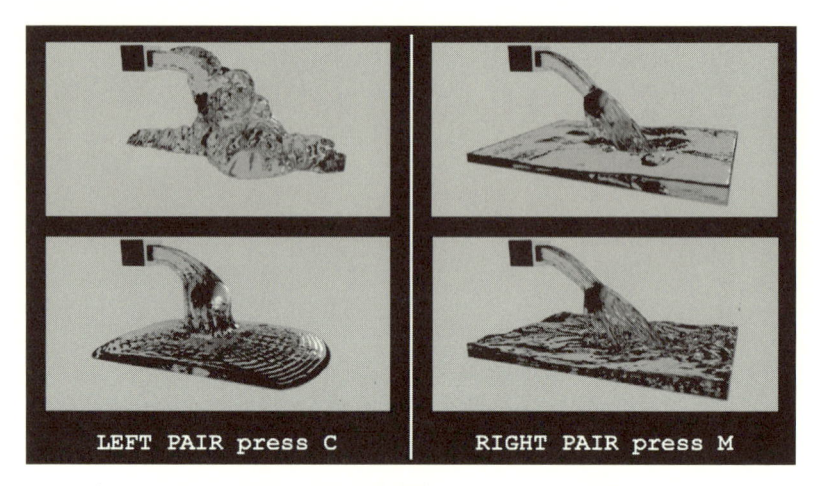

図3-2　ポーランらによって用いられた**液体流動シミュレーション画像**（Paulun et al., 2015）
観察者は4枚の映像を観察し，左側の上下の画像ペア内と，右側の上下画像ペア内の見かけの粘性の差を判断し，どちらの粘性の差の方が大きく見えるかを報告した。

見えの差を数量化するのに有効な方法である。ポーランらは液体流動シミュレーション画像を刺激とし，最大尤度差スケーリング方法によって，人間が異なる粘性係数の液体流動にどのように差を見いだすのか，またその主観的な粘性の差がどのような画像パラメータに依存するかを検討した（図3-2）。

　その結果，個人差はあるものの，観察者は物理粘性の差を主観的に認識できることがわかった。次に，どのような画像パラメータが主観的な液体粘性の差の認識にかかわっているのかを調べた。液体流動画像において液体が占める領域とそうでない領域とを2値化し，液体領域の重心位置や曲性，方位などの20の画像パラメータを計算し，そのパラメータを考慮した計算モデルを構築した。その結果，この計算モデルは，観察者の主観的な液体粘性の差の認識をうまく説明できることがわかった。また，液体流動のパタンが変化しても，そのモデルは液体粘性認識成績の説明へ適用可能であることもわかった。これらの結果は，流動する液体の形状に関係する画像パラメータに基づいて人間が液体粘性を認識していることを示唆している。

　ポーランらの結果は，非常にエレガントに人間の粘性認識を説明する一方で，流動する液体の輪郭成分が与えられない状況下では適用できない。また，液体

の形状は大変迅速に，かつ容易に変化するが，視覚科学の知見からも明らかであるように，人間の視覚系における形状認識の速度はそれほど迅速に行なわれない。よって，液体の形状変化をつぶさに検出し，それを分析して粘性を認識しているとは考え難い。人間が別の画像手がかりを用いて液体粘性を認識している可能性を考える必要がある。

そこで河邉らは，液体流動が画像的に生成する「動き」に注目した（Kawabe et al., 2015a）。液体が流動するシーンをシミュレーションし，その画像シークエンスの動きベクトル（つまり画素の動きの方向および動きの大きさ）を計算し，その動きベクトルの特徴がどのように人間による液体粘性認識を説明しうるかを検討した。

通常の液体流動映像を刺激として用いた場合，動きベクトルが重要なのか，それとも，やはり液体の流動形状も重要なのか，という問題を切り分けることはできない。そこで河邉らは，液体流動映像から抽出した動きベクトル情報に基づいて2次元ホワイトノイズと呼ばれる，グレイスケール上での強度が一様分布するドットの集まりが運動する映像，名づけて動的ノイズ刺激を考案した。動的ノイズ刺激では，元の液体流動映像の動きベクトルは再現されているが，形状情報は再現されていない。ホワイトノイズを用いているため，2次元フーリエ成分は均一である。この動的ノイズ刺激を用いることで，液体粘性認識における動きベクトルの役割を検討した。

人間の観察者に動的ノイズ刺激を観察させ，主観的な液体粘性の高低を5段階で報告させたところ，形の情報が含まれていないにもかかわらず，観察者は物理液体粘性の上昇に伴い，高い液体粘性評定値を報告した（図3-3；口絵7）。これらの結果は，動きベクトルは粘性判断にとって十分な情報を有していることを示唆している。

それでは，動きベクトルのどのような情報が粘性判断に重要なのだろうか。動きベクトルの持つ種々の統計量を調べていくと，物理的粘性が高くなるにつれて動きベクトルのノルム（ベクトルの長さ）が小さくなる（つまり，スピードが遅くなる）ことがわかった。したがって，動きベクトルのノルムが粘性判断に重要な役割を担っている可能性が示唆された。

この可能性を直接的に検討するため，動きベクトルのノルムの大きさを2倍

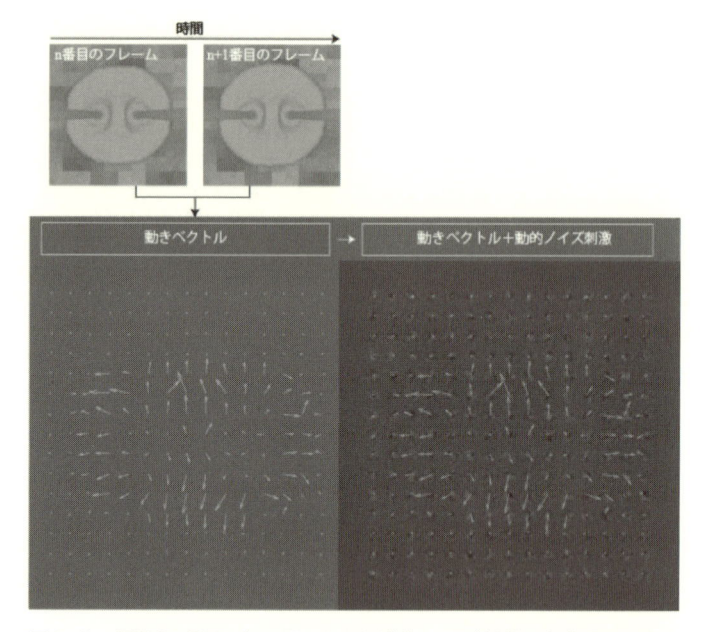

図3-3 河邉ら（2015b）で用いられた動的ノイズ刺激の生成過程を説明する図（Kawabe et al., 2015b）
まず，液体流動映像の2フレームを抽出し，フレーム間の動きベクトルを計算する。次に，その動きベクトルに従って，動的ノイズ刺激における低域通過型ホワイトノイズを移動させる。上図右下では，動きベクトルと動的ノイズ刺激とが重ねられて表示されているが，実際の実験に用いられた刺激には，矢印は刺激にふくまれていない。

にした条件（つまり，動きを速くした条件）と，動きベクトルのノルムの大きさを半分にした条件（つまり，動きを遅くした条件）を加え，再度観察者に粘性の主観評価課題を課した。その結果，動きベクトルのノルムの大きさが多くなるにつれ，粘性評価値が低下する結果を得た。このことから，視覚系は動きベクトルにおけるノルムの大きさを液体粘性の判断基準として用いていることが示唆された。

その一方で河邉らは，ノルムの平均的な大きさは等しいけれども，動きベクトルの空間構造が液体のものとはかけ離れている条件では，液体粘性の判断が難しくなることを明らかにした（図3-4）。図3-4（a）では，ある液体流動

第 3 章　液体の質感

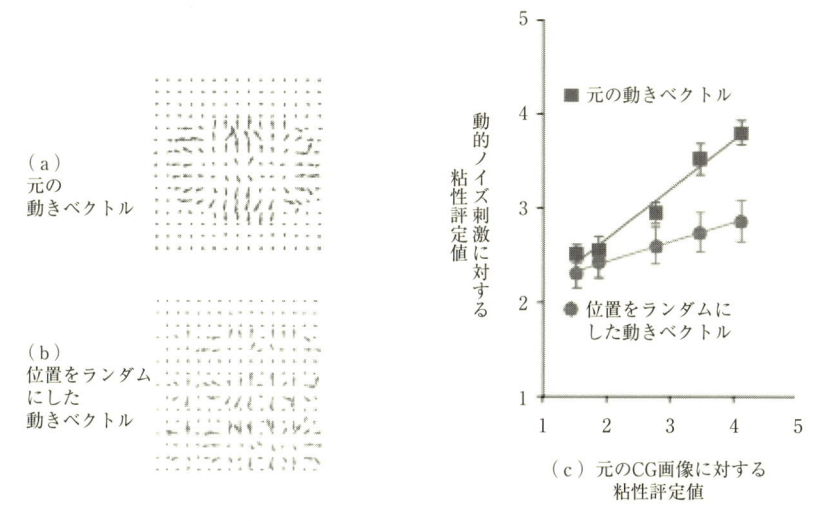

図 3-4　河邉ら（2015b）で用いられた刺激における動きベクトルの空間配置と実験結果
　　　　（Kawabe et al., 2015b）
（a）ある液体流動の動きベクトル（矢印は，各位置での動き方向とノルムの大きさを示す）と，（b）その動きベクトルを空間的にランダムに入れ替えたもの。（c）上記動きベクトル配置条件に対する粘性評定値。元の動きベクトル配置では，CG 画像に対する粘性評定値に近い評定値が得られているが，位置をランダムにした動きベクトルでは，高い粘性評定値が得られなかった。

の動きベクトルを示している。この動きベクトルの空間位置をランダムにすることで，図 3-4（b）のような配置の動きベクトルを得た。もし視覚系が単純な動きベクトルのノルムの大きさに基づいて液体粘性を判断しているのならば，動きベクトルの空間配置にかかわらず，動きベクトルのノルムの平均値に応じた粘性印象が生じるはずである。これらのような動きベクトルを持つ動的ノイズ刺激を用い，観察者に粘性の主観評価課題を課した。その結果，動きベクトルをランダムにした条件では，高い粘性評価値が得られにくくなることがわかった。つまり，視覚系は液体粘性を判断する際，動きベクトルのノルムの大きさに加え，動きベクトルの空間構造に含まれるなんらかの情報を手がかりとしていることが示唆された。

　それでは，動きベクトルの空間構造に含まれている情報で，粘性判断に必要な情報とは何なのだろうか。その空間構造をランダムにすると，そもそも動きベクトルが液体流動に見えなくなる。よって河邉らは，人間が液体粘性を判断

する際には，動きベクトルに基づく液体印象形成が前提条件なのではないかと考えた。では，液体印象形成にはどのような動きベクトルが必要なのだろうか。それを検討するため，まず，図3-4（a）における動きベクトル配置において，上下パネル間でどのような画像統計量が異なるかを探索的に検討した。その結果，隣り合う動きベクトルのなめらかさの指標である離散ラプラシアンが，通常の液体流動とそのランダム配置の動きベクトルの間で大きく異なることを見いだした（後者の離散ラプラシアンが高かった）。そこで，動きベクトルの離散ラプラシアンを操作し，液体印象評定値と関係を検討した。その結果，離散ラプラシアンが高くなるにつれ，つまり，隣接する動きベクトルの差が大きくなるにつれ，液体印象評定が低くなることがわかった。そのことから，人間が液体粘性印象を判断するためには，まず滑らかな動きベクトル場を液体として認識し，その後，動きベクトルのノルムを用いて粘性を判断するのだろうと考えられる。

第3節
透明な液体を見る視覚の仕組み

　我々の身のまわりにある液体は，透明なものもあれば，不透明なものもある。不透明な液体の表面では，光が反射するとともに，液体内部では光が散乱・吸収されるため，液体背後に存在するシーンを見ることができない。一方で，透明液体の表面では光が部分的にしか反射せず，その内部でも光が通過することによって，液体背後シーンにも光が到達し，その光が背後シーンで反射し我々の目に入力されることで，背後に存在するシーンを見ることができる。

　ここで，我々は光の屈折について考慮しなくてはならない。液体内部と空気中では，光の進む速度が異なる。そのため，液体背後シーンから反射してきた光は，液体表面で屈折する。この屈折は，液体中の対象や背後シーンの見かけを変形させてしまうことはよく知られた事実であろう。

　河邉ら（Kawabe et al., 2015c）は，屈折のパタンが透明液体を見るための手がかりになっているのではないかと考えた。先行研究で，ガラスのような透明な対象の屈折率に対して人間は敏感であり，屈折率に応じた背後シーンの変形の度合いに応じて，人間が透明物体の厚みの判断を行なっていることが示さ

れている（Fleming et al., 2011）。その一方で，そのような屈折による画像変形は，少なくとも静止画においては透明物体の知覚的手がかりにはなりにくいことが示唆されている（Sayim & Cavanagh, 2011）。

一般に人間は画像変形に対して鈍感である（Bex, 2010）。この鈍感さこそが，透明層が存在することにとって画像変形が知覚的手がかりとして機能しないことの一因であろう。それにもかかわらず，日常生活において，観察者は透明液体流動における背後シーンの画像変形を容易に認識することができる。このことから，屈折による画像変形が透明面の手がかりとして機能するためには，画像変形が動的である必要があると考えた。

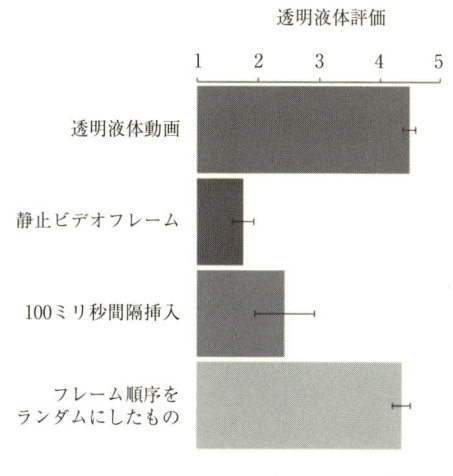

図3-5 透明液体印象の評定値
（Kawabe et al., 2015c）

そこで再度流動する液体をシミュレーションし，3秒間の刺激動画を作成した。その際，液体の表面反射成分をなくし，その代わりに液体の表面で屈折する光に屈折率を適用した。屈折によって，流動する背後シーンの変形が生じた。このシミュレーション動画を用い，液体印象の強さを観察者に5段階で報告させたところ，屈折のみしか手がかりがないにもかかわらず，観察者は強い液体印象を報告した（図3-5）。一方で，動画を構成するビデオフレームを抽出し，それを個別に3秒間提示した場合，観察者は弱い液体印象のみを報告した。つまり，先行研究と一貫する形で，静止した画像変形は透明な液体層の知覚をもたらさなかったのである。他の条件において，ビデオフレーム間に100ミリ秒の間隔を挿入した条件を調べた。100ミリ秒の間隔を入れることで，視覚系の運動知覚メカニズムの関与を排除できることが知られている。その結果，透明液体印象が非常に弱くなることがわかった。つまり，画像変形の動的成分（運動成分）が透明液体を知覚するのに大変有効な手がかりであることが示された。

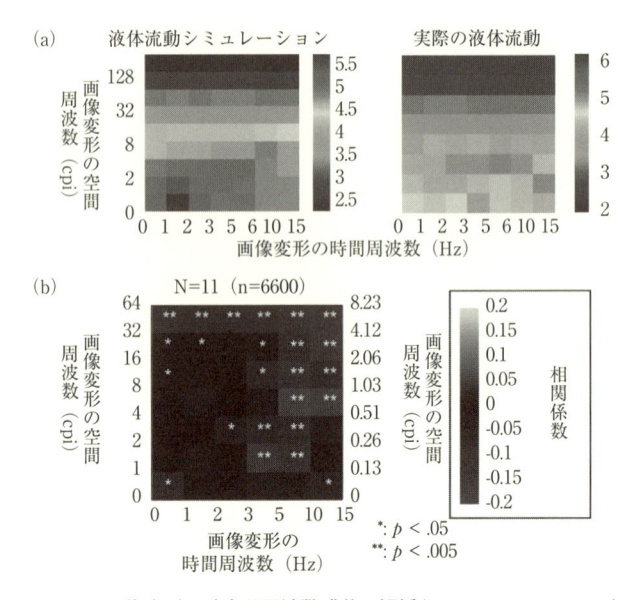

図3-6　画像変形の時空間周波数成分の解析(Kawabe et al., 2015c)
(a) シミュレートされた液体流動（左）および実物の液体流動における画像変形の時空間周波数のプロファイル（右）。(b) 透明液体知覚に関する逆相関法実験の結果。黄色および青（口絵8参照）のサブバンドは，透明液体知覚を促進・抑制するサブバンドを示す。

　また面白いことに，ビデオフレームの順序をランダムにした映像を見た場合，観察者は高い透明液体印象を報告した。この結果から観察者は，画像変形の中から液体流動固有の時空間構造を抽出しているのではなく，ランダムな動的画像変形も有しているような，より基本的な統計量を抽出して透明液体を認識しているものと思われる。

　それでは，画像変形のどのような手がかりが重要なのだろうか。画像変形の動きベクトルを計算し，その時空間周波数成分を解析した（図3-6；口絵8）。その結果，空間的にローパスで，時間的にブロードバンドな動きベクトルの時空間周波数プロファイルを得た（図3-6(a)）。この時空間周波数プロファイルが，液体シミュレーション固有のものか，それとも自然に存在する実際の透明液体流動にも共通するかを調べるため，実際の液体流動がもたらす画像変形の時空間周波数プロファイルを計算したところ，シミュレーションと同様の結

果となった（図3-6 (b)）。つまり，液体シミュレーションにおける画像変形は，物理的に正しいものであった可能性が高い。

では，この動きベクトルの時空間周波数すべてを利用して透明液体流動を知覚しているのだろうか。それとも，その部分的な情報のみで十分なのだろうか。この問題を検討するために，周波数次元における逆相関法実験を行なった。実験刺激では，刺激動画のランダムな動きベクトルが時空間周波数の一部のサブバンドにエネルギーを持っているものであり，どこのサブバンドがエネルギーを持っているかは試行ごとにランダムに決定された。観察者は提示された動画に対して，透明液体が存在するかどうかを報告した。そして，透明液体が存在すると答えたエネルギーマップと存在しないと答えたエネルギーマップの差分を取り，透明液体知覚を生み出す動きベクトルエネルギーのサブバンドを調べた。その結果，観察者が透明液体を報告する場合は，ある特定の動きベクトルの時空間周波数のサブバンドにエネルギーが存在する場合であることがわかった（図3-6 (b)）。つまり，人間はある特定の動きの時空間周波数を利用することにより，透明液体の存在を認識しているのである。

第4節
実物体の見え方を編集する光投影技術「変幻灯」

ここまで議論してきたように，一連の研究を通じて液体知覚を生じさせる画像情報が明らかになってきた。得られた実験結果をふまえつつ画像操作を行なうことで，任意の液体質感印象を画像や動画に加えることのできることは，想像に難くない。

では，画面上ではなく，実物体に対して，透明液体質感印象を与えることはできるだろうか。これを実現するためには，実物体の表面の模様を変形させることが必要である。しかしながら，実物体の模様を物理的に変形させるのは非常に困難である。

この問題を解決するために筆者らの研究グループは，実物体の模様を「錯覚的に」知覚上変形させるアプローチをとった。静止対象の近傍に存在する，もしくはそれに重ねられた動き情報は，その動きの方向へ静止対象の知覚位置を引き寄せることが知られている（Nishida & Johnston, 1999; Ramachandran

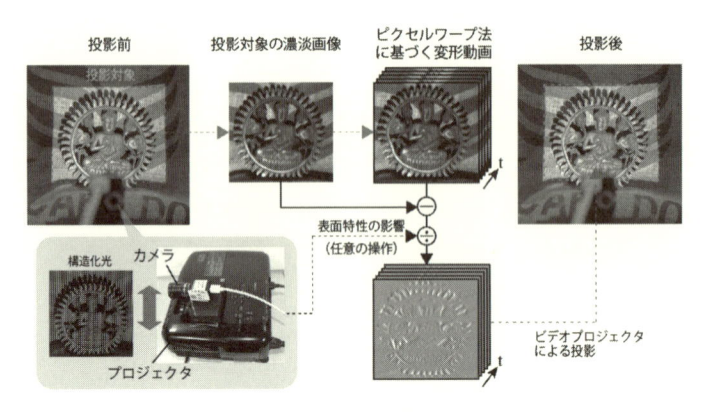

図 3-7 変幻灯の代表的な実装例（河邉ら，2015a）

& Anstis, 1990, Ramachandran, 1987)。脳は，網膜像として入力された画像情報を形，色，動きなどの要素にいったん分解し，その後うまく統合することで世界の有様を判断している。この統合時に，動き情報と静止情報が統合された際に脳が2つの情報を補正し，つじつまの合う見え方を選択することにより，結果的に知覚上では静止情報が動いて見えると考えられる。この原理を利用することで，つまり，静止対象の模様に対して動き情報を重ねて投影することで，静止対象の模様を知覚的に動かしたり，変形させたりすることができるのではないかと考えた。

では，どのようにして，動きの情報を実対象に投影したらよいのだろうか。筆者らの研究グループは，ビデオプロジェクタを用い，実対象に動き映像を投影してみた（図 3-7：口絵9）。動き映像は，実対象の模様と一致していなくてはならない。そのため，カメラープロジェクタ系を用い，まず投影対象としての実対象のグレースケール画像を取得した。取得した映像のピクセル位置を移動させる画像処理法の1つである，ピクセルワープ法を用いて変形をかけた。その後，変形をかけた画像と元々取得した画像との差分画像列を計算し，差分画像列を投影対象のテクスチャに合わせて投影した。そうすると，実対象が，あたかもピクセルワープ法でかけた変形のように変形して見えることがわかった。この効果は，先に述べた通り，動きの方向へ静止情報が引き寄せられる現象を利用したものである。筆者らは本技術を変幻灯と名づけた。

第3章　液体の質感

適用前　　　　　　　適用後

図3-8　変幻灯をバッハの肖像画に適用し，笑顔にした例

　ここで重要なことは，変幻灯ではグレースケール画像，すなわち輝度のみを提示しているということである。ラマチャンドラン（1987）で示されているように，静止した色情報を動かすには，輝度運動が重要である。一方で，運動検出器は色に対して鈍感である。したがって，本技術が実現されるためには，輝度の動き情報のみで十分だということになる。

　輝度のみを投影することには積極的なメリットがある。プロジェクタを用いて実対象の見かけを変更しようとする試みの1つに，プロジェクションマッピングがある。プロジェクションマッピングでは，実対象の表面を一種のキャンパスとみたて，そのキャンパスに新たな映像を投影しようと試みる。つまり，実対象の本来の見えを排除し，新たな映像を足すことを目的としている。一方で，変幻灯では，輝度のみを投影するため，対象の本来の見かけは大きく変わらない。いわば，部分的に異なる照明を当てているようなものである。したがって，変幻灯は対象そのものに動きを与えることができるのである。例えば，図3-8のように，肖像画の表情が自然に変わっているかのような印象を与えることができる。

第5節
おわりに

　本稿では，液体質感認識について行なった筆者らの研究グループの研究について概観し，その認識研究に基づいて開発した光投影技術「変幻灯」について紹介した。質感認識を脳がどのように行なっているか，という問題はまだ未解

明の点が多い。上記の通り，質感認識と感性は深い繋がりがある。両者の解明を並行して行なうことにより，価値や美しさに関係する感性が，実世界のどのような対象と繋がることで存在し得るのか，という問題を解明できるだろう。

第4章

日常音への感受性と脳波：時系列処理と感覚ゲーティング

荒生弘史

第1節
はじめに

　音楽の授業中にふと工事の音がしていた。先生が何気なく，「うるさいと思う人（手をあげて）」と当時高校生の私たち生徒に尋ねた。超絶技巧のピアノ演奏で鳴らした友人は真っ先に手をあげた。当の私は，やかましいと思うどころか，ほとんど気にもしていなかった。これはやかましい騒音と呼べるレベルの話ではない。考えてみれば，世の中いろいろな音であふれている。そんな日常の音に対する感受性にも個人差があるのかもしれない。本稿では，伝統的に研究対象とされてきた「聞くことができる最小レベルや等感レベル等」や「パターンや感情の認知」，さらには「誰にとってもやかましい騒音」等の枠からは外れてしまう「日常音に対する感受性とその個人差」と，脳活動を結びつけるアプローチを中心に，カギとなる関連知見を述べる。つまり，この問題を「個人差を伴う感性の一種」と捉え，その背景の1つとして電気生理学（脳波）の知見を用いる。この枠組みは，「感覚，知覚，認知，感情などの心的活動およびその個人差までを生理的知見も踏まえながら総合的に取り扱う感性認知学の視点（三浦，2010）」にもうまく合致すると考えてのことである。余談だが冒頭の超絶技巧のS君は，もしかすると，日常の音さえ非常に厄介に感じる類の絶対音感の持ち主だったのかもしれない（広瀬，2014）。さらにレアなケースを想定すると，音から望まざる味覚を味わってしまう共感覚者の報告もあるくらいだ（Beeli et al., 2005）。当然これらも「感性の個人差」の背景として

あり得るが，今回はもっぱらそのメカニズムとして脳波の知見を用いることにする。

　音を聞く仕組みの最外郭の出先機関は耳である。目はそむけたり，閉じたりすることができるが，耳はそうはいかない。すなわち，音に関する情報はいやでも脳に到達する可能性が高くなる。側頭葉の聴覚野がそのまますべてについてバカ正直に反応していたのでは，収拾がつかなくなりそうだ。これでは効率が悪い。そのため，どこかから側頭葉に状況に応じて「余計に反応しなくてもよいぞ」とブレーキをかけている可能性がある。事実，現在有力な考え方の1つは，大雑把に前頭葉と側頭葉の結びつきにその働きを想定している。すなわち，前頭葉由来の抑制が聴覚野に働きかけるのである（Barbas et al., 2013；Knight et al., 1999）。この働きが十分に機能していれば，余計に反応する必要がない聴覚情報をうまく押さえ込むことができる。一方，それが不十分だと，本来反応しなくてよい情報にまで，神経系のリソースを割いて反応してしまうことになる（同様の機序は，聴覚性幻覚が発生する一因としても疑われている）。ここに上記の「感性の個人差」のルーツの1つが想定できる。なお，加えて，前頭葉の機能の低下は，統合失調症をはじめとする様々な精神・神経疾患および種々の認知機能における問題と結びつけられる（安部ら，2012）。つまり，上記の「感性の個人差」は，そのまま前頭葉機能を反映する指標の1つとなる可能性がある。では，どのようにしてこの「感性の個人差」についての主観指標および生理学的指標を獲得するとよいのだろうか。現在この目的で脳波実験に使われる刺激は驚くほど単純な時系列パターンだが，背後にあるストーリーは上記のように大胆であり，基礎から応用を貫く重要なポイントを含んでいる。次節以降では，基本的な脳波・事象関連電位の手法について整理しながら，必要な知見を積み上げていきたい。なお，この考え方およびそれに基づく手法の長所だけではなく，このアプローチの発展を願い，乗り越えることが望まれる短所や，今後の発展可能性についても折々ふれることにしたい。

第2節
脳波・事象関連電位からみた脳活動

　脳は定常状態の自発的な活動に加え，刺激を受容したり，なんらかの情報処

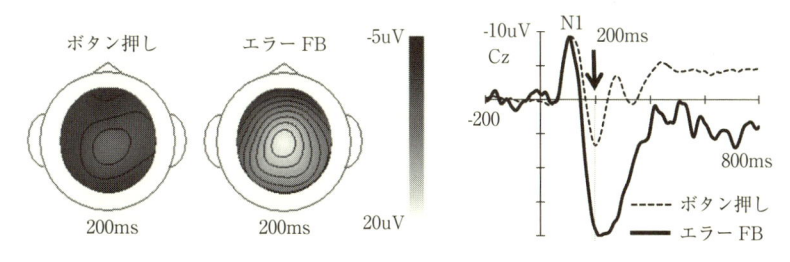

第4章 日常音への感受性と脳波：時系列処理と感覚ゲーティング

図4-1 聴覚事象関連電位（auditory event-related potential）の例

当研究室で取得したデータ（未発表）より。ボタン押しとエラーフィードバック（FB）の両条件における，同じ音刺激に対する事象関連電位（$N=6$）。

　理を行ったりするときに一過性の活動を示す。これらの活動には，神経細胞における電気的活動の変化が伴っている。そう考えると，心の情報処理に関連した電気的変動をなんとか計測したいと思うのが人情だろう。まさにこの点に着眼したのが事象関連電位である。ただ，心的イベントに関連した電位は通常ごく微弱であり，おもに自発的活動を反映する背景脳波に埋もれてしまって，そのままでは観測することが難しい。そのため，実験者側が設定した条件における波形を多数記録しておき，刺激開始時点等の時間ゼロ点を揃えた上で，条件ごとに波形を平均する。平均する波形は，例えば刺激出現前数百ミリ秒前から，刺激出現後数百ミリ〜1秒程度のものを切り出したものである。ランダムに変動する背景脳波は，多くの波形を平均することにより徐々に相殺される。一方，刺激の情報処理に伴う電位変動は，微弱ながらも毎回似た電位変動をたどるのであれば，その時間的変動が平均化される形で生き残る。波形の平均処理により，心的情報処理に伴う電位変動を文字通り浮かび上がらせるのである。

　図4-1の自験例には，物理的にはまったく同じ音に対する事象関連電位が示されている。右側のグラフの波形は，頭部を真上からみたときの前後左右のほぼ中央にあたる電極位置「Cz」における電位変化である（電位のうえで中立に近い両耳朶を基準としている）。横軸は，刺激が出現してからの時間を示している（ミリ秒単位）。縦軸は電位を示しており（マイクロボルト単位），上方への振れは，ネガティブ（negetive：陰性）方向への遷移を示し，下方への振れは，ポジティブ（positive：陽性）方向への遷移を示している（科学技術分野のグラフにおいては，上方をポジティブ方向とすることが多いが，これと

は逆となっており注意を要する)。なお，各軸の基準となる地点で双方の軸が交叉している。つまり，縦軸は時間ゼロ（刺激が出現した時点）のラインに該当し，横軸は電位の上での基準（ポジティブ対ネガティブの中立）のラインに該当する。したがって，Ｎ１として示されている１発目のクリアなピークは，ネガティブ方向の電位の変化であり，刺激出現後100ミリ秒ほど後に，マイナス10マイクロボルトを少し下回るピーク電位が生じたものであることがわかる（Ｎ１の呼称は，Negative 方向の顕著な電位変化の１発目であることに由来する)。この事例のように，クリアなピークが生じた時間のことを潜時と呼ぶ。事象関連電位の波形には，この例のように，ときにシャープなピークを示す波が現われ，いかにもこのタイミングで「何か情報処理を行ないました」あるいは「情報処理の副産物を漏らしてしまいました」とでも打ち明けているかのようにみえる。実際には，相当数の神経細胞が同期して活動していたことを示すにすぎず，いったいどういう心的情報処理に関連づけられるかという点については，他の心理実験と同様に憶測・解釈の域を出ない。さらにやっかいなのは，これほどのピークを示すＮ１にしても，単一あるいは比較的少数の神経細胞群を由来とするのではなく，聴覚野や近傍の領域を中心としながらも，脳内の複数の神経細胞群が信号源として疑われている点である。いずれにしても，仮になんらかの心的機能と事象関連電位との対応を想定したとしても，それを特定の脳内領域と直接対応づけることには困難が伴う（事象関連電位のより詳しいガイドとして入戸野, 2005；行動指標とあわせた活用事例やその意義については大平・市川, 2006がある)。

　図４-１の波形では，１発目のネガティブピークであるＮ１の後，200ミリ秒付近を一つのピークとする谷（といってもポジティブ方向だが）が生じていることもわかる。この谷については，実線（エラーフィードバック）と点線（ボタン押し）の条件で異なっており，同じ音に対する反応であっても，受容する側の被験者の心構えが異なれば，200ミリ秒の時点ですでに脳は異なる反応を示すことがわかる。なお点線は，ある程度時間間隔をあけてランダムなタイミングで呈示される同一の音に対して，ただボタンを押して反応する条件である。実線は，ある言語課題を行なった直後に，「間違えましたよ」の意味で，この音を呈示する条件である（クイズ等でハズレや誤答を知らせる「ブー」の音と

同様の意味合いが生じる)。この場合，条件間の差がはっきりしないＮ１までは，単に音に対する反応が主であるとみなせる。一方，それ以降では，同じ音でも「エラーのフィードバック」等の異なる意味合いが加わると，とたんにより大きな電位変動が生じている。この付加的かつ大きな電位変動は，後の試行でエラーを減らすために，より大きな心的処理資源を割いてこのイベントを処理していることを示しているのであろう。図4-1の左側の電位マップは，事象関連電位の潜時200ミリ秒時点の電位を基に，電極の間は補間しながら，電位の等高線を描いたものである。この例では，潜時200ミリ秒時点での電位を基にマップが描かれている。エラーフィードバックの条件では，中心付近で最大の陽性電位となり，比較的高電位となる領域は中央から頭頂の部位に若干偏っていることがわかる。

　以上のように，事象関連電位がユニークなのは，多くの神経細胞の同期的活動が刺激呈示後何ミリ秒後に生じたのか，また，頭皮上どのあたりでより大きく観察されたのかの情報が得られる点にある。この点で，事象関連電位は反応時間指標に似た面があり，「行動指標のデラックス版（入戸野，2005）」と捉えることができる。波形の中の山や谷は，刺激呈示後の時間軸に沿って，そして，頭皮上の布置の様子を変えながら，表情豊かに神経細胞の反応の様子を教えてくれる。しかもそれは，刺激呈示から反応にいたるまで，さらには反応後の過程にいたるまで，今まさに何らかの処理を行なっている様子を示すものである。一通りの処理を終えたある特定の時点のみを示す，ボタン押し等の行動による反応時間とは，この点では対照的である。なお，頭皮上の電位の変化を計測するので，被験者の行動による反応は必ずしも必要ではない。事実，被験者が刺激に積極的に注意を向けていなくても（もちろん行動による反応を全く行わなくても），刺激の属性ごとに特徴的な事象関連電位が生じることが様々な領域で示されている（例えば，Näätänen et al., 2007; Schröger et al., 2015）。

第3節
時系列パターンに対する事象関連電位：時間縮小錯覚を事例に

　高い時間解像度を持つ事象関連電位は，いかにも時間知覚・時系列パターンの処理の研究にも有用に思える。ここでは，時間縮小錯覚とよばれる時系列パ

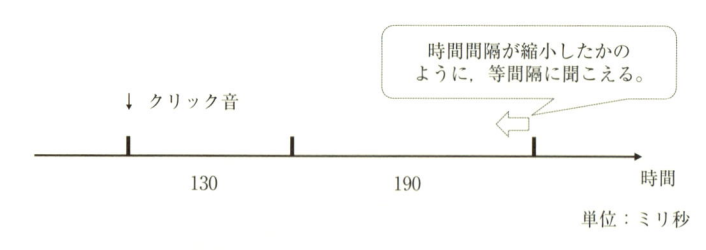

```
↓ クリック音                    時間間隔が縮小したかの
                              ように，等間隔に聞こえる。

    |        |           |
            130         190                      時間
                                         単位：ミリ秒
```

図4-2　時間縮小錯覚（Nakajima et al., 1991；中島ら，2014）

ターンにおける錯覚現象に対する事象関連電位を取り上げながら，時間パターンの処理メカニズムの検証に事象関連電位が有用であることを簡単に紹介する。そして，そのことを通じて，「余計な刺激に反応してしまう度合いの指標として事象関連電位を活用できる」というお膳立てをしていきたい。

　時間縮小錯覚は，最も典型的には3個のクリック音（ごく短い音）で区切られた2つの時間間隔に関して生じる現象である（図4-2，Nakajima et al., 1991；中島ら 2014）。例えば，1個目から2個目のクリック音までの時間間隔が130ミリ秒であり，2個目から3個目までの時間間隔が190ミリ秒であったとしよう。2つの時間間隔は異なっており，物理的には1つ目の間隔にくらべ2つ目の間隔の方が明らかに長い。ところが主観的には，2つの時間間隔が等間隔であるかのように感じられる。この錯覚は，音楽等のフレーズの区切り目の知覚やリズムパターンに対する印象，発話の知覚などに影響を及ぼしていると考えられる。このようなパターンに対する事象関連電位を測定すると，最初のクリック音に対するN1は比較的明瞭に生じるものの，2音目になるとすでに大幅に減衰し，さらに3音目に対する反応となると，1音目2音目以降の事象関連電位や相殺しきれない背景脳波との区別が一層つきにくい状態となる。同様の傾向は光藤ら（Mitsudo et al., 2009, 2014）の最近の報告でもうかがえるが，彼女らはていねいな解析により，各クリック音呈示後にN1がピークとなる時間（潜時）は，時間的パターンによらず，各音が生起する物理的なタイミングからほぼ一定時間（平均値で約110ミリ秒）後であることを示している。つまりN1の段階においては，特定の時間間隔が縮小あるいは拡大する傾向は見当たらず，時間間隔の錯覚や同化は他の段階において生じていることが考えられる。彼女らはさらに，判断過程や計時過程，さらには刺激呈示後の付加的

な心的過程に着目し，時間知覚研究における事象関連電位の有用性を示している。なお，物理的には同じ音であるにもかかわらず，1音目にくらべ，2音目に対するN1が減衰することは，いうなれば，1音目と比較して2音目の段階では，すでに省エネモードで反応することを示している。この事例からもわかるように，脳は「必要以上にバカ正直に反応しない」という基本戦略を持っているように思える。

次節ではいよいよ，この点を逆手にとり，2音目に対する反応の減衰を，個人差の指標として活かした話題に移ろう。「連続する音などの冗長な情報に対して，どの程度余計に反応してしまうのか，言いかえると，余計に反応せずにゲートをかけたようにするのか」の個人差に着目したアプローチである。

第4節
無用な長物は排せよ：感覚ゲーティング

1．感覚ゲーティングと日頃感じる音環境への煩わしさ

500ミリ秒の間隔をあけて同じ2個のクリック音を呈示することを考えてみよう。1個目のクリック音に比べ，2個目のクリック音に対する事象関連電位反応は概して減衰する（例えば，Key et al., 2005；Lijffijt et al., 2009）。キスリーら（Kisley et al., 2004）の研究では，被験者が無声映画を見ている間に，9秒おきに，このような「500ミリ秒間隔の2個のクリック音」を繰り返し呈示した。指標とされたのは，P50とよばれる陽性波と，比較的明瞭かつ大きなピークを観察しやすいN1であった。P50は，通常N1が立ち上がる直前のふもとで生じる，比較的振幅の小さい陽性波であり，ピーク潜時は50ミリ秒ほどである（P50の名称はここからきている）。表4-1は，これらの事象関連電位のピーク潜時および振幅を示している。第1音と第2音はまったく同一のクリック音であるが，P50とN1のいずれにおいても，第1音よりも第2音に対する振幅が低下しているのがわかる。振幅比は，2音目の反応が1音目の反応に対してどの程度であったかを示している（第2音／第1音）。振幅比が1を下回り0に近づくほど，2音目に対する反応が抑えられていることになり，逆に1よりも大きいと，1音目よりも2音目に対してより大きな反応が生じたことになる。振幅比の平均は，P50，N1でそれぞれ0.40，0.35であり，論文

表4-1 クリックの対呈示(paired-click presentation)にお
ける P50およびN1反応(Kisley et al., 2004より)

	P50 ($n=47$)		N1 ($n=45$)	
	第1音	第2音	第1音	第2音
ピーク潜時(ms)	62.6	62.0	104.2	104.5
ピーク振幅(μV)	3.78	1.48	8.57	3.07
振幅比(第2音/第1音)	0.40		0.35	

中の散布図をみても,1を超えた被験者はほとんどみあたらない。すなわち多くの場合,多かれ少なかれ,冗長な2音目に対する反応が抑えられていたことになる。このように2音目に対する反応が相対的に減少することは,感覚ゲーティング(sensory gating)と呼ばれており,冗長な信号に対する反応を適切にレベルダウンさせる働きの一つとされている。

　第1音と第2音に対する反応の振幅比は,神経生理学的な感覚ゲーティングの指標の1つである。果たしてそれは,日常の音環境に対する取捨選択性の効率(必要な部分に注意を向け,不必要な部分を除外する働きの程度)と実際に関係があるのだろうか? キスリーら(Kisley et al., 2004)は,感覚ゲーティングに関する質問紙調査の一部を実施することで,この点について検証している(質問紙調査全体は,後に Hetrick et al., 2012において出版)。具体的には,次の3個の特性に関する得点が,被験者ごとに算出され,上記の P50およびN1の振幅比と比較された。第一の特性は「普段,周囲の音をやかましく感じたり,それらが大量にあふれだすように感じる度合い(知覚変調,perceptual modulation)」であり,次が「注意がそがれやすく,集中しにくい度合い(転動性,distractibility)」,最後に「周囲の雑音や,微細な音,自動運転機器のオンオフに気づく度合い(過度の取り込み,over-inclusion)」であった。調査は5段階尺度を用いて実施され,評定値が大きいほど,より日常の音環境の氾濫に煩わされたり,選択性に困難を感じたり,不必要な微細な音にも敏感であることを示す。P50の振幅比と唯一有意な相関関係がみられたのは,知覚変調の得点であった($r=.28, p=.034$)。N1の振幅比と唯一有意な相関関係がみられたのは,過度の取り込み得点であった($r=.33, p=.029$)。いずれも正の相関であることは,第1音に続く第2音に対する反応を抑える傾向が弱いと,

より日常の音環境の氾濫に煩わされやすいこと（P50），および，不必要な微細な音にもより敏感であること（N1）を示している。なお，P50とN1の振幅比自体の間には低い相関関係しか見いだされていない（$r = -.08$, $p = .57$）。すなわち，P50とN1の振幅比は，相互に独立した指標であり，日常の感覚ゲーティングの異なる側面とより関連していることが考えられる。

2．疾患と個人差

　神経生理学的な感覚ゲーティングの指標と，日常の環境刺激の受容特性の関係は，上記と同様の研究のフレームワークを用いて，統合失調症や注意欠如／多動性障害（attention-deficit/hyperactivity disorder：ADHD）の患者群でも検討が進められている（例えば，El-Kaim et al., 2015；Johannesen et al., 2008；Micoulaud-Franchi et al., 2015）。どちらの疾患も，注意障害が主要な症状の1つとされており（例えば，McGhie & Chapman, 1961；Noll, 2009；佐々木，2000），日常の環境刺激の氾濫に煩わされやすいことや，冗長な刺激に対する神経系の感覚ゲーティングが適切に作用しないことが考えられる。なお，神経生理学的な感覚ゲーティングについては，特に統合失調症におけるP50反応の変容に焦点があたってきた経緯がある（O'Donnell et al., 2011）。P50反応は，その潜時の短さから，より刺激駆動型の反応に近いことが想定されたことがその一因である（個人内／間の指標として概して安定性の高い外因性の反応に近い）。それより潜時が長い反応は，より様々な内的プロセスが混在しやすくなり，被験者の注意やストラテジーの影響がより色濃く反映される。ミコロートフランキら（Micoulaud-Franchi et al., 2015）の研究では，感覚ゲーティングに関する質問紙調査（Hetrick et al., 2012）の総得点は，ADHD群で最も高く，次に統合失調症群で高く，最も低いのが健常群となった（表4-2）。この点数が高いほど，より日常の環境刺激の氾濫に煩わされたり，選択性に困難を感じたり，不必要な微細な刺激にも敏感だったり，注意をそがれたりしやすいことを示している。神経生理学的な感覚ゲーティングの指標であるP50の振幅比は，この研究では，（1－第2音に対する振幅／第1音に対する振幅）×100（％）として算出された。この値が大きいほど，2音目に対する振幅低下（ゲーティング，すなわち冗長な情報のシャットアウト）がより顕著

表4-2 クリックの対呈示における P50反応および感覚ゲーティング質問紙得点（Micoulaud-Franchi et al., 2015より）

	ADHD群		統合失調症群		健常群	
	第1音	第2音	第1音	第2音	第1音	第2音
ピーク潜時(ms)	57.83	55.52	58.25	59.25	63.01	62.95
ピーク振幅（μV）	2.85	1.65	2.38	1.57	2.07	0.43
（1－振幅比(第2音／第1音)）×100(%)[*1]		39.48		29.92		76.56
感覚ゲーティング質問紙総得点		97.95		60.01		26.08

[*1] 個別データにおいて外れ値処理をした後で平均している。

に生じていることを示している（表4-2）。健常群では，平均値が76.56%であり，第2音に対しては，第1音に対する振幅値の2割5分程度の振幅しか生じない。一方，この値は ADHD 群で39.48%，統合失調症群で29.92%であり，第2音に対しては，第1音に対する振幅値のそれぞれ6割，7割程度の振幅が保持される。さらに，感覚ゲーティングの質問紙得点と P50の振幅比の指標は，ADHD 群（$r = -.655$, $p = .001$）と統合失調症群（$r = -.499$, $p = .013$）で有意な負の相関がみられた。いずれの群においても，第1音に続く第2音に対する反応を抑える傾向が弱いと，より日常の音環境の氾濫に煩わされやすいなどの困難を感じやすい。他に，エルケイムら（El-Kaim et al., 2015）は，統合失調症患者における P50反応の特異性と日常の環境刺激の受容特性の変容において類似の結果を報告したほか，実際に環境音を呈示したときに，患者群ではより「音の氾濫や洪水のように感じる」度合いが高いことを示している。ジョハネセンら（Johannesen et al., 2008）の研究でも，統合失調症患者における P50反応の特異性と日常の環境刺激の受容特性の変容が報告されているが，P50の特異性はむしろ第1音に対する振幅が健常群よりも小さいこととされた。以上のように，患者群では，P50反応の特異性に加え，日常の環境刺激の受容特性も健常者と異なる傾向にあること，さらには，P50反応の特異性の程度と刺激の受容特性とが実際に関連することが示さている。以上は，刺激の受容に関する神経生理学的側面に加えて，感覚知覚の現象面や印象計測の裏付けが行われるようになった事例といえる。

3．生理的な表現形質

　P50により示される感覚ゲーティングに欠損が生じることは，統合失調症に関する最も頑健な神経生理学的知見の1つであり，遺伝学的な研究の文脈では，エンドフェノタイプ（endophenotype）の1つとして提案されている（O'Donnell et al., 2011）。エンドフェノタイプとは，遺伝子と精神症状との中間に存在し，それらの両方向における相互の関係が検証可能である生物学的特徴のことである（橋本，2012；石井ら，2012）。従来の精神症状の組み合わせに基づく操作的な診断は，言語や主観に頼らざるを得ない面があり，遺伝子解析等の生物学的な研究に対応づけるには十分な妥当性を欠いている（「外的な表現型（exophenotype）」にあたる）。そのため，疾患に関連して生じる，定量的な測定が可能な生物学的特徴であり，ある程度の遺伝性が確認された「内的な表現型」を，エンドフェノタイプとして扱うようになった。エンドフェノタイプは，遺伝子解析と疾患とのギャップを埋める役割が期待されているほか，診断の客観的基準の整備を進めるためのステップとしても期待されている。P50により示される感覚ゲーティングは聴覚野の関与のみならず，前頭前皮質や側頭・頭頂皮質および海馬，さらには帯状回を含む神経回路網の関与が疑われている（Boutros et al., 2013；Garcia-Rill et al., 2008；Grunwald et al., 2003）。ナイトら（Knight et al., 1999）は，背外側前頭前野に損傷のある患者群におけるP50を計測し，統制群に比べ，第2音への反応抑制が生じにくいことを示した。彼らの解釈は，P50の減衰には，前頭皮質から感覚関連領域への抑制性の働きが関与しているというものであり，やはり前頭皮質の処理に重要な役割が想定されている。

4．計測の実際

　P50により示される感覚ゲーティング指標については，対呈示のクリックに対する事象関連電位を計測するという点では，いわばパラダイムの統一が図られている。しかし，もともと比較的振幅の小さいP50（Pratt et al., 2008）を計測するうえで，ラボごとに，実験手続きや脳波の信号処理，P50の操作的定義の面等で，様々な工夫が施されているはずである。それが実験結果の差異にある程度寄与している可能性がある（de Wilde et al., 2007）。例えば，実験

中の課題にしても，単にクリック音を聴取する場合や，無声映画をみる場合などがある。最近，ヤドゥンら（Yadon et al., 2015）は，実験中に無声映画をみる方が，単に注視点をみるよりも，第2音の振幅減衰率が大きい（より大きなゲーティングが生じる）ことを示している。無声映画は，実験中に被験者の覚醒を保つ働きや，注意を保つことが困難な低年齢層等の参加をより容易にする点で期待が持てる。その一方で，統合失調症等の注意機能に問題が予測される被験者の場合は，そもそも無声映画に持続的な注意を向けることが難しい可能性がある（結果として無声映画を呈示しない条件に近づく）。比較対象となる健常者が無声映画に集中し，それを楽しむとしたら，同じ条件のはずが両群でその意味合いが異なることになる。この場合とくに問題なのは，患者群でP50の減衰が小さくなる方向に要因の交絡が生じかねないことである（Yadon et al., 2015）。この種の基礎的情報は，P50の指標を活用する上でも，今後より統一されたパラダイムを構築する上でもきわめて重要であり，引き続き検証を進める必要がある。なお，様々な薬物のP50への影響が検証されている中では（Kenemans & Kahkonen, 2011），タバコに含まれるニコチンが特徴的な効果を示している（Adler et al., 1993; Knott et al., 2013）。健常者を対象にP50による感覚ゲーティングを測定する場合にも，実験前の喫煙状況について統制する必要がある。

第5節
おわりに

　最後に，これまで紹介してきた知見を振り返りながら，筆者が考える今後の焦点について述べたい。感覚ゲーティングにおいては，第1音の処理の後の抑制が継続する時間帯として，500ミリ秒程度の絶対的な間隔を想定しがちである（Dolu et al., 2001）。ここで気をつける必要があるのは，心理実験における条件設定や操作は，どのような種類の刺激をどれくらいの割合で用いるかの問題，つまり「刺激セット」の問題と切り離して考えることはできない点である。すなわち，実験中毎回クリックが対呈示されるのか，あるいは1発のクリックで終わることもあるのかというような基本的な条件設定により，「抑制が継続する時間帯」が変わる可能性がある。時間知覚の研究においては，過小評価

も過大評価も生じにくい「無記時程（indifference interval）」が想定され（神宮，1994），生物学的な規定要因に基づく一貫性が考えられてきた。その一方でこの値は，必ずしも一律の絶対的な値や範囲となるわけではなく，とりわけ実験に用いる複数の時間間隔との相対的な関係に基づいて変動し得ることも示されている（例えば，Eisler et al., 2008）。これらは，別の言い方をすると，「実験全体の刺激系列の種類や個々の確率」に基づいて潜在的な予測や構えが形成されるために生じる。つまり，個々の音が形成するごく狭い範囲の時間間隔のみならず，それらの時間間隔どうしの関係やより広い範囲の時間間隔に関する情報処理が潜在的に生じることが考えられる。このような潜在的な時系列処理は最近，「刺激の時系列構造を反映した低周波の律動的な脳活動にもとづいて，入力レベルの調整や情報の選択がなされる」という理論的背景をもとに，実験的検証が行なわれるようになってきた（荒生ら，2015；Arnal & Giraud, 2012；Peelle & Davis, 2012；Schroeder & Lakatos, 2009）。今後は，単に感覚入力を減衰させる指標として感覚ゲーティングを利用するのみならず，「音環境への一種の適応としての潜在的な時系列処理」と「感覚入力の調整」との両面からこの問題を扱うことが大切だろう。潜在的な時系列処理の指標の一つとして有力なのは，低周波の律動的な脳活動といえる。「日常音に対する感受性とその個人差のメカニズムとして脳波を活用するアプローチ」はもちろん，その問題と表裏一体の応用としての「前頭・側頭葉の機能を反映する脳波指標の活用」は，感覚ゲーティング等の一過性の脳反応だけではなく，脳波元来の律動的な側面も取り込みながら発展しつつある。

第5章

感じる時間のメカニズム

山本健太郎

第1節
はじめに

1．時間の感覚

　物理的な時間の流れは一定でも，時間の経過の感じ方は状況により様々である。仕事に集中していたり，友だちと楽しく過ごしていると時間はすぐに過ぎるのに，退屈な時間はとても長く感じられる。このような時間の感じ方の違いは，どのようにして生じているのだろうか。そもそも，時間の感覚は視覚や聴覚などの他の感覚とは異なり，対応する感覚器官が存在しない。それにもかかわらず，時間はなぜ知覚されるのだろうか。

　このような時間の感覚にまつわる様々な疑問は，心理学の分野でも古くから関心が寄せられ，人や動物を対象として数多くの研究が行なわれてきた。その結果，時間の感覚にいくつかの要素が重要な役割を果たすことが明らかとなってきた。本章では，時間知覚に関してこれまでに得られてきた知見の中から，人を対象として行なわれた研究を中心に紹介し，時間を感じ取るメカニズムについて議論したい。

2．時間の範囲と区分

　時間と一口に言ってもその規模は様々で，例えば1日のように比較的長い時間を指すこともあれば，1秒のように短い時間を指すこともある。このような長さの異なる時間に対処するため，私たちには複数の時間処理システムが備

わっていると考えられている（Mauk & Buonomano, 2004）。1日の長さに対応したシステムは概日リズム（もしくは体内時計）と呼ばれ，主に睡眠・覚醒や摂食リズムのコントロールを担っている。一方で，秒や分といった短い時間に対応したシステムもあり，それにより生じる時間の意識は時間知覚（もしくは時間認知）と呼ばれ，経過時間の把握や時間順序の判断に重要な役割を果たしている。

時間知覚は，時間の長さによってさらに細分化されることがある。神宮（1996）によると，心理的現在（psychological present）を中心とした比較的短い時間（数秒から長くても数分）は時間知覚にあたり，それ以上の時間は時間評価と呼ばれ，区別されている。これは，時間が長くなるにつれて注意や記憶などの影響が強くなり，時間の意識をもたらす内的な過程に違いが生じるためである。また近年では，およそ1秒を境にして異なる時間処理システムが存在することが示唆されている（Buhusi & Meck, 2005）。とくに，1秒に満たない（sub-second）時間の処理は自動的で，1秒を超えた（supra-second）時間の処理には認知的な制御を要すると考えている。実際に，これらの範囲で主観的な時間の長さに影響を及ぼす要因が異なることが実験的に示されており（Rammsayer, 1999; Rammsayer & Lima, 1991），関連する脳の領域も異なるとされている（Lewis & Miall, 2003）。

本章では，主に時間知覚で扱われる比較的短い時間に焦点を当てているが，紹介する研究によって扱っている時間の範囲は微妙に異なっているため，詳しい内容に関心のある読者はぜひ引用元の文献を参照されたい。

第2節
内的状態と時間の感覚

主観的な時間に影響を及ぼす要因はこれまでに数多く報告されているが，これらの要因は大きく，①人の内的状態に基づくもの，②外的情報の処理によるもの，の2つの種類に分けられる。本節では，前者の内的状態に基づく時間の感覚の変化に注目し，それぞれの影響がどのように生じるのかについて見ていきたい。

1. 覚醒度の影響

覚醒度とは脳や身体の活動レベルを表わす概念であり，心理学においては，人の緊張や興奮の度合いを表わす指標としても扱われる。これまでの研究から，覚醒度は時間の感覚に大きな影響を及ぼすことが示されている。例えば，反復音を聞かせる（Penton-Voak et al., 1996），体温を上げる（Wearden & Penton-Voak, 1995），睡眠を遮断する（Casini et al., 2013）などの操作により覚醒度を上昇させると，時間は通常よりも長く感じられる[1]。逆に，単調な課題を繰り返し行なうことで覚醒度が低下していくと，時間はしだいに短く感じられる（Wearden et al., 1999）。これらの結果は，時間の感覚に覚醒度のような生理的・心理的要因がかかわることを示唆している。また，評価する実際の時間が長くなるほど，時間の感覚のズレは大きくなることから（Penton-Voak et al., 1996），覚醒度は時計の進む速さを変えるような形で，時間の感覚に影響を及ぼしていると考えられる。

覚醒度は，心拍数や血圧といった他の身体機能とも密接にかかわっている。そのため，覚醒度の変化に伴う身体反応の変化が，時間の感覚に影響している可能性も考えられる。とりわけ，心拍はある程度一定のリズムで刻まれており，時間の長さを評価する際の指標として用いられていても不思議ではない。これらの影響を区別するため，シュワルツら（Schwarz et al., 2013）は身体運動を利用した面白い方法で検討を行なっている。シュワルツらは，事前に筋トレを行なう条件，息こらえを行なう条件，何も行なわない条件（統制条件）の3つの条件で時間課題を行ない，その際の心拍数と覚醒度を測定した。すると，筋トレ条件と息こらえ条件では統制条件に比べて覚醒度が高く，時間は長く評価されたが，心拍数は筋トレ条件のみが他の条件に比べて高く，息こらえ条件と統制条件の間には差がみられなかった。心拍数が変化しない息こらえ条件でも主観的な時間の長さに影響が生じていることから，少なくともこの実験で生

注
- [1] 時間を長く感じるということは，頭の中の時計が通常よりも速く進んでいることを意味している。この状態で一定時間映像を見せ，後で時間を再生してもらうと，通常時よりも長い時間を再生することになる。またこの状態で（例えば）10秒間を計ってもらうと，通常時よりも短い時間で10秒経ったと報告される。前者は時間再生法，後者は時間作成法と呼ばれており，どちらも主観的な時間を調べる際によく用いられる方法である。

じた時間感覚の変化には，心拍数よりも覚醒度が大きくかかわっていると言える。

では，覚醒度はどのように時間の感覚に作用するのだろうか？　覚醒レベルの調整には，脳の大脳基底核を中心とするドーパミンシステムがかかわるとされている。実はこのドーパミンシステムは，主観的な時間の形成にも大きな役割を担っているのではないかと考えられている（Meck, 1996）。実際にラットを用いた研究では，ドーパミンの伝達を促進する薬物を投与すると時間は長く評価され，逆に伝達を阻害する薬物を投与すると時間は短く評価されることが示されている（Maricq & Church, 1983）。そのため覚醒度による時間知覚への影響も，ドーパミンシステムの働きによって説明されるかもしれない（Droit-Volet & Gil, 2009）。一方で，このようなドーパミン関連薬による影響は，対象となる時間が非常に短い場合（100ミリ秒以下）には生じないという結果も示されており（Rammsayer, 1993），ドーパミンシステムはそれ以上の時間の知覚に寄与していると考えられる。

2．注意の影響
（1）時間以外の情報に向けられた注意

仕事に集中していたり趣味に熱中していたりすると，時間の経過は早く感じられるのに，時間が早く過ぎてほしいと思っているときに限って，時間の経過は遅く感じられる。このような状況における時間の感じ方の変化には，時間への注意（意識）の向けられ方が大きくかかわっていると考えられている。注意が時間の感覚に及ぼす影響は，主に二重課題と呼ばれる方法を用いて検討が行なわれてきた。この方法では，異なる2つの課題が同時に行なわれるため，それぞれの課題に対して注意が分配される。このとき，一方の課題の負荷（難易度）が高い場合は，そちらの課題に対して注意が大きく配分され，もう一方の課題に向けられる注意の量は少なくなる。これまでの研究では，時間課題と同時に分類課題（Hicks et al., 1977）や記憶課題（Fortin & Rousseau, 1998），運動課題（Brown, 1985）などが行なわれ，時間とは関係のない課題の負荷が高いほど，時間が短く評価されることが示されてきた。つまり，時間以外の情報に対して注意が向けられるほど，時間はより短く感じられたのである。

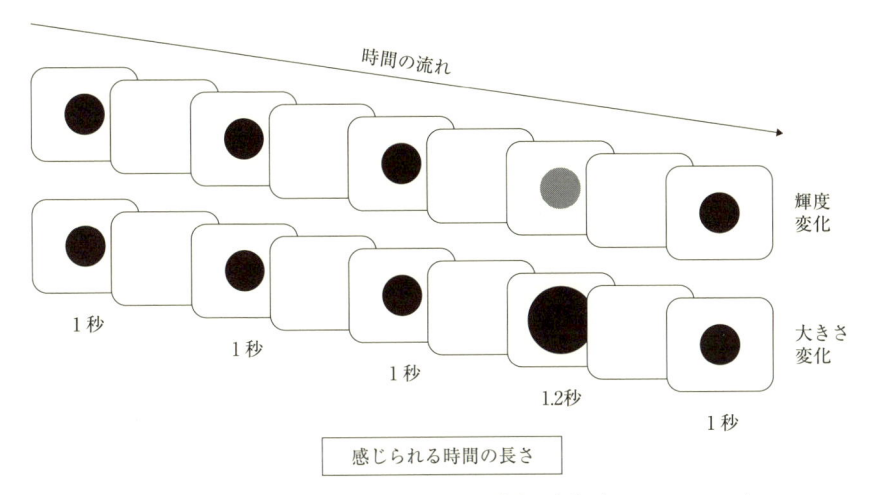

図5-1 新奇な物体の出現による時間の感覚の変化 (Tse et al., 2004)
各円の実際の呈示時間は同じだが，輝度や大きさが不意に変化すると，その時間だけ他より長く感じられる

　マカーら（Macar et al., 1994）は，より直接的に注意と時間知覚との関係性を調べるため，時間課題と同時に単語課題を行ない，各課題に向けられる注意の量を指定の割合で配分させた。すると，時間課題へ配分された注意の割合が減るほど，時間の長さは短く評価された。この結果は，何かに集中したり意識を向けたりすることで時間の経過から注意が逸れると，それによって時間が短く感じられることを示唆している。注意が逸れることで過小視される時間の長さは，覚醒度などによる時間感覚の変化の影響を受けないことから（Burle & Casini, 2001），注意が逸れている間は時計が止まるような形で，時間の経過が見過ごされていると考えられる。そのため注意は，時間の経過を監視するような役目を果たしているのかもしれない。

（2）時間の評価対象に向けられた注意

　不意に現われる物体や目立つものに対しては，無意識に注意が向くことがある。このような形で対象に向けられた注意も，時間の感覚に影響を及ぼすと考えられている。ウルリッヒら（Ulrich et al., 2006）は視覚対象の出現する頻度を操作し，時々現われる対象の方が，頻繁に出現する対象よりも呈示時間が長く感じられることを示している。また図5-1のように，同じ対象が繰り返

し呈示される系列の中に新奇な対象を挿入した場合も，新奇な対象の呈示時間が他よりも長く感じられることが示されている（Tse et al., 2004）。これらの結果は，対象に対して多くの注意が向けられることで，その対象の時間が長く感じられることを示唆している。

　しかし一方で，この効果は繰り返し呈示された対象の時間が過小視されるために生じるとする見方もある。パリヤダスとイーグルマン（Pariyadath & Eagleman, 2007）は，同じ対象を繰り返し呈示した場合に，先頭の対象の時間が後続の対象の時間に比べて過大視されることを示している。この効果は，異なる対象がランダムな順に呈示される場合には生じないが，次に出現する対象が予測できる場合（1，2，3・・・と数字が増えていく系列）には生じることから，予測性が重要な役割を果たしていると考えられる。パリヤダスとイーグルマンは，繰り返し呈示される対象の主観的時間は予測性によって徐々に減少し，予測できない新奇な対象の時間の長さは元通りに感じられるため，相対的に長く評価されるのではないかと主張している。

　時間の評価対象に向けられた注意の効果については，注意が対象の時間的な側面に向けられているのか，それとも非時間的な側面（対象の特徴）に向けられているのかによって，予測される結果が異なる場合がある。Tipples（2010）はタブー語（禁句）の観察時間が他の単語の観察時間よりも短く評価されることを示し，その原因について，タブー語が観察者の注意を非時間的側面へ引きつけ，時間的側面への注意がそがれるためであると考察している。同じ注意による説明であっても，解釈によって時間の過大視も過小視も説明可能であるため，単一課題における注意の効果については慎重な解釈が求められる。

3．感情の影響

　事故などで危機的な状況に陥ると，周囲の時間の流れが一瞬スローモーションのように遅く感じられるという話がある。このような感情体験による時間の感じ方の変化も，時間知覚の分野で古くから研究されているテーマの1つである。ワッツとシャーロック（Watts & Sharrock, 1984）は，クモ恐怖症の人とそうでない人に実物のクモを呈示し，観察時間がどのくらいに感じられるのかを調べた。すると，実際に見ていた時間は同じだったにもかかわらず，クモ

第 5 章　感じる時間のメカニズム

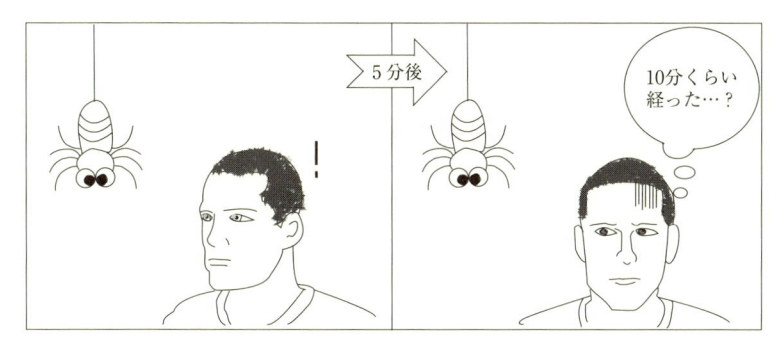

図 5-2　怖い体験による時間の感覚の変化
怖い体験をしている間は現実の時間の進み方が遅く感じられる

恐怖症の人の方が観察時間をより長く評価した。状況はまったく同じであるが，クモ恐怖症の人の方がより恐ろしい思いをしているはずなので，この結果は，恐怖感情が時間の流れをスローに感じさせる可能性を示している（図5-2）。恐怖は高い緊張状態を引き起こすことから，感情体験による時間の感覚の変化にも覚醒度がかかわると考えられている。

また，キャンベルとブライアント（Campbell & Bryant, 2007）は，スカイダイビング体験中の感情と時間の感じ方との関係を調べるため，離陸から着陸までにかかった時間の長さを評価させた。すると，やはりスカイダイビングの直前や最中に感じた恐怖の度合いが高い人ほど，全体の時間は長く評価された。しかし一方で，スカイダイビングの直前や最中のわくわく感が高い人ほど，全体の時間は短く評価された。同じ興奮でも，高揚による興奮は恐怖による興奮とはまた違った作用を時間の感覚にもたらすのかもしれない。

近年では，画像や音声を用いて感情価と時間知覚との関係性を調べた研究も多く発表されている。感情価とは，対象から喚起される感情をポジティブ-ネガティブの次元で表わしたものである。一般的には，ネガティブな印象を与える対象を呈示されたときの方が，ポジティブな印象を与える対象を呈示されたときに比べて，時間は長く感じられる（Droit-Volet & Gil 2009）。ただし，この感情価による影響は，喚起される感情の強さによって大きく異なるようである。アングリッリら（Angrilli et al., 1997）は，喚起される感情の強さと質の影響を切り分けるため，覚醒度の高低と感情価の高低（ポジティブ／ネガティ

ブ）の組み合わせで画像を分類し，時間知覚への影響を検討した。すると，強い感情が喚起される場合は，ネガティブ画像の方がポジティブ画像よりも観察時間は長く感じられ，対照的に弱い感情が喚起される場合は，ポジティブ画像の方がネガティブ画像よりも長く感じられるという，感情の強さに依存した影響の違いが示された。感情の種類によって分泌される神経伝達物質は異なるため，この結果は生理的反応を引き起こす過程の違いを反映しているのかもしれない。

第3節
外的な情報と時間の感覚

　時間の経過は，真っ暗な部屋や静かな場所にいるときも変わることなく感じられる。このことは，時間が外的な手がかりなしでも知覚されることを意味している。しかし一方で，時間の感覚は見たり聞いたりする情報によって変化することがこれまでの研究から明らかとなっている。本節では，このような外的な情報の処理による影響がどのように生じているのかを，主に視覚的な特徴に基づく時間の感覚の変化に注目して議論したい。

1．刺激のマグニチュードの影響

　対象を観察している際の時間の感覚は，その対象の特徴によって異なることが知られている。例えば，大きな対象を観察しているときの方が，小さな対象を観察しているときよりも時間は長く感じられる（Thomas & Cantor, 1976）。また対象の数や明るさが増加するほど，その対象を観察している時間はより長く感じられる（Xuan et al., 2007）。このように，複数の特徴が時間の知覚に影響することが示されているが，これらに共通する点として，対象から受ける刺激の物理量（マグニチュード）が大きいほど，時間が長く感じられることがあげられる。

　このような刺激の物理量と主観的な時間の長さとの関係について，ウォルシュ（Walsh, 2003）は，大きさや多さ，長さといった数量の表象が，心内で密接に結びつくとするマグニチュード理論（a theory of magnitude）を提唱している。この理論では，時間，空間，数，サイズなどの異なる次元のマグニ

第 5 章 感じる時間のメカニズム

図5-3 刺激のマグニチュード情報と時間の感覚
大きいものを見ている間の時間は，小さいものを見ているときの時間と比べて長く判断される

チュード情報が，それぞれ独立に処理されるのではなく，部分的に共有された処理システムを持つと考える（Bueti & Walsh, 2009）。そのため，時間を評価している際に対象から受ける刺激の物理量が大きいと，時間の処理にも影響が生じ，通常よりも「長い」と判断されることになる（図5-3）。この説明は，先行研究の結果ともうまくあてはまっている。またマグニチュード理論を支持する証拠として，数字のように記号的に示される数量情報も，時間の長さの判断に影響を及ぼすことがあげられる。例えば，数字を観察している間に知覚される時間を比較した場合，大きい数を表わす数字（9など）を観察しているときの方が，小さい数を表わす数字（1など）を観察しているときよりも時間が長く評価される（Oliveri et al., 2008）。このような抽象化された刺激が時間に影響することは，刺激のマグニチュードの影響が物理的な視覚特徴の違いによるものではなく，マグニチュード理論で主張されるような表象レベルでの連合によるものであることを示唆している。

　一方で，イーグルマンは神経活動の量が主観的な時間の長さに対応するという仮説を提唱している（Eagleman, 2008；Eagleman & Pariyadath, 2009）。一般的に，脳の神経活動の大きさは刺激の物理量と関連することが知られており，明るい対象や大きな対象を観察しているときには，暗い対象や小さい対象を観察しているときに比べて神経活動が活発になる。そのため，刺激の物理量が主観的な時間の長さに影響を及ぼすという結果は，この仮説とも非常によくマッチしている。しかし，脳のどのような神経活動と関連しているのか，その

活動がどのように時間の長さに変換されるのかなど，未解決な点も多く残されている。

2．動きの知覚による影響
（1）距離，速度，変化と時間
　動きとは，物体の空間位置の時間的変化を表わす概念である。そのため，動きの方向や速度を判断するためには，空間情報だけでなく時間情報についても処理する必要がある。また逆に考えると，動きの情報には経過時間についての情報が含まれているともいえる。例えば，等速で動く対象がより長い距離を移動したとすれば，移動に要した時間も必然的に長くなる。実際に時間の長さを評価する際に，対象の空間的距離が影響することを示す現象は古くから報告されており，カッパ効果（もしくはS効果）と呼ばれている（Abe, 1935；Cohen et al., 1953）。この現象では，2つの離れた地点に光点が1度ずつ呈示され，光点が1つ目の地点を離れて2つ目の地点に現われるまでの時間間隔について評価が行なわれる。このとき，実際には同じ時間間隔であっても，2点間の距離が離れているほど時間間隔は長く感じられるのである。

　カッパ効果は，空間間隔が時間間隔の知覚に影響を及ぼすことを示唆している。しかし，同じ時間間隔で長い距離を移動するということは，速い速度で移動したということにもなるため，速度情報が時間の感覚に影響を及ぼしたと捉えることもできる。実際に，滑らかに運動する対象を観察している場合に，その動く速さによって観察時間が異なって感じられることが多くの研究で示されている。例えばブラウン（Brown, 1995）は，静止した対象よりも動いている対象を観察する時間の方が長く感じられ，さらに動きが速くなるにつれて観察時間がより長く感じられることを示している。この効果が，移動距離によるものなのか，それとも速度によるものなのかを区別することは難しいが，運動の軌道を複雑にしたり（Brown, 1995），縞模様の動きを用いたりして（Kaneko & Murakami, 2009），移動距離を分かりにくくした場合にも影響が生じることから，距離よりも速度が大きく関係していると考えられている。

　動きには空間位置の変化だけでなく，時間的な変化（時間周波数）も成分として含まれている。このような時間的な変化自体も，時間の感覚に影響を及ぼ

すとされる。例えば，光点が常に呈示されているときよりも点滅しているときの方が，全体の観察時間は長く感じられる（Lhamon & Goldstone, 1975）。また点滅どうしの比較の場合にも，点滅の頻度が高い方が観察時間は長く感じられることがわかっている（Kanai et al., 2006）。では，対象が空間位置の変化を伴う場合には，速度と時間周波数のどちらが重要に働くのだろうか？　金子・村上は，運動する縞模様の空間周波数（縞の幅）と時間周波数（縞の模様が入れ替わる頻度）を独立に操作し，時間の長さの評価に及ぼす影響を検討した（Kaneko & Murakami, 2009）。すると，時間は空間周波数が低くなるほど，また時間周波数が高くなるほど長く評価され，それらの影響の大きさは同程度であった。縞模様の運動速度は時間周波数に比例し，空間周波数に反比例するため，この結果は，主観的な時間が速度に対応して変化することを示唆している。動きが一定で周期的な変化が意識されない場合には，時間周波数よりも速度の影響が優勢になるのだろう。

（2）時間に作用する運動処理段階

視覚情報は，脳の複数の領域で並列的・階層的に処理されることが知られている。とくに動きの情報の処理には，主に局所的な運動情報を処理する低次の段階（V1）と，それらが統合された大局的な運動情報を処理する高次の段階（V5／MT野）がかかわると考えられている。この運動情報処理の階層性を利用して，時間への影響がどのような段階で生じているのかを調べる試みも行なわれている。山本・三浦は，プラッドパターンと呼ばれる方位の異なる運動縞を重ねた視覚パターンを用い，運動情報が統合される前の成分（要素運動）と，統合された後の成分（合成運動）のどちらが時間の評価に影響するのかを検討した（Yamamoto & Miura, 2012a）。その結果，主観的な時間は要素運動ではなく合成運動の速度に応じて変化することがわかった。この結果は，動きによる時間への影響が生じる段階が，局所的な運動情報の統合された後であることを示唆している。

また山本・三浦は，静止画を用いて動きの影響を調べるという一見矛盾した実験も行なっている（Yamamoto & Miura, 2012b）。ただし静止画といっても，人や動物の動きを表わした画像である（図5-4；口絵10）。人はこのような静止画を見た際にも，動きの印象を感じることがある。そこで，静止画か

図5-4 実験に用いられた動きや静止を表す画像（Yamamoto & Miura, 2012b）
右端の画像は左端の人の姿勢を象った抽象画像

ら喚起される動きの印象が，実際の動きと同じように時間の感覚に作用するのかを調べたのである。結果は，動いている姿勢の画像の方が，静止した姿勢の画像よりも観察時間が長く評価されるという，実際の動きを用いた場合と同様の効果が示された。さらに山本・三浦は，それぞれの姿勢をブロックでかたどった抽象的な画像（図5-4右）を作成し，画像の解釈によってこの効果が変わるのかどうかを検討した。すると，人の動きとは無関係な画像（ネギ画像）だと教示された場合は効果が消失したが，人の姿勢だと教示された場合には効果が再現された。これは，主観的な時間が画像間の特徴（形など）の違いに影響を受けたのではなく，動きの印象によって影響を受けたことを裏付ける結果である。これらの結果も，脳の比較的高次の段階が動きによる時間への影響に関与することを示す証拠として考えられる。

第4節
時間知覚のモデル

　第3節と第4節では，時間の感覚に影響を及ぼす要因について解説を行ってきた。これらをふまえ，本節では時間がどのように知覚されているのかについて，既存のモデルをあげながら考察していきたい。

第5章 感じる時間のメカニズム

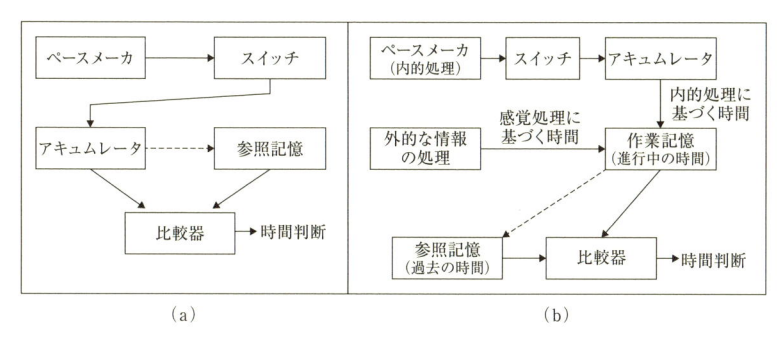

図5-5 内的時計モデル（a）と筆者の考えるモデル（b）の概念図
左図は Gibbon et al.（1984）から一部修正して抜粋

1．内的時計モデル

　時間知覚のモデルの中で最も一般的で，よく説明に用いられているモデルが「内的時計（Internal clock）」を仮定したモデルである。内的時計モデルで特徴的なのは，ペースメーカと呼ばれる内的な振動子を仮定している点である。このペースメーカは一定の間隔でパルスを発生させる機能を持ち，計時中に発生したパルスの総量が時間経過の指標となると考えられている（Creelman, 1962；Treisman, 1963）。スカラー計時理論（Gibbon et al., 1984）は，内的時計モデルの中でも影響力のあるモデルの1つである。この理論は動物研究を基に提案されており，計時の変動性に着目したもので，ペースメーカとアキュムレータ（蓄積器）からなる時計機構と，スイッチ，過去のパルス数の履歴を蓄える参照記憶，現在のパルス数と参照記憶内のパルス数を比べる比較器から構成されている（図5-5（a））。時間の長さの判断は，アキュムレータに蓄えられた時間と，参照記憶内にパルス数として蓄えられた基準時間のサンプルとの比較により行なわれる。スイッチは，ペースメーカとアキュムレータの接続を切り替えるような役割を果たしており，電気スイッチのように，閉じている状態だとパルスが流れ，開いている状態だとパルスが流れない仕組みになっている。

　このモデルでは，他の要因による主観的時間への影響は，ペースメーカのパルス発生量や，スイッチの開閉の仕方の変化により説明される。ペースメーカのパルス発生量が増加すると，アキュムレータに蓄えられるパルス数は多くな

103

るため，時間は長く判断される。覚醒度による影響は，このペースメーカの速度（パルス発生率）の変化によって説明されている（Penton-Voak et al., 1996；Treisman et al., 1990）。一方で，注意による影響は，ペースメーカとアキュムレータの間のスイッチの挙動で説明されることが多い。このスイッチは注意により操作され，注意が時間に向いているときには閉じた状態に，時間から逸れたときには開いた状態になると仮定されている（Gibbon et al., 1984）。そのため注意の向き方によって，スイッチが閉じている時間の長さや，スイッチの開閉潜時が変化し，時間の長さが異なって感じられると考えられている。またスイッチの前にゲートを仮定し，そのゲートが注意によって影響を受けるとする考えもある（Zakay & Block, 1997）。このように内的時計モデルは，研究者によって多少変更を加えられながら，現在でも広く受け入れられている。

2．外的な情報に基づく時間の知覚

　内的時計モデルは，主に内的な処理に基づく計時についての理論であり，外的な情報の処理による影響についてはあまり考えられていない。そのため，外的な影響をどのように扱うかという点が問題となる。これまでの研究の中には，外的な影響についてもペースメーカの速度変化によって説明をしているものもあるが，どのようにペースメーカに作用するのかといった点についてはあまりふれられておらず，場あたり的に使われている感がある。また近年では，視覚的な時間と聴覚的な時間に異なる影響を及ぼす現象が発見され，感覚モダリティ特異的な時間処理の存在が示唆されている（Kanai et al. 2011, Morrone et al., 2005）。このような点も，単一の時計機構を仮定するモデルの限界を示唆しているように思われる。内的時計モデルに代わるものとして，脳の活動パターンを基にした時間のモデルもいくつか提唱されているが（Eagleman & Pariyadath, 2009；Mauk & Buonomano, 2004），騒がしい環境など，現実場面における多様な状況での安定した働きに疑問が持たれている。

　そこで筆者は，内的時計モデルで仮定されるような計時プロセスと，外的な情報の処理を基にした計時プロセスがそれぞれ独立に行なわれ，その後で統合されるというモデルを提案する（図5-5（b））。このモデルでは，ペースメーカが内的な処理に基づいてパルスを発生させ，スイッチを経てアキュムレータ

に蓄積されると考える。そのため，内的な状態による時間への影響は，このペースメーカやスイッチの挙動によって表現される。これらの考えは，スカラー計時理論の考えに則ったものである。ただし，このモデルでは並行して外的な情報に基づく時間の評価が行なわれると仮定しており，これらの情報が統合されて最終的に時間の長さが判断されると考える。アーレンズとサハニ（Ahrens & Sahani, 2011）は，視覚的な変化による時間感覚への影響について，同様の並列プロセスを仮定したモデルを提唱している（確率変化モデル）。彼らのモデルでは，映像の各位置における輝度変化の統計量から感覚ベースの時間が評価され，内的な処理に基づく時間と組み合わされて主観的な時間が決定されると考える。実際に彼らのモデルから予測される時間の長さや変動は，実測値とよく適合しており，視覚的な変化の量が時間経過の指標として用いられていることを示唆している。

　筆者のモデルでは，外的な情報を視覚的な変化だけに限らず，他の刺激による感覚野の活動パターンの変化なども，時間経過の指標として用いられると考える。また，時間の評価の対象となる感覚モダリティごとに，使用される感覚情報が異なることを仮定しており，これによってモダリティ特異的な時間処理が実現されると考えている。しかし一方で，どのように活動パターンが時間に変換されるのか，どのように時間情報が統合されるのかなど，問題点も多く残されている。モデルの妥当性については，今後慎重に検証していく必要がある。

第5節
おわりに

　本章では，主観的時間に影響を及ぼす主要な要因について紹介し，時間の知覚メカニズムについて考察を行なった。時間の感覚は生理的な要因だけでなく，外界から受け取る情報によっても大きく左右される。これは，時間という直接知覚することの難しい情報を，脳が内的な処理や外的な情報を駆使して何とか評価しようとする過程を表わしているように思える。時間の進み方を意図的に制御することは難しいが，感じる時間のメカニズムを知ることで，時間とのうまいつきあい方が見えてくるかもしれない。

第6章

絵画における時間

三浦佳世

第1節
はじめに：研究の背景

　静止した一枚の絵画や写真の中に，時間の印象を感じることがある。例えば，明るいジャケットを掛けた不在の椅子に「ゆっくりと流れる時間」を感じさせるホックニーのクレヨン画。シャンパンの開栓の瞬間を高速度撮影で写して「一瞬の永遠」を垣間見せる橋村奉臣の写真。ひからびた目玉焼きに「時間の経過」を暗示する同じく橋村の作品。モザイク状に分解したカラフルな画像で「スピード感」を伝える未来派セヴェリーニの油絵。モノクロームの凝縮した画面に「止まった時間」を示す長谷川潔のメゾチント（銅板画）。朽ち果てた建物が「過去」と同時に「終末」をも予感させる宮本隆司の廃墟写真。すでに実現しているのに依然として「近未来」の印象を与える真鍋博のイラストレーション。
　たしかに，様々な空間表現の中に，様々な時間印象や速度感が立ち現われてくる。

1．静止画像における動きの表現・動きの印象
　時間と深いかかわりのある動きや変化に注目すれば，映像が誕生するまでは，それを記録するのは，洞窟の壁面であれ，絵画の画布であれ，静止した平面上においてであった。動かない画面に対象の動きを感じさせるには，様々な工夫が試みられてきた。カッティング（Cutting, 2002）はそれらを，ダイナミックバランス，多重露光，前傾（アフィン・シア），写真的ぶれ（モーションブ

図6-1 異時同図法とモーション・ラインの絵巻物での例
左:画面中央上と右下の人物が同一の異時同図法(伴大納言絵詞),右:回転する法輪と剣の護法童子にみられるモーション・ライン(信貴山縁起絵巻)

ラー),アクション・ライン(モーションライン)に分類している。多重露光には,玉虫厨子に代表されるような異時同図法も含めることができるだろう(図6-1; 口絵11 参照)。

　しかし,堀(1993)によると,もとより芸術作品の創造や評価においては,「ムーブマン」が重視されてきたという。ムーブマンとはフランス語のmovementに由来し,運動を意味する概念である。ただし,この概念が指すのは,カッティングが指摘したような,対象や背景の動きではない。静かな作品においても,抽象作品であっても,画面からムーブマンを感じることはでき,それが作品の良し悪しを決定するのだという。

　かつて造形心理学の分野で活躍したゲシュタルト心理学者のアルンハイムもダイナミックバランスの概念に注目した。彼はプレグナンツ(Prägnanz)による「よさ」がそれに基づく安定よりも,プレグナンツに向かう動的あるいは能動的な知覚の働きにあると看破して,構図のダイナミズムを指摘した(Arnhaim, 1954)。近年,エリオットら(Elliott et al., 2012)は,ヒヨコが,整列した刺激よりも非整列な刺激を好むことを示して,それは刺激が餌の形状に似ているからでも非整列的な画像が進化論的に劣勢の生物を連想させるからでもなく,アルンハイムが指摘したような示唆的な動き(implied motion)が注意を引くからだと述べている。ヒヨコも,ムーブマンの感じられる構図を好むようだ。逆に言うと,人の感性評価の根底にも,示唆的運動への注意の偏りがかかわっているのかもしれない。ガーナーパターン(3×3の仮想グリッド上の

108

いずれか5か所に黒点を置いた Garner, W. R. 考案のパターン）を用いてパターンのよさ研究を行なった行場ら（1985）も，規則性や評価性の「よさ」に加えて，活動性の「よさ」の存在を指摘している。さらに，f MRI（機能的磁気共鳴画像装置）を用いた研究で，快いと評価された絵画を鑑賞しているときには，動く対象に反応する高次視覚野（MT＋）の賦活が高まるという報告がある（Thakaral et al., 2012）。画像の動的印象は美やよさに関係があると思われる。

2．空間芸術における時間の観点

　一方で，動的印象は時間と切り離せない。しかし，18世紀の美学者レッシング（Lessing, G. E.）が著書『ラオコーン』（1766）において，芸術を「空間芸術」と「時間芸術」に2分し，絵画や彫刻，建築を「空間芸術」，音楽や演劇を「時間芸術」として位置づけて以来，西洋の美学においては，「空間芸術における時間」の観点は省みられずにきた。

　しかし，作品における動きの観点を捨象したとしても，「静止画には時間がない」（養老，1990）という発想は，鑑賞者を抜きにして，作品を物理的な観点からのみ捉えた話であろう。作品は人にみられることによって作品になる。そうであれば，鑑賞者が知覚し感じる動きや時間の視点からこそ，「空間芸術における時間」の問題は議論されるべきだろう。

　20世紀半ばになってようやく，フランスの美学者スーリオ（Souriau, 1948）がこの観点，つまり鑑賞者の立場に立った「空間芸術における時間」を取り上げる。ただし，それは「鑑賞に要する時間」と「作品に固有の内在的時間」に限られた。「鑑賞に要する時間」に関しては4節でふれるので，ここでは「作品に固有の内在的時間」に関してのみ補足すれば，彼はティントレットの「聖母の神殿奉献」（図6-2：口絵12，左）を例にあげ，画面の中の「物語」に注目する。スパイラル状の階段の途中，画面右端にマリアはいる。彼女はゆっくりと出迎えの僧侶に向かって階段を上っていく。マリアの前方にいる少女は僧侶までのあと3段を今まさに上ろうとしている。鑑賞者もこの少女に同伴して入り口へ向かうだろう，と。「人が物語るものは，時間の中で起こり，時間の中で展開する（Ricoeur, 1983）」。物語の展開には時間が必要である。もと

図6-2 空間芸術における内在的時間
左：ティントレット「聖母の神殿奉献」(1552年頃)、右：ニューマン「ワンメント」(1948年)

より，西洋絵画の本流は宗教画であり歴史画であった。そこでは「物語」が求められ，時間の経過を示す工夫が意識されてきたに違いない。

驚くのは，むしろ，このスーリオの指摘が1949年に行なわれたことである。この頃，すでにジャクソン・ポロックはドリッピングの技法を確立して，画面に具体的なイメージを描くことを放棄しており（第7章，図7-5参照），バーネット・ニューマンは黒いキャンバスの上に黒い1本の垂直線を描いて，リオタールに「瞬間」を表わしたと評される一連の画風のスタートを切っている（図6-2；口絵12，右）。そうした時代に，16世紀の写実的な聖母子像を取り上げ，「物語としての時間」を指摘するのは，何とも時代にそぐわない感がある。しかし，この指摘が西洋美学での「空間表現における時間」の最初の提示となった。

「絵画における時間」の議論が次に展開を見せたのは1984年のことである。この年，ブリュッセルで開催された展覧会「美術と時間——4次元についての考察」に，フランスの美学者リオタール（Lyotard, 1984）は「瞬間，ニューマン」を寄稿した。その冒頭，彼は「時間を次のように区別しなければならない」と述べ，美術に関与する時間を以下の5つに分類した。すなわち，①画家が描くのに必要な生産の時間，②鑑賞者が理解するのに必要な消費の時間，③作品が指示する物語の時間，④作品が鑑賞者に到達するのにかかる流通の時間，そして⑤作品がそれ自体である時間，である。

①の画家が描く時間には，リオタールが想定していた作品の制作時間に加え，

作家がそのテーマに出合うまでの時間や，技法の発見・熟達に要する時間も含まれるだろう。②の鑑賞者が理解する時間も，鑑賞に必要な時間に限らず，鑑賞者がそれまでに他の芸術に接し，知識を蓄えるのにかかる時間も関与するはずである。③の作品が呈示する時間には，スーリオの「物語的時間」に限らず，かつてレッシングが指摘したような，芸術家によって切り取られた「含蓄ある決定的瞬間」も含めてよいかもしれない。さらに，④の作品が鑑賞者に元に届くまでの時間には，「時のコーティング」によって作品の味わいが深まる場合や，作品の崩壊や切断によって，原作品と違った印象が喚起される場合も考えられる。また，流行のように時代や社会が変わり，その影響を受けて評価の変わる場合も含まれることだろう（三浦，1999a）。

しかし，リオタールの分類した時間の中で何より注目すべきは，⑤の「作品がそれ自体である時間」であろう。前述したように，彼は先にあげたニューマンの作品に，「時間とはタブローそれ自身だという驚くべき答え」があると述べ，作品自身が出現であり，到来する瞬間である時間を見いだす。彼はまた，この「瞬間」を感知するのは「瞬間」であるとして，「鑑賞に要する時間」や「物語に見る時間」とは異なる，直感的に獲得できる画面の中の時間に言及する。このときようやく作品それ自体の時間印象が議論の俎上に上がったといえる。

ただし，こうした議論が20世紀になって始まったことに，東洋に生まれ育った者としては不思議な感覚を覚える。フランスの哲学者ケーが指摘したように（2012），「日本文化の特徴をなすのは，時間が空間を規定している点」であり，アメリカの著述家シュライン（Shlain, 1991）が述べたように，東洋の作品は「時間の概念がしみこんだ文化」の中で制作され，鑑賞されてきた。そうした環境では，造形作品そのものが時間の表現であるという視点は早くから共有されてきたものではなかったか。「時間のなさ（timelessness：Shlain, 1991）」を感じさせる作品も含め，東洋の作品の中には，瞬間以外にも時間の不在や持続など，多様な時間が表現され，鑑賞者にも感受されてきたものと思われる。

3．感性認知学における時間研究の出発点

三浦は1980年代後半から90年代にかけて，造形作品を通して心理学の多様な観点を考える中で，東洋の作品に限らず，とりわけ現代に制作された様々な芸

術作品において，「時間」というテーマが意識されていること，あるいは，「時間」を切り口にすれば語れるものの多いことに気がついた。そこで，1992年からの科研費重点領域研究「時間表現の空間構造—絵画における視覚的要因の分析を通して」において，空間表現の時間印象・時間表現に関する実証的研究を始めた。この時期，1994年には，「時間」をテーマとした世界で2番目の展覧会「時間／美術」が滋賀県立美術館で開催され，同年，兵庫県立近代美術館でも「アートナウ'94 啓示と時間」と題した展覧会も開かれている。

　時代が時間の観点を必要としたのかもしれない。芸術の分野に限らず，80年代後半には，イタリアでスローフード運動が始まり，90年代に入ると，日本にもスローライフという言葉が広がる。1994年に行なわれた「思想の科学」での"好きな暮らし方アンケート"では，のんびり，ぶらぶら，ゆっくり，ゆったりといった言葉がしばしば現われることに注目が集まり，博報堂生活総合研究所は1999年，「時間—速度緩和社会へ」という調査年報を刊行した。さらに，2000年には時間学研究所が開設され，2009年には日本時間学会が誕生している。

　この間，三浦も再び，科研費基盤研究（C）（2）「時間の空間表現—絵画の実験心理学的分析を通して」（1996〜1997年度）や基盤研究（B）「印象・知覚・意識を包含した心的時間についての複合処理モデルの構築」（2008〜2012年度）において，時間をテーマとする多様な視点からの研究にかかわってきた。そうした一連の研究の端緒となったのは，上述した1992年からの「時間表現の空間構造」の探索的研究にある。この内容については，何度か取り上げて考察してきたが（三浦，1999b，2006，2011），改めて，その後の研究や記載できずにきた未完成の議論も含め，この機会に再考してみたい。

第2節
絵画の中の時間・心の中の時間

1．空間表現に感じる時間印象

　「時間表現の空間構造」のテーマでまず問題にしたのは，次のことであった。動きがないので時間もないといわれる造形作品に，実際のところは冒頭に述べたような，多様な時間が感じられる。そうだとすれば，どのような時間が感じられ（どのような時間印象に分類でき），それはどのような空間特性または視

第 6 章　絵画における時間

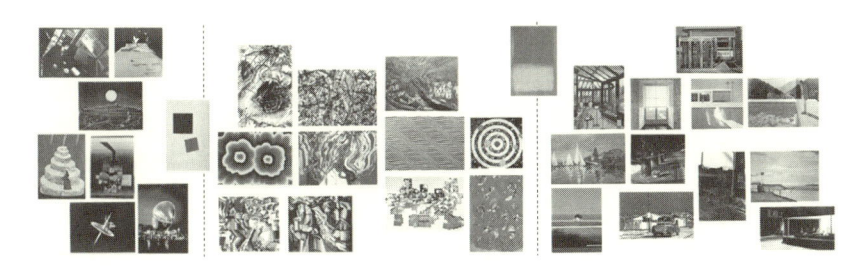

図 6-3　類似した印象を喚起する作品（三浦，2011をもとに作成）
左から，第1群：停止（止まった），第2群：変化・動き・速度感（すばやい），第3群：持続（ゆっくり）の印象を与える作品

覚要因によって，それらは実現されるのだろうか。

　最初に行なった実験は，近現代に制作された絵画や写真，CG，版画などの32枚の作品をスライド提示して，記述選択法によって各作品の印象を調べたものだった。記述選択法とは数多くの評定語を用意して，あてはまるものを選択させる方法である。実験参加者からすると，該当しない項目は考慮する必要がなく，「暖かい」と「冷たい」などの矛盾する印象も同時に選択することができる。多くの形容語が揃っているので，自由記述で思いつかなかった印象も選ぶことができ，程度を問われないので，判断がたやすい。実験者からすると，SD法のように対となる形容詞に神経質になる必要がなく，多変量解析にかけて結果を集約することもできる。帰納法的に結果を探るには有効な手法だといえる。本研究においては，五感印象（明るい，静かな，暖かい，等），時間印象（スピード感のある，未来的な，時が止まった，等），感情印象（美しい，好きな，不気味な，等）に関し，それぞれ20語ずつ，全体で60語の選択リストを用意した。147名の実験協力者のデータをクラスター分析によって分類し，類似した印象を与える作品を集約した。結果は3つの作品群に分かれ（図6-3；口絵13），興味深いことに，それぞれの群に共通する時間印象が示された。以下にその特徴を述べることにする。

　第1群には，動きのない，時が止まった，時を失ったなど，時間の「停止」あるいは「無時間」を示唆する作品が集まった。この群には超現実主義（シュールレアリズム）的な作品が多く含まれ，そうした作品は時間の止まった，もしくは，時間のない印象を与えると考えられる。

第2群には，動きのある，変化のある，時がすばやく過ぎていくなど，「動き」や「変化」「速度」を示す印象をもつ作品が集まった。抽象画や抽象的な表現に偏ったのは，動きを感じさせる再現作品を用いなかったためだろう。
　第3群は，主に写実的な風景画や風景写真が含まれ，時がゆっくり流れてゆく，時が続いている，のんびりした，など，時間の「持続」を感じさせる作品となった。穏やかな時間の流れは，現実の光景の中でこそ感じられるものであって，超現実的な夢のような世界（第1群）や，抽象化された空間の中（第2群）には感じられないことを示唆しているように思われる。ヴォリンガー（Worringer, 1908）は，穏やかで受諾可能な環境においては，芸術は自然を模倣するが，感情移入が不可能であるような圧倒的な自然を前にした場合，芸術は抽象的な形態を選択する，と指摘した。彼の指摘を思い起こさせる結果ではある。
　要約すると，絵画の印象はそこに「立ち現われている時間」によって決定され，それには停止，持続，変化の3種類に分類できる，というものだった。
　しかし，この結果が「時間」ではなく，描かれた「内容」つまり，テーマやモチーフによっていた可能性も否定できない。そこで，念のため，日本の風景写真のみを用いて，SD法による追試を行なってみた。結果はやはり3群に分かれ，第1群は神秘的あるいは不気味な印象を与え，時の止まった印象を与える非日常的な自然の光景，第2群は滝や渓流，あるいは紅葉や桜など，物の移動や時の変化を感じさせる景観，第3群は里山や耕作地など，のどかな印象を与える田園風景となった。この結果も，印象の類似した作品は時間印象も共通し，それは停止，持続，変化だ，とする先の結果と一致するものになった。
　造形作品の印象は「時間」によって特徴づけられ，その時間印象は，時の経過や対象の動き・変化などの「速度」とかかわっていることが示唆される。

2．心的時間の構成要素

　時間についての議論では，哲学であれ物理学であれ，多くの場合，過去・現在・未来の観点から論じられてきた。一方，日常生活の中で時間が意識される場合，過ぎゆく時間の速さだったり，待ち時間の長さだったり，経過速度や経過時間の長さに関するものが多いように思われる。心的時間の日常における構成要素は，「過去・現在・未来」よりも，「停止・持続・変化（動き）」，もしく

は,「止まった,ゆっくり,すばやい」など,速度の観点によるのではないだろうか。

　ギブソン（例えば, Gibson, 1979）は,知覚とは環境から〈変化〉と〈持続〉という情報を引き出す過程であると指摘した。神経系がもとより,変化に反応するシステムであるとすれば,造形作品を前に,私たちが最初に取り出す情報が変化と持続であっても不思議はない。

3．時間印象の空間要因

　次に問題となるのは,どのような空間要因／視覚要因によって,こうした時間印象が生まれるのか,という点である。もちろん,描かれたモチーフやテーマにも依存するだろう。しかし,抽象画においても,速度感に違いが感じられるのであれば,描かれた対象や物語によらず,構図やタッチのような空間特性によって実現されている可能性がある。それでは,画像のどのような空間特性,鑑賞者のどのような視覚特性が,時間印象を喚起するのだろうか。

　この問いかけは次の疑問にも関係する。多様な作品を用いても,あるいは風景写真に限っても,速度の異なる3種類の時間印象が指摘された。そうであれば,こうした印象は刺激セットの中で相対的に示されるもので,絶対的な印象ではないのではないか。この疑問を解消する1つの方法は,各印象が特定の物理特性もしくは視覚要因によって喚起されていることを示すことだろう。

　そこで,最初の実験で用いた3群の刺激画像を,描かれた「内容」からではなく,描かれた「形式」の観点から再検討してみた。

　まず,「動き・変化・速度」を感じさせる作品には,細かく分割された画面や細い線分,小さな要素の分散配置,斜め構図などが多く含まれ,高い空間周波数成分（high spatial frequency component）や斜めの方位（orientation）などの空間要因（第1章参照）が関係しそうに思われた。一方,時間の「持続」を感じさせる作品には,大きな色面による塗り分けや,垂直・水平の安定した構図が目立ち,低い空間周波数成分や水平方位の関与が示唆された。一方,「停止」の印象を与える作品には,空間周波数特性に共通性はみられず,むしろ,余白の存在を感じることができるように思われた。

　特定の空間要因が特定の時間印象を喚起するなら,得られた時間印象は相対

的とは限らない。さらに,「変化」と「持続」には低次の空間要因がかかわり,「停止」には他の要因がかかわるのであれば,「変化」と「持続」は連続性をもっているのに対し,「停止」は質的に異なることを示唆するものかもしれない。

そこで,「変化(すばやい)」と「持続(ゆっくり)」の印象に,空間周波数が関与しているのかどうかを検証するために,各群を代表する作品に空間周波数特性を変化させるフィルターをかけ,時間印象の変化を確かめた。「変化(すばやく)」の印象に高空間周波数が関与し,「持続(ゆっくり)」の印象に低空間周波数がかかわっているとすれば,高周波成分をカットするフィルターをかければ,作品の速度印象は低下するはずである。一方,「静止(止まった)」印象には空間周波数の影響がないのであれば,フィルターをかけても時間印象に変化はみられないだろう。

速度印象の異なる3作品を用い,3種類のフィルターをかけて刺激画像を作成した。高周波成分をカットするフィルターとしては,Photoshopのガウスフィルター(半径10pixelと20pixel)を用いた。しかし,ガウスフィルターをかけると画像がぼける。空間周波数の低下とボケの増加とを区別するために,シフトフィルター(移動距離50pixelと100pixel)とモザイクフィルター(セルサイズ20pixelと40pixel)も用いた。シフトフィルターをかけても画像はぼけるが,ボケに方向性があるため,モーションブラーのようになり,ガウスフィルターとは逆に,速度感が高まることが予想される。一方,モザイクフィルターではエッジが立って,ボケは生じない。しかし,モザイクサイズを変えることで,空間周波数次元での画像変化を生み出すことができる。モザイクサイズが大きい場合,つまり低空間周波数特性をもつ画像で速度感が低下すれば,速度印象における空間周波数の効果が支持されるだろう。

結果は図6-4; 口絵14に示すように,ガウスフィルターによって高周波成分を除去した場合や,セルサイズの大きなモザイクフィルターをかけた場合には,予想通り,速度感が低下する一方,シフトフィルターをかけた場合には速度感が上昇し,速度感の低下がボケによるものではないことも示された。

ただし,この実験設定には最初から問題点が含まれていた。FFT(高速フーリエ変換)を用いて,画像の空間周波数特性を調べると,シフトフィルターをかけた場合はモザイクフィルターをかけた場合と同程度に,中周波と高周波の

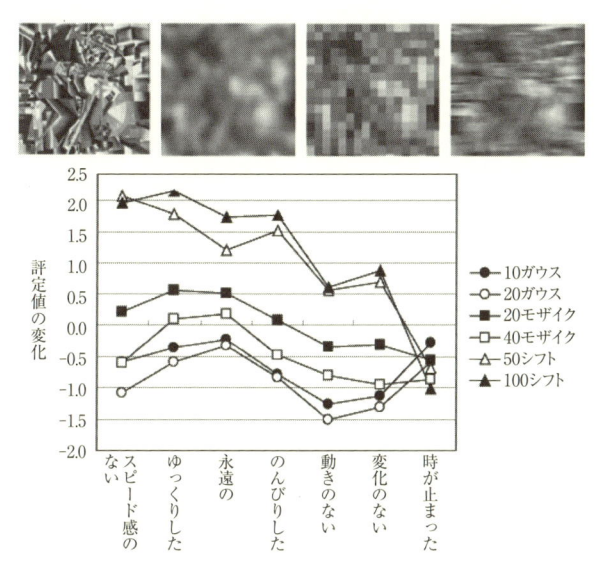

図6-4 フィルターリング実験の刺激例（上）と速度印象の変化（下）
（三浦，2006，2011）
刺激は左から，原画，ガウスフィルター，モザイクフィルター，シフトフィルターをかけたもの。結果のグラフは3作品の平均値に基づく。縦軸は原画の評定値からの差分

フーリエパワーが低下していた。それにもかかわらず，シフトフィルターをかけた画像では速度印象が増加し，モザイクフィルターをかけた場合は低下した。空間周波数特性という画像の物理値だけが時間印象の規定因だというためには，シフトフィルターをかけた画像，すなわち，モーションブラーを感じさせる画像に対して，別の観点からの考察を行なう必要がある。

4．知覚と表現のリテラシー

モーションブラー，つまりブレの与える運動印象や速度感は，何に起因しているのだろう。1つの考え方は，視覚情報処理の速度には限界があるから，一定の時間窓（例えば50ms）に入ってきた輝度情報は空間的に積分され，動きの方向に動き筋（motion streak）が生じる，というものである（Geisler, 1999）。ただし，このとき，横ブレとしての動き筋は知覚できず，脳が使用する運動情報となるだろう。別の考え方は，運動視差（motion parallax）やオプティカ

ルフロー（optical flow）など，奥行き知覚の手がかりとして知られる視覚体験として捉えることである。このとき，ブレは（意識されるかどうかは別として）知覚可能なため，表現リテラシーの原体験になりえる。リテラシーとしての観点とは，露光時間を長くした写真に現われるフォトグラフィックブラーへの視覚体験が，横ブレを運動あるいは速度感を表わす表現として理解するようになる，というものである。ここで，モザイクフィルターやガウスフィルターは，もともと，時間や速度の軸において対応する表現リテラシーが確定していないことに留意しておきたい。モーションブラーに速度感を与える原因が表現のリテラシーによるものだとすれば，シフトフィルターは表現の性質を問題にしているのに対し，残りの2種類のフィルターでは視覚系の特性を問題にしていることになる。つまり，もとより扱っていた次元が違ったことになる。残念ながら，今回の実験だけではこの点に結論を出すことはできない。

　ただ，このことに関連して思い出すのは，アニメーション作品において，少ないセル数でなめらかな動きを与えるために，「お化け」と呼ばれる線描のセルを挟んだり，コマ撮りで動画を作成する際に対象の動きを自然にするために，モーションブラーを付加したりすることである。人の知覚に基づいた操作だと思われるが，この操作が実際のところ，私たちの知覚の何を再現したことになるのかはよく分からない。こうした疑問は，ミニチュアに見える写真を作成する際に加えるボケに関しても生じてくる。ピンぼけの勾配と知覚距離の関係に基づいていると考えられるが，しかし，画像をランダムな位置でぼかしても，やはり写真はミニチュア化するという報告がある（川村，2009）。そうだとすれば，ボケに基づく距離の推測がミニチュア効果の原因ではないのかもしれない（三浦，2014）。CGにモーションブラーを付ける技術も，ミニチュア写真にボケを加えるアプリケーションもすでに開発され，利用されている。しかし，これらの操作が人の知覚のメカニズムとどう対応しているのか，工学的には解決すみのことが，心理学では宿題として残される。

5．認知的要因の視点

　一方，ガウスフィルターによって獲得された速度印象の低下も何を意味するのだろう。第1節に記載したように，動く対象に注意バイアスが働くのだとす

れば，ぼんやりと焦点の合わない状態は，対象に注意が向けられていない状況，あるいは向ける必要のない状況を意味し，それは急いだ反応を必要としないのんびりした時間のあり方を示唆しているのかもしれない。そうしたリラックスした状態は時間に対する感度を高め，それが時間を長く感じさせることに繋がる可能性もある（Droit-Volet et al., 2015）。あるいは，対象の動きや変化に注意を向けないときにこそ，時間そのものに注意が向いて，時間はゆっくりと進むため（第5章参照），「持続」の印象が喚起されるのかもしれない。

　さらに，「持続」を感じさせた作品は写実的な風景画や風景写真で，「動きや速度」を感じさせた作品は抽象画や抽象化された表現であった。画像から意味を理解するという点では，前者は容易であり，後者は困難だろう。処理が流暢になるほど，時間を長く感じるという指摘もある（小野・河原, 2004）。空間要因だけではなく，認知的な処理の側面も考慮する必要があるのかもしれない。

　空間周波数と速度印象となると，知覚研究者がすぐに思いつくのは，人の視覚系に，すばやく情報を処理するマグノ系（低空間周波数チャンネル）と，ゆっくりと情報を処理するパルボ系（高空間周波数チャンネル）があるということだろう。しかし，今回の結果，すなわち，すばやい動きや時間の流れを感じさせる画像には高空間周波数成分が関与し，ゆっくりした時間の流れを感じさせる画像には低空間周波数成分がかかわるという結果は，これと矛盾する。そうなると，神経系での処理の速さと画像の速度感とは必ずしも対応しないように思われる。処理を速くするには入力は単純な方がよく，高空間周波数の画像は複雑なことが多い。認知的なレベルでの処理速度がかかわるのだろうか。あるいは，高周波の対象（例えば小さなもの，細いもの）はすばやく動き，低周波の対象はゆっくりと動くというような素朴な記憶がかかわるのだろうか？

　画像の速度感に空間周波数が関与していたとして，また，実際にそうした要因を使ってアーティストは作品を制作する場合もあるのだが（三浦，1999a，b；2011）それが知覚において何を意味するのかを考えると，これも解釈が難しい。

　なお，新井・川畑（2013）は，美しいと判断した絵画では，それを見ている時間が（2500ミリ秒など比較的長い条件では）短く感じられることを示している。ここで示した実験に用いた作品に不快感を与えるものは含まれなかったが，好まれたのは「持続（ゆっくり）」した印象を与える作品であった。それが時

間印象に影響を与えたかどうかは不明だが，ゆっくりとした印象を好ましく感じるという結果は，この実験を行なった20世紀末の時代の気分をよく反映しているように思われる。

6．時間知覚と時間印象

　もう1つ考えておくべき問題は，モーションブラーによって喚起された速度感の増加は，被写体もしくはみずからの移動速度に対する感覚と対応するものであって，時間の経過速度ではないという点である。このことは，モーションブラーに限らず，この研究がもともと内包していた問題であった。

　しかし，やっかいなのは，両者は無関係ではないということである。物体が高速で移動したり，次々と事象が起こったりするとき，それは対象の変化であり，高速移動ではあるのだが，それに基づいて時間の経過は知覚され，高速で動くものに対しては長い時間を感じることが示されている（第5章参照）。画像から喚起された対象に関する速度印象が時間経過の速度印象に影響を及ぼすことも留意すべきだろう。実際，認知的要因の前項でふれた議論には，この観点も含まれていた。

　さらに，時間知覚の代表的なモデルに，持続時間の判断は「蓄積器」にあるパルス量によって決まる，というものがある。高空間周波数刺激や覚醒度の高い刺激は，高頻度でパルスを発生させ，「蓄積器」のパルス量を増大させて，時間を長く感じさせると考えられており（第5章参照），実際，高空間周波数成分を含むものや（Aaen-Stockdale et al., 2011など），覚醒度の高い場合（Droit-Volet & Wearden, 2002など）は，運動刺激の場合と同様，知覚時間が伸長することが知られている。そうしたパルス発生の頻度，つまり「心の時計」の回転速度が，ここで示されたような画像の速度印象にもかかわっている可能性もある。実験に用いた速度印象の高い作品は，しばしば「にぎやかな」印象も喚起した。賑やかさは覚醒度と関係すると思われ，高空間周波数は，これらの印象の仲介変数としてかかわるのかもしれない。空間周波数が賑やかさ（覚醒度）に，あるいは賑やかさが時間知覚に，どのように影響し，それが翻って絵画のもつ速度感にどのような効果を与えるのか，これに関して，新たな研究を始めたばかりである。

第3節
時間印象と現実感覚

1. 余白・時間印象・現実感

　図6-4の結果に関しては，次の点にも注目したい。すなわち，「持続（ゆっくり）」と「変化（すばやい）」は，空間周波数の操作によって印象が変化したが，「時間が止まっている」という評価は，影響を受けなかった点である。

　それでは，「停止」の印象をもたらす空間要因は何なのか。前述したように，余白がかかわっているのであれば，余白感と停止感とは相関すると思われる。また，超現実主義的な作品に停止感が指摘されたことを思い起こすと，現実感の強度と余白量も関係するのかもしれない。そうであれば，現実感と停止した印象にも相関があるだろう。そこで，次に行なった研究は，余白量と時間印象，現実感（対象と背景の間の関係性・文脈性）の関係を考えることだった。

　日本画を加工して，余白の多い構図，背景がモチーフと調和し現実感を与える構図，背景がモチーフと関係しない構図（市松模様）の3パターンの画像を作成し，時間印象（時が止まった-動いている），余白感の強さ，対象と背景の関係性（現実感）の3点に関する評価実験を行なった。結果はというと，上に述べた仮説をおおよそ支持するものとなった。すなわち，余白感が高いと時間は止まって感じられ，余白感の高さは背景あるいは対象間のかかわりの強さ，つまりは現実感と関係した（図6-5；口絵15）。したがって，余白感とは物理的な余白量を意味するのではなく，モチーフと周囲との関係性の強さ，逆に言うと，モチーフの孤立感を表わす心理量であることが示唆される。

2. 時間の非連続性と違和感

　時間の停止した印象が現実感の希薄さと相関するという上述の結果は，時間の止まった印象を与えた作品が，非現実的，神秘的，幻想的などの印象も与えていたこととも対応するものである。このことは，余白を活かした狩野探幽の水墨画（図6-6）に対し，シュライン（Shlain, 1991）が「timelessness」を指摘したことにも関係するのだろう。

　さらに，時間の停止感を与えた作品には，ときに恐ろしい印象も指摘されて

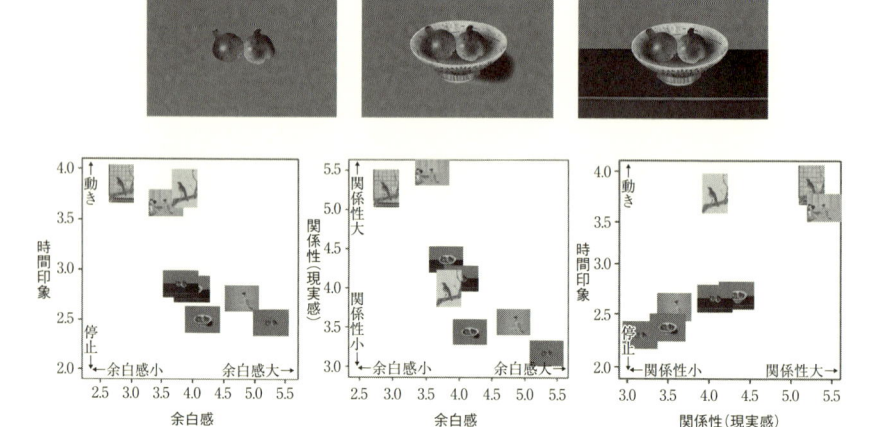

図6-5　余白感，時間印象，現実感の関係を調べた刺激例（上）と相関図（下）

いた。精神病理学者の木村（1982）は，離人症患者のもつ違和感や自己の喪失感が，「アイダ（間）としてのイマ（今）」の喪失感からきていると指摘する。作品おける余白は，繋ぐものとしての関係性（アイダ）を失わせ，そのことは，一方ではユートピア（ou+topos＝ない場所）に漂う心地よさ，幽玄に遊ぶ感覚をもたらすとともに，足が地から離れた不安を感じさせるのかもしれない。違和感という，自己と対象のズレの感覚が時間のあり方とかかわっていることは，時間が意識の中核にあることを考えると不思議ではない。

第4節
鑑賞の時間相：印象のマイクロジェネシス研究

ところで，絵画の鑑賞に費やされる時間は，美術館であれ実験室実験であれ，約30秒程度であることが報告されている（例えば，Locher et al., 2007）。一方，自然画像に含まれる内容を感知するには150ミリ秒程度で可能になるといわれている（例えば，Thorpe & Thorpe, 2001）。それどころか，文脈に沿っていれば，80ミリ秒の呈示時間でも8割方の正確な同定ができるといわれている（Davenport, 2007）。オーグスティンら（Augstin et al., 2008）はゴッホやセザンヌなどの絵画作品を対象に，どのように描かれているかというスタイ

第6章　絵画における時間

ルの異同判断と，何が描かれているかというモチーフの異同判断を行なわせ，前者は50ミリ秒以降で可能になるが，後者は10ミリ秒の呈示でも可能であると述べている。そもそも知覚処理が可能になるためには，網膜から光が入って，100ミリ秒は必要であるにもかかわらず，である。もっとも，絵画は内

図6-6　狩野探幽「霧の風景」

容や形式を同定するものではなく，鑑賞するものである。オーグスティンたちの結果は，描かれている対象という日常的な物体を認知するより，画風という特殊な知識を必要とする判断を行なうには時間がかかる，ということを示した研究なのだろう。

　一方，ワーグマンスたち（Wagmans et al., 2014）は絵画が美的か，特別か，感銘を与えるかという3つの印象の喚起時間を，呈示時間を変数に調べている。その結果，美的か，特別かの判断は30ミリ秒程度で判断が落ち着くが，感銘を与える作品かどうかはそれより遅れることを指摘している。彼らは，感銘という判断はより複雑なのだと考察している。

　三浦の研究室でも，これらの研究に先立ち，絵画に感じる様々な印象がいつ生じるのかを，提示時間を変数に調べてきた。また，すばやい印象を与える作品では印象の立ち上がりも早く，ゆっくりした印象を与える作品では印象喚起も遅れるのかどうかも，合わせて調べている。実験の1つを，かいつまんで紹介しよう。

　最初の研究で用いた作品の中から「停止」「変化」「持続」の印象を呈した絵画を3点ずつ選び，呈示時間を100ミリ秒，1000ミリ秒，3000ミリ秒に設定して，それぞれの提示時間で，10対の形容詞による印象の評価を行なってもらった。その結果，例えば「静かな」絵でのそうした印象は100ms程度で印象が確立されるが，尺度対の対極である「にぎやかな」絵でのその印象の安定は遅れることが示された。「動的な－静的な」でも同様の傾向がみられた。

　にぎやか，動的なといった印象を与える作品には高空間周波数成分が含まれていることから，神経系において高周波成分の処理には時間がかかるために，

123

印象の喚起も遅れるという解釈も可能である。ただし，この場合，絵画がどのように解釈され，どのような印象を与えるかという観点は入らない。

一方で，「単純な」という印象においては，印象が早くから安定する作品と変動する作品があった。100ミリ秒から「単純な」印象が安定する作品では，構図の単純さに対して判断が行なわれ，長時間呈示で印象が確立する作品では内容の単純さに対し，判断が行なわれたように思われる。同様のことは，「明るい」についてもあてはまった。人が絵画を鑑賞する際に，3秒ではなく，30秒を必要とするのは，時間とともに表層的な理解から深い意味理解へと深化し，感銘や戸惑いが生じていくためだろう。その際に，個人の知識や関心が関与することが考えられる。感性研究においては，普遍性に加え，個別性にも注意を払う必要がある（第4章参照）。

思いつきで始まった造形作品における時間印象に関する研究は，深化したとは言えないまでも，様々な方向に枝分かれしていった。時間の構成要素や処理時間を問題にするのに，芸術作品を用いる必要があるのか，という疑問が呈されるかもしれない。しかし，複雑かつ多様な要因を含む芸術作品を刺激として用いたことで，議論が広がっていったことも確かである。

本研究は観点の多様性や多層性を示す点で，あるいは，明確になった結論を筋道だって示すという点では，よい例とは言えない。しかし，ここを出発点に，より基礎的な知覚研究にも，また，文化の影響を含めた評価研究にも歩を進めることができた。これからはそうした知見を整理・統合していく作業が求められる。新たに得られつつある成果や他分野の知見を合わせ，実験心理学に基づく感性認知学らしい考察とはどのような形になるべきか，引き続き，模索を続けていきたい。

【謝辞】本稿の最初の研究は，科研費重点領域研究「時間表現の空間構造─絵画における視覚的要因の分析を通して」，基盤研究（C）（2）「時間時間の空間表現─絵画の実験心理学的分析を通して」に基づく。分析に際して，羽藤律（当時，大阪大学）の指導を得た。風景写真を用いた研究は古村倫太郎（平成14年度），余白研究は高杉あき子（平成17年度），印象喚起の時間研究は瀬頭享子（平成21年度）の九州大学における卒業研究に基づく。また，フィルター画像のFFT解析は黒木大一郎技官によるものである。記して感謝の意を表わします。

第7章

美の原理

長潔容江

第1節
はじめに

　自然の草花，絵画や歴史的な建造物，あるいは街で見かける人の顔。それらを美しいと思った経験は，だれしもあるだろう。本章で扱う「芸術」と「科学」は，ときに対照的な存在として位置づけられる。芸術は崇高なものであり，その美しさは科学では解明できないという立場もあるだろう。しかしながら，私はこの2つはそう遠くない存在に思える。ウェイド（Wade, 1982）の言葉を借りるならば，芸術家と科学者は，取り扱う主題こそ同じであるが，両者の違いはそのアプローチにある。科学者は，より洗練された説明を追求し，単純な数式やモデルで表わそうと試みるのに対し，芸術家は，まるで数理性を隠すように卓越した技術を駆使して作品を魅せる。自然界や芸術作品など，私たちが美を感じるものの背後には，もしかすると科学者が解明した（あるいは後に解明する）法則性が隠れているのかもしれない。

第2節
黄金比は美か否か

1．美しい比率の誕生

　"最も美しい四角形"と聞いて，どのような形をイメージするだろう。一辺の長さがすべて等しい正方形だろうか。それとも辺の長さが異なる長方形だろうか。実は，最も美しい四角形の比率というのは何百年も前に決められている。

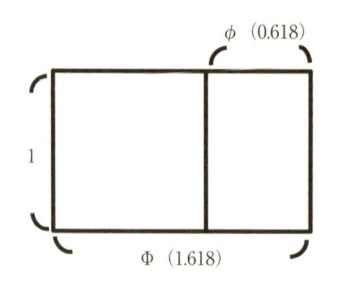

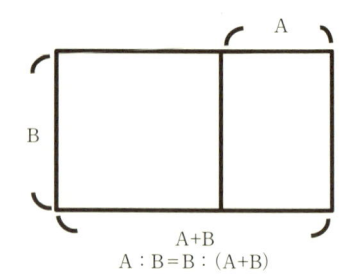

図7-1　黄金比をもつ長方形

図7-2　ギリシャのパルテノン神殿
上部の三角形の部分がまだ無傷だった当時，建物の寸法は黄金比と一致していたと言われている

　それは，1：1.6180339……という比率で，黄金比（golden ratio）と呼ばれている。もともとはエジプトで考案されたものだが，現代のように一般化されたのはルネッサンス期に始まった古代文化への憧れと見直しがきっかけとなったといわれている。中世の研究者は，この比率を神秘化し，神から授かった絶対的な比率としてこのように名づけた（三井，2010）。

　黄金比をもつ長方形を図7-1に示す。この長方形は黄金比の近似値1：1.618という比率をもち，1：1の正方形を除いた部分は1：0.618で，これもまた黄金比の長方形となる。このように黄金比が繰り返しみられる黄金分割は，A：B＝B：(A＋B) という関係でも表わすことができる。

　黄金比を表わす記号は，古代ギリシャのフェイディアス（Phidias）の名前の頭文字 Φ（ファイ）からとられている。彼は，かの有名なギリシャのパルテノン神殿（図7-2；口絵16）の設計にも携わった彫刻家である。ちなみに，Φから1を引いた近似値0.618は，小文字の φ で表記される。

2．黄金比という造形美

　パルテノン神殿の他にも，エジプトのピラミッド，レオナルド・ダ・ヴィン

チの複数の作品やミロのビーナスなどの中に黄金比が存在するといわれている。黄金比は再現可能な数理性により，西洋では数多くの建築物や絵画作品に取り入れられ，やがて美のルールとして定着していった。

芸術作品以外にも，黄金比を見つけることができる。バラの花びらの配置や巻き貝の形といった自然界にも黄金比が隠れているという（Livio, 2003）。身近な物の例では，名刺やICカードの寸法に黄金比が採用されている。このように，黄金比という"美のルール"は現在にいたるまできちんと受け継がれている。

また，日本では昔から三五の比や五八の比という等量分割が建築や工芸，そして美術に利用されてきた（三井，2009）。等量分割とは，1：1，1：2，1：3といった整数比を指す。三五の比（3：5）は1.666，五八の比（5：8）は1.6となり，どちらも黄金比と近い比率といえる。不思議なことに，日本の美の規範である等量分割の中にも，黄金比に似た比率が見受けられる。

3．フェヒナーの黄金比実験

フェヒナー（Fechner, G. T.）は，美学的なテーマを実験に基づいて検討した最初の人物である。精神物理学の父と称される彼は，1865年に黄金比は本当に多くの人にとって美しい比率なのかを検証した。実験の内容は，様々な比率をもつ長方形を呈示し，実験参加者にどの長方形がより美しいかを尋ねるというものであった。実験の結果，個人差はあるものの，やはり黄金比をもつ長方形が最も美しいことが示された（三浦，2007）。

人が1：1.618という微妙な比率に気づいて美しさを判断していたとは考えにくい。もしかして，人には黄金比という比率を無自覚的に気づく能力が備わっているのだろうか。例えば，これまで黄金比をもつ自然物や芸術作品に接してきた経験から，その特別な比率に気づく能力を獲得し，美的判断に利用するなどということはありうるのだろうか。

4．人は潜在的に黄金比を選好するのか

黄金比が最も美しい比率であるとする証拠は，フェヒナーが行なった実験によって提示された。その一方で，その後，多くの研究者によってあらゆる方法

で黄金比と美の関係について検討されたが，それらの結果は一貫していなかった。それどころか，フェヒナーの実験方法も可能な限り再現して追試を行ったヘーゲ（Höge 1977）でさえ，自身の研究結果を黄金比に対する選好性は示されなかったと結論づけた（この論文は「これで最後のお葬式」と題されており，黄金比は美か否かという論争が終わりに近づいていることをほのめかすものであった）。

先行研究では，様々な比率の長方形や三角形の刺激を用いて「どちらがより好きか」といった顕在的なことについて問うものが多かった。しかしながら，このような方法では，個人の芸術に対する関心の高さやもともと持っている専門知識の量が回答に影響する可能性が含まれる。

そこで，スティーガーとスワミ（Stieger & Swami, 2015）は，潜在的連合テスト（Implicit Association Test；Greenwald et al., 1998）と呼ばれる方法を用いて，人が潜在的に黄金比を選好するのかを調べた。実験には写真を用い，オブジェクト（例えば鳥）を黄金比の位置にくるように置いた刺激と，それ以外の比率に置いた刺激の2通り作成して検討した。結論として，黄金比に対する潜在的な選好性を示す証拠は得られなかった。その一方で，芸術に関する専門知識と黄金比への顕在的な選好性との間に相関が示されたことから，芸術に精通している者ほど黄金比を美しいと判断することが示唆された。なぜ，これほどまでに黄金比が美の基準として取り上げられるのか。もしかすると，一部の芸術家や芸術に関心がある者が，黄金比は最も美しい比率であるとみなし，浸透させていった可能性も考えられる。あるいは，フェヒナーの実験のように図形の形が黄金比になっているのではなく，オブジェクトの位置で比率を操作したため，黄金比だと気づきにくかった可能性はある。もし，黄金比図形を用いて実験をしても，同じ結果となるのか興味のあるところである。

5．黄金比＝美は迷信？

これまで紹介してきたように，建築物や芸術作品，そして花や貝殻などの人の手が加えられていない自然物にいたるまで，黄金比をもつものが多数報告されている。しかし，ここで注意しておきたいのは，その寸法は場合によってはたった1つではないということである。黄金比の代表例であるパルテノン神殿

でさえ，台座のどの部分で線を引くかによって縦横比がガラッと変わる．つまり，測り方しだいでは黄金比として解釈することもできるし，まったく別の比率として解釈することも可能である．黄金比の寸法を厳密に守ってつくられた名刺などのカード類は別として，貝殻や絵画作品の構図など，複雑な形をもつ対象になればなるほど，測り方は何通りも存在し，いくつもの比率が導き出されるだろう．そのため，それが本当に黄金比をもつのか，誤差は無視されていないか，疑問の余地はある．

　黄金比は美しい比率なのか，1世紀以上経った今も議論は続いている．多くの人に共通する普遍的法則なのか，それとも黄金比を支持する一部の人たちによって利用され，これが最も美しい比率だと知らない間に刷り込まれていったのか．これは，今後の研究によって解明されるべき課題である．もしかすると，現代を生きる私たちにとって黄金比はある意味，伝統のようなもので，本当に美しいかどうかは問題ではないのかもしれない．

第3節
フラクタル：混沌の中に潜む数理性

1．自然の中のフラクタル

　数学者マンデルブロー（Mandelbrot, B.）は，自然界に存在する雲や樹木の形，海岸線などをシミュレートするために，フラクタルという1つの関数を提案した．フラクタルという言葉は，フラクション（＝分数）に由来している（山口，1999）．これまで無秩序で何の法則性もないと思われてきたこれらの自然物の中に，フラクタルという数理性が隠れていることがマンデルブローによって発見された．フラクタルは70年代終わりから注目され始め，物理や地理，そして芸術などの分野で広く扱われてきた．

　フラクタルとは，部分を拡大したときに全体と同じパターンが得られる自己相似性を意味する．フラクタルパターンの代表的な例として，コッホ曲線がある（図7-3）．どのように拡大しても類似のパターンが現われ，部分の構造が全体とよく似た形となる．前節で述べた黄金分割もA：B＝B：(A＋B)の関係となることから，まさに自己相似性をもったフラクタル図形といえる（三井，2010）．

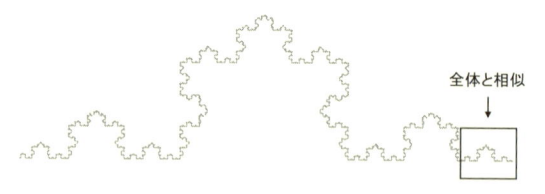

図7-3 コッホ曲線
図中の□を拡大すると，全体と同じパターンが現れる。

　自己相似性には，厳密なものと統計的なものの2種類ある（Taylor, 2002）。コッホ曲線のように，コンピュータによって生成されたフラクタルパターンは，寸分の狂いもない厳密な繰り返しのパターンになっている。一方，雲など自然界にみられるフラクタルの場合，繰り返しのパターンは厳密ではなく，同じ統計的性質をもつとされる。

2．芸術は「フラクタル」だ！

　正直なところ，芸術作品の中には，なぜこれほどまでに絶賛されているのだろうと不思議に思うものがある。図7-4；口絵17は，アメリカの大衆誌の表紙を飾ったイラストである。ポロックの作品を彷彿させる巨大な抽象画と，それを鑑賞する一人の男性が描かれている。原題から推測すると，この男性はconnoisseur（＝目利き）のようだ。やはり彼は，目の前の絵画の芸術的な価値を見抜いているのだろうか。それとも，邦題がそうであるように，ひょっとしたら"ちんぷんかんぷん"なのかもしれない。

　ポロック（Pollock, J.）は，芸術の中心をパリからニューヨークに移したとまで言われた画家で，アメリカを代表する抽象表現主義の作風で知られている。その作品の多くはドリッピングと呼ばれるユニークな技法で描かれている（図7-5；口絵18）。ドリッピングとは，カンヴァスを床に置き，絵の具を筆に含ませて滴らすというものである。ポロックは，巨大なカンヴァスの一面を埋め尽くすように，絵の具の色を変えながら何層にも塗り重ねて描いている。このように偶然を利用して描かれた作品に関して，美術界の評価は真っ2つに分かれた。この作品はいたずらに絵の具をまき散らしているだけなのか，それとも非凡な才能の表われなのか。

第 7 章 美の原理

図7-4 ノーマン・ロックウェル
「The Connoisseur」
（邦題：「ちんぷんかんぷん」）（1962年）
The Saturday Evening Post 誌表紙

図7-5 ジャクソン・ポロック「Number 1, 1950(Lavender Mist)」(1950年)
National Gallery of Art 所蔵

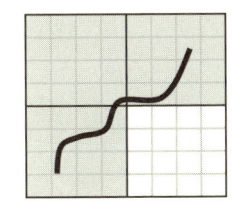

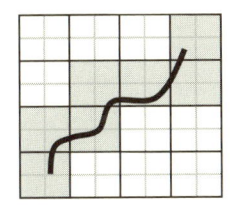

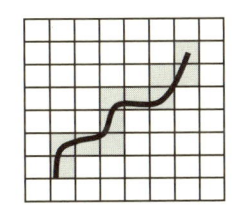

図7-6 ボックスによる線の被覆の例（小沢，2006を参考に作成）

　物理学者でありながら，抽象画家を志した時期もあるテイラーらは，共同研究者たちと1943年から1952年の間に制作されたポロックの作品を対象に，ボックスカウンティング法と呼ばれる方法を用いてフラクタル解析を行なった（Taylor et al., 1999）。これは，コンピュータに取り込んだ絵画の画像を格子状のボックスに分けて，そのボックスの一辺の長さを変化させ，線が通るボックスの数を計算する方法である（図7-6）。ボックスの大きさ（1/n）がn＝2の場合，線が通過するボックスの個数は3，n＝4の場合は7，n＝8場合は11……というように計算する。横軸にボックスの大きさ（L）の対数，縦軸にボックスの個数（N）の対数をとる。そうして得られた直線の傾きがフラクタル次元である（図7-7）。フラクタル次元はDと表記され，2値画像（任意の閾値をもって白と黒で表現された画像）の場合は$1 \leq D \leq 2$の非整数の値をとる。フラクタル次元は，画像の複雑さを測る尺度としてしばしば用いられ

ており、Dの値は、1に近くなるほど単純で、2に近づくほど要素がたくさん入り組んだ複雑なパターンとなる。

テイラーらが行なったフラクタル解析の結果から、意外な事実が判明した。驚くことに、一見デタラメで法則性とは無縁のように感じられるポロックの作品がフラクタルパターンになっていたのである。自然界の雲や木がそうであるように、ポロックの作品にも混沌の中に秩序が隠されていた。しかも、年を重ねるごとに作品のフラクタル次元の値が高くなっていることも明らかになった。マンデルブローによって自然界におけるフラクタルが発見される20年以上も前に、ポロックはすでに卓越した技術と鋭い感性でフラクタルパターンを描いていたのである。

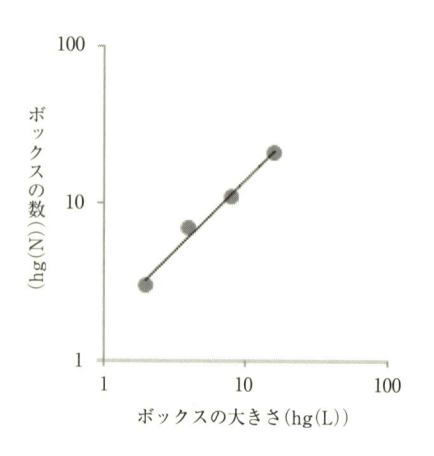

図7-7 フラクタル次元（D）の計測の例（小沢、2006を一部改変）

3．絵画の中のフラクタルと美しさ

その後のテイラーらの研究から、視覚的な好みの評価はフラクタル次元の値に依存することが分かった（Taylor et al., 2011）。コンピュータで生成したフラクタル画像を用いた実験から、中程度のフラクタル次元（D＝1.3〜1.5）をもつ画像が最も好まれ、フラクタル次元が低い画像（D＝1.1〜1.2）および高い画像（D＝1.6〜1.9）はあまり好まれないことが示された。

絵画作品のもつフラクタル次元と美しさの間には、どのような関係がみられるのだろうか。長ら（2015a）は、肖像画、風景画、静物画などを含む具象画6枚、抽象画6枚の計12枚の絵画作品を対象にフラクタル解析を行なった。その結果、D＝1.23〜1.84の範囲で値がばらついた（表7-1）。また、抽象画に比べて具象画の複雑性が平均的に高いことが分かった。これは、作品に含まれる要素の数が具象画の方が抽象画に比べて多く、複雑であることに起因していると考えられる。

表7-1 絵画ごとのフラクタル次元（D）（長ら，2015a）

具象画		抽象画	
絵画番号	D	絵画番号	D
1	1.55	7	1.29
2	1.59	8	1.37
3	1.71	9	1.66
4	1.50	10	1.45
5	1.55	11	1.23
6	1.30	12	1.84

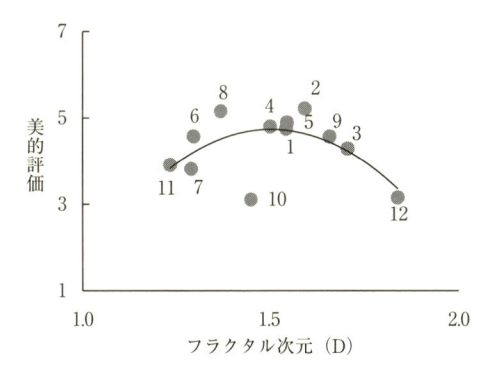

図7-8 フラクタル次元と美的評価の関係（長ら，2015a）

次に，得られたフラクタル次元と美的評価（美しさ，快さ，好ましさなど6項目）との関係を分析した結果，フラクタル次元と美的評価の間には逆U字の関係が示された（図7-8）。つまり，中程度のフラクタル次元をもつ作品が最も美的評価が高いと評定され，フラクタル次元が低い，あるいは高い作品はあまり好まれなかった。これはテイラーらの研究結果と一致している。フラクタル次元が低い単純な作品は鑑賞するには退屈で，反対にフラクタル次元が高くても雑然とした印象を与え，美的な印象を持たれづらいのかもしれない。適度なフラクタル次元を持つ作品は単純さと複雑さが調和し，見ている者に心地よい印象を与えるのではないかと考えられる。

第4節
1/f ゆらぎ：ランダムと単調のあいだ

1．自然はゆらぐ

ゆらぎとは，ある平均に従いながらも部分的に不規則な時間的・空間的変化が生じる状態である（武者，1992）。フラクタルが複雑性の指標として扱われているのに対し，ゆらぎは規則性の指標としてしばしば用いられている。そよ風，ロウソクの炎のゆらめき，木目の模様など，自然現象の中には，私たちに快さを感じさせるゆらぎをもつものが数多く存在する。

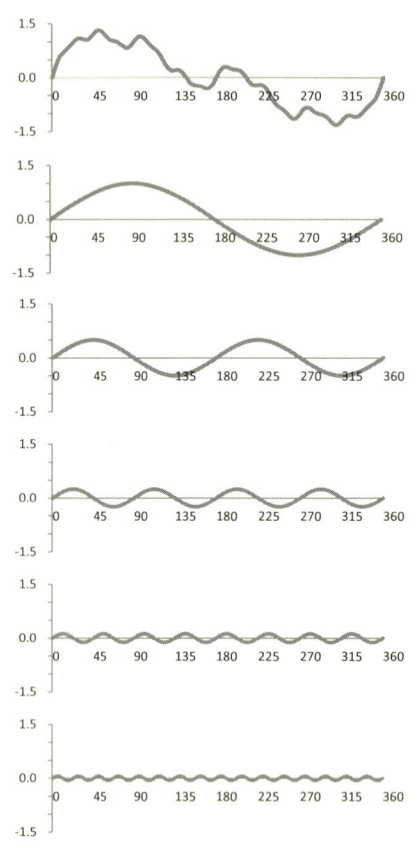

図7-9 フーリエ変換による分解（安居院ら，1981を参考に作成）

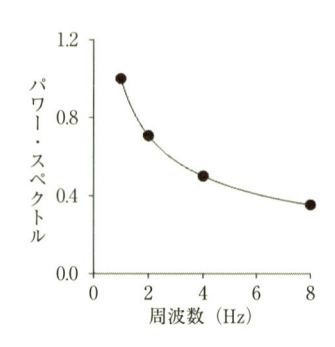

図7-10 周波数とパワー・スペクトル

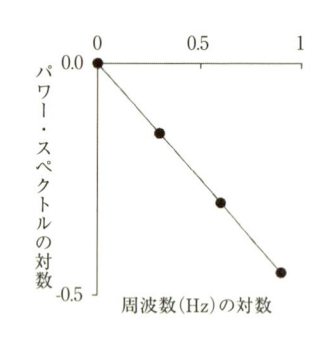

図7-11 周波数の対数とパワー・スペクトルの対数

2．ゆらぎの求め方

　フランスの数学者フーリエ（Fourie）は，どんな複雑な波でも，特定の周波数，振幅，位相をもった複数の正弦波の組み合わせで表現することができることを証明した（Lindsay & Norman, 1977）。図7-9のように複雑な波のパターンも正弦波に分解することができる。このように，ある波形を個々の周波数成分一つひとつに分解することをフーリエ変換という。

　フーリエ変換の結果，横軸に周波数（f），縦軸に振幅の正の平方根（パワー・スペクトル：P）をとり，パワー・スペクトルが周波数に反比例するとき（P

134

= b/f，b は正の定数），図7-10の
ような曲線が描ける。このとき，両
軸の対数をとると傾きが-1の直線
が得られる（図7-11）。このような
波形は1/fゆらぎと呼ばれている。

自然界に存在するゆらぎは，白色
ゆらぎ，1/fゆらぎ，1/f²ゆらぎの
3つに分類される（図7-12）。その
中でも1/fゆらぎは，木目の模様，
ロウソクの炎のゆれなどの自然界で

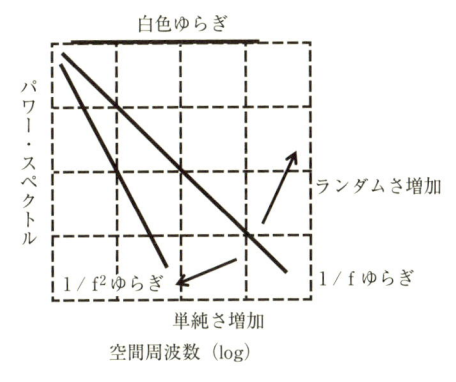

図7-12　ゆらぎの指標（川﨑，2006より一部改変）

も数多くみられ，人が最も快さを感じるゆらぎであるといわれている。この1/f
ゆらぎを基準として，傾きが小さく白色ゆらぎに近づくにつれランダムさが増
加し，反対に傾きが大きく，1/f²に近づくにつれ単調さが増加するという特徴
をもつ（川﨑，2006）。

3．絵画のゆらぎと美しさ

音やロウソクの炎のゆらぎが時間的変化について解析されるのに対して，絵
画のゆらぎは色の濃淡の空間的変化について解析される。

長ら（2015b）は，武者（1992）の解析方法を参考に絵画作品におけるゆら
ぎの特徴の分析を試みている。絵画のゆらぎを解析する場合，まず画像をコン
ピュータに取り込み，水平方向に絵画の濃淡のデータを読み取る。得られた絵
画の濃淡を，様々な空間周波数をもった成分に分解することによって，空間周
波数に関するパワー・スペクトルが得られる。水平方向に一列ずつ解析し，そ
れらを平均して傾き求めると，絵画のゆらぎを算出することができる。フラク
タル解析で使用したものと同じ計12枚（具象画6枚・抽象画6枚）の絵画を用
いて解析した。その結果，具象画と抽象画の間に平均の差はあまりみられなかっ
たが，抽象画の方が値のばらつきが比較的大きかった（表7-2）。これは，写
実的なモチーフを持たないことが多い抽象画の中には場所から場所への濃淡の
変化に富み，意外性が大きいためだと考えられる。

図7-13は，得られたゆらぎの値と美的評価の得点で散布図を描き，2次曲

表7-2　絵画ごとのゆらぎ値 (長ら，2015b)

具象画		抽象画	
絵画番号	ゆらぎ値	絵画番号	ゆらぎ値
1	-0.695	7	-0.940
2	-0.650	8	-0.729
3	-0.689	9	-0.967
4	-1.165	10	-0.679
5	-1.012	11	-0.599
6	-0.767	12	-0.335

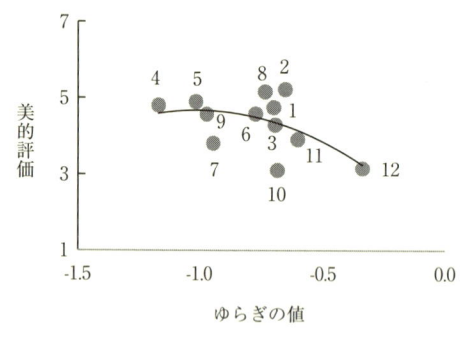

図7-13　ゆらぎ値と美的評価の関係(長ら，2015b)

線を当てはめたものである。1/fゆらぎに近い値（傾きが-1に近い値）をもつ作品の評価が高く，ゆらぎの傾きが小さく不規則な作品は評価が低かった。今回，解析に用いた絵画には，ゆらぎが-1.5～-1.0の間の値を取る作品が少なかったため，ゆらぎの傾きが大きい作品を含めた上で検討することが必要ではあるが，ランダムさと単調さがほどよく調和した絵画が高く評価される傾向がみられた。

　ゆらぎ，そしてフラクタルの2つの属性に共通しているのは，ほどほどが良いということである。私たちがなんらかの視覚的な情報を処理する場合，単純な視覚刺激ほど処理が簡単に行なえるので，結果としてポジティブな評価に結びつく（処理流暢性）。しかしながら，物理的な規則性や単純性が高い絵画作品は好まれないという矛盾する結果が示された。鑑賞の対象である絵画は，情報処理が簡単だとネガティブな評価に繋がり，適度に情報処理の負荷がかかる(ある程度のチャレンジを要する)刺激がポジティブな評価と結びつくのかもしれない。この説明は，人がゆらぎやフラクタルのような隠れた法則性を知覚していることを前提としているが，人にこれらの物理的な特徴を検出する能力があるか，もしあるとすれば，どのようなメカニズムで処理されているのかは，私が知る限りまだ明らかになっていない。

　また，物理的な指標のみで絵画の美的評価を予測するのには限界がある。世間的には評価されていない絵画の中にも，フラクタル次元やゆらぎの値が中程度である作品はおそらく存在するだろう。そのため美的評価の高い作品を物理値だけで説明するのは十分とは言えない。絵画の評価に影響する要因には，そ

の他にも作品のタイトルや解説，描かれた時代背景などの認知的な要因が含まれる。

第5節
美の神経科学

1．神経美学からの新たなアプローチ

　何が美しいのか，なぜ美しいのかという美の本質を問う美学という学問は，18世紀にドイツの哲学者バウムガルテン（Baumgarten, A. G.）によって創られた。美学はもともと哲学の一領域であり，哲学者たちは経験を通して美とは何かを考えてきた。

　その後，19世紀にはフェヒナーが経験によって得られた知識を実証的に研究するという新たな流れをもたらした。彼は，実験により美的感覚という主観的なものを定量的に測定することを試みたのである。哲学から派生した美学が「上からの美学」と称されるのに対し，フェヒナーの実験美学は「下からの美学」と称される。

　そして，最近の美学の動向として，どこで美的な感覚が生まれているのかという神経美学的なアプローチがさかんに行なわれ始めている。人が美しいものを見ているとき，脳にどのような活動がみられるか。近年の研究から，その謎が徐々に明らかになってきた。

2．美の司令塔：美醜の判断と脳活動

　芸術作品を見たときに，私たちはどこで美しいと感じているのだろうか。最近の研究で，美しさに関する判断は左前頭前皮質（図7-14）という脳の部位が重要な役割を果たしていることが分かってきた。とくに，左背外側前頭前皮質は，絵画などの視覚芸術の美しさを判断しているときに活動が増加し（Lengger et al., 2007），絵画や写真を美しいと判断

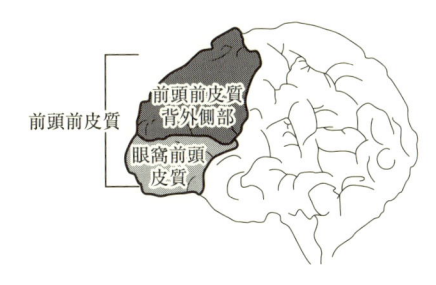

図7-14　左前頭前皮質の概略図

した者はそうでないと判断した者に比べて，この部位の活動が活発であったという研究報告もある（Cela-Conde et al., 2004）。

また，興味深いことに，美醜の判断はそれぞれ異なる部位で脳活動がみられるという。fMRIを用いた研究から，美しさを判断するときは眼窩前頭皮質中央部の活動との関連がみられるのに対し，醜さを判断しているときは左脳の運動野の活動との関連があることが報告されている（Kawabata & Zeki, 2004）。

今回紹介した研究例だけでも，美しさを判断する際に活動する脳の部位は，異なる報告がなされている。この点については，脳の活動を測定する方法や刺激を判断させる際にどのような項目を用いるかの違いなど，様々な理由が考えられる（川畑，2013）。例えば，美しい―醜いという対になる項目を用いた場合と，美しい―美しくないという項目を用いた場合では，得られる結果が異なる可能性があるそうだ。

3．脳への刺激で美の判断を変えられるか

人は美しいものを見ているとき，左背外側前頭前皮質の活動が活発になる。それでは，脳のその部位に電流を流し故意に活動を活発にさせると，人は見ている対象をより美しいと感じるのだろうか。

カッタネオら（Cattaneo et al., 2014）は，絵画や写真などの画像を具象画像と抽象画像の2つのタイプに実験参加者の目に映る世界を，つまり呈示される画像をより美しいと感じさせることが可能であるかを検討した。経頭蓋直流刺激（tDCS）と呼ばれる微弱な直流電流で左背外側前頭前皮質を刺激し，美しさの判断が変容するかを調べたところ，具象画像でのみ電流を流さないセッションと比較して美的な評価が高くなった。一方で，抽象画像については効果がみられなかった。絵画作品を用いたKawabata & Zeki（2004）の研究では，静物画，風景画，肖像画の作品のタイプによって活動が高まる部位が異なることが報告されているが，抽象画についてはまだ明らかになっていない。抽象画像については課題を残すものの，具象画像については，左背外側前頭前皮質に電流刺激を与えることで，美の判断を向上させることが可能であることが示された。

第6節 おわりに

　本章では，黄金比，フラクタルやゆらぎといった意識して知覚することができないであろう刺激の特性に焦点を当て，美の法則性について述べた。黄金比に関しては，黄金比が美しい比率ということを支持しない研究が増えている中，美のルールとしての存在があやうくなりつつあるが，文化を超えた伝統的な比率として今後も受け継がれていくであろう。フラクタルやゆらぎについては，これらの見えない物理的な特性を人間が処理できているのかなど，まだ解明されていないことが多い。また，神経美学については，脳を刺激し活動が活性化された後，どのような心理的なプロセスを経て，美しいという感覚が生じているかについては今後解明されることを期待したい。

　他にも，コントラスト，グループ化，ピークシフトなどの知覚的な要因や，親近性や典型性などの記憶に関する要因，そして言語的な情報や専門的な知識などの認知的な要因など，これらの様々な要因が相互に絡み合うことで，私たちの美意識が構成されている。

第8章

気持ち悪さの心理学

山田祐樹

第1節
気持ち悪さ

　我々は様々な対象を気持ち悪がる。あるときは強い臭いがする食べ物を気持ち悪がり，あるときは毛虫やゴキブリを気持ち悪がり，またあるときは道端に放置された動物の死体を気持ち悪がる。それだけでなく，壁のシミの模様を，他者の容姿や行為を，いわくつきの土地を，きわめて多種多様なものを気持ち悪がりながら我々は日々を過ごしている。このように気持ち悪さはだれもが日常的に頻繁に感じるものであるし，それを反映するように「きもい」という略語は現代では一般に広く浸透している。我々の日常に寄り添うようにして存在しているこの気持ち悪さとはいったい何なのだろうか。気持ち悪さはどういう意味を持っていて，どうやって喚起されているのだろうか。これらのことを友人や家族に説明しようとしている自身の姿を想像してみてほしい。とても身近なものであるにもかかわらず，うまく説明しようとすることがとても難しいことに気づくだろう。概念をうまく説明するためには，まずはそれをなんらかの理論的枠組みのもとで捉える必要がある。心理学は人間の主観的経験を説明するのに有用な枠組みである。それでは気持ち悪さを心理学で解きほぐしていってみよう。

第2節
感情としての気持ち悪さ

　第一に言えることとして，気持ち悪さは感情の一種である。わざわざ何をあたり前のことを……と思われるかもしれない。だがちょっと待ってほしい。実はここで気持ち悪さを感情と定義することはとても重要なのである。なぜなら，先人の心理学者が100年以上にわたって感情の研究を続けて分かってきたことが，気持ち悪さの理解にも適用できるかもしれないからである。例えば，感情は快−不快の双極的な情動価軸上にマッピングすることが可能であり（Lang et al., 1990; Russell, 1980），快・不快情動はそれぞれ接近・回避の欲求や行動と結びついている（Lewin, 1935）。気持ち悪さを感じるときに，その対象に近づきたいとは思わないだろう。したがって，気持ち悪さは回避的な性質を持っており，その情動価は「不快」であることが推測できる。このことは，気持ち悪さを単に快か不快かの二分法で区別できることを示しているだけではなく，情動価という一次元の直線上にて数量化できることをも示唆するのである。これにより，まずは不快度の高低という順序尺度や間隔尺度を用いた研究が可能になる。感情研究において世界中でよく使用される画像刺激集の1つに，国際感情画像システム（IAPS）というものがある（Lang et al., 2008）。IAPSは約1000枚の標準化された画像によって構成されており，情動価，覚醒度，支配性の3つの軸で各画像の持つ感情的特徴を表現している。この画像集にはもちろん「気持ち悪い」画像も多く含まれている。そこで試しにIAPSの中から気持ち悪そうな221枚の画像をピックアップし，それらの気持ち悪さと情動価を12名の学生に4段階で評定してもらった（Xue & Yamada, 2014）。その結果，2つの評定値は有意に相関していた（$r=.86$, $p<.001$）。ちなみに日本人だけでなく中国人にもまったく同じ調査を行なってみたところ同様の結果が得られ，また二カ国の参加者の気持ち悪さの評定値は有意に相関していた（$r=.87$, $p<.001$）。この結果は，日中の人々の間に気持ち悪さの感情を喚起する似通った機構が存在する可能性を示唆している。こうした調査や実験を詳細に行なっていくことで，不快情動という構成概念と気持ち悪さとの関係性をモデル化したり，気持ち悪さの生起を支える心的処理システムの構造を検討したりするこ

ともできるのである。

さてそれでは感情はどのような特徴を持っているのだろうか。それがわかれば気持ち悪さがどういうものかも見えてくるかもしれない。非常にざっくりとではあるが，これまで感情についてわかってきたことをあげてみるとしよう。

1．表出される

感情は身体を通して表出される。最も代表的な感情表出の媒体は表情であろう。この表出は，顔面皮下の筋肉の微妙な運動や位置変化によってなされるものである。多くの場合でこの変化のパタンが表出者の体験する感情とほぼ固有に対応しているため，観察者は視覚的に得られた変化情報から表出者の感情をある程度正確に推定することができる。ゆえに表情は感情にかかわる非言語的コミュニケーションに用いられるシグナルとしての役割を果たしている。表情の研究も長い歴史を持っており，ダーウィン（Darwin, 1872），シュロスバーグ（Schlosberg, 1954），トムキンス（Tomkins, 1962），エクマン（Ekman et al., 1969）をはじめとした多くの研究者が理解を深めてきた。とりわけエクマンの貢献は大きく，彼は表情表出が文化によらず普遍的であることを実証した（Ekman et al., 1969；Ekman, & Friesen, 1971；しかし，表情認識についてはJack et al., 2012も参照）。また，彼は基本感情とその表出についても重要な仕事を行なった。先述した多くの研究者がこれまで人間の持つ基本的な感情のカテゴリ分類を行ない，それらの一覧を提案してきたが，それと同様に，エクマンも明確に識別可能な6つの感情（怒り，嫌悪，恐怖，喜び，悲しみ，驚き）を基本感情としてあげ，局所的な顔筋（アクションユニット）の変化との対応関係を詳細に特定している（Ekman, & Friesen, 1971）。

2．自動的である

感情は自動的に処理される（LeDoux, 1995, 1996）。自動的な処理とは，前注意的，あるいは少なくとも課題非関連的になされるものである。つまり，処理しようと思っていなくても処理してしまうことをいう。例えば，感情プライミング効果（Bargh et al., 1992；Fazio et al., 1986）をその一例としてあげることができる。感情プライミング効果を調べる実験の多くでは，実験参加者

に標的刺激の意味の良し悪しの判断をできるだけ速いスピードで行なってもらう。しかしこの標的刺激が出現するよりも100ミリ秒ほど前に感情刺激を呈示しておく。実験参加者は，感情刺激などは無視して標的刺激の意味判断にだけ集中しておけば課題をうまくこなすことができるはずである。だが標的への反応時間を見てみると，標的判断と感情刺激との情動価が一致した時には速く，一致しなかった時には遅くなることが明らかになった。これは課題に関係のない感情刺激の処理を自動的に行なってしまったため，それが標的判断へと影響した結果であると解釈される。他の例として情動ストループ効果 (McKenna, & Sharma, 1995) をあげることもできる。これは，感情語の書かれた色名を答えようとすると，中性語の場合よりも反応が遅くなるという現象である。感情処理が自動的になされてしまい，それが単語の色名処理を阻害するために生じると考えられている。

　また，感情処理は潜在的・無意識的に行なわれる。例えば他者の表情の処理は，表情刺激が視覚的に意識に上らない場合でもなされる (Morris et al., 1998; Yang et al., 2007)。表情以外の感情刺激でも同様に，意識的に観察できないように呈示された刺激が感情馴化 (Dijksterhuis & Smith, 2002) や感情プライミング効果 (Murphy & Zajonc, 1993) や時間感覚の変化 (Yamada & Kawabe, 2011) などを生じさせることが報告されている。感情処理は，自分の知らないところで勝手に走っているのである。

3．書き換え可能である

　感情は後から修正することができる。我々は自動的に処理された結果生じた感情反応を状況や目的に応じて制御し，再評価することで，体験する感情の種類や内容を変化させる機能を持っている (Gross, 2007)。このような感情制御や再評価は意識的にも無意識的にも行なわれている (Gyurak et al., 2011; Williams et al., 2009)。つまり，我々は感情体験を編集しながら生きているのである。体験した瞬間の感情と，そのときのことを後から思い出して再現された感情とでは多くが異なっている。

　こうした事後的な感情の修正は，そのターゲットとなる感情的な出来事が生じて一定時間が経ってから可能になるのだろうか？　それとも出来事の直後か

ら可能なのだろうか？　我々の研究では，出来事が起こった直後に2秒間だけ修正期間が存在することが明らかになった（Sasaki et al., 2015）。次項やあるいは第10章にて詳しく述べられているが，ヒトの上向き動作と下向き動作はそれぞれ快情動と不快情動と連合している。我々は実験参加者にタッチパネル上に感情画像を呈示し，それを見て感じた情動価の評定を求めた。そしてさらに画像が消えた直後，評定用の画面が出る前にできる限り早く画面を上方向あるいは下方向にスワイプすることも求めた。もちろん，このスワイプ動作は評定には何の関係もないはずである。だが，彼らは結果として上方向にスワイプした場合は直前に見た画像を「より快情動を喚起した」と評価し，下方向の場合は「より不快情動を喚起した」と評価した。そしてこの効果は感情画像を消した後に2秒間待ってスワイプしても生じなかったのである。感情にはその内容が確定されるまでに少しだけだが時間的猶予が設けられており，その間であれば若干の事後編集を行なうことができるようだ。

4．身体状態と結びついている

　感情は身体状態や身体動作と深く関係している。この考えは我々の直感と大きく外れたものでもないだろう。初期の感情理論ではしばしば身体的覚醒が心理的興奮よりも先行して感情形成を支えるのではないかと議論されてきた（James, 1884；Lange, 1885；Schachter & Singer, 1962）。トムキンスの顔面フィードバック仮説（Tomkins, 1962）では，表情と対応した感情が顔筋からのフィードバック信号によって調整されるという。ある研究は，参加者にペンを前歯で噛ませて物理的に笑顔に近い表情をつくらせながら漫画を読ませたところ，より面白いと評定されたというこの仮説を支持する結果を報告している（Strack et al., 1988）。また最近では，顔筋にA型ボツリヌス毒素を注射して一時的に麻痺させる研究が行なわれている。顔面フィードバック仮説の予測通り，顔筋を麻痺させると感情体験が生じにくくなり（Davis et al., 2010），感情処理に対応した脳活動も低下することが分かった（Hennenlotter et al., 2009；Kim et al., 2014）。こうしたものの他にも，身体に偏在している感情関連情報が適切な意思決定に利用されるという考えも提案されている（Damasio, 1994）。

近年提案された身体特異性仮説（Casasanto, 2009）では，上下左右方向の身体空間や身体動作が感情形成にかかわるという（上＝良い，利き手側＝良い）。我々はこの関係性が文化や言語によらず世界中のかなり広い範囲（少なくとも22種類の言語間）で共通することを明らかにしている（Marmolejo-Ramos et al., 2013）。身体をベースにした心のはたらきは「身体化」と呼ばれることがあり，感情の身体化に関する研究の詳細は第10章にて紹介する。

5．注意を引く

家でテレビを見ているときに外で銃声がしたら，そちらを見るだろう。このとき銃声に関する情報を選びとり，その処理を促進させているのは注意と呼ばれる機能である。注意はそのとき重要そうなものへ自動的に向けられる（Theeuwes, 2010）。それがあくまで可能性に過ぎなくとも，自身の行動目的には無関係であっても，である。先述の通り，感情刺激は自動的に処理される。そして感情的に重要そうなもの，例えば恐怖の表情など，へも注意は自動的に向けられる（Vuilleumier et al., 2001）。他にもヘビなどの潜在的に身の危険を生じさせる対象や（Öhman et al., 2001），逆に自身に大きな利益をもたらしうる対象（Anderson et al., 2011）に対しても注意が引きつけられる。たとえ感情刺激が意識にのぼっていない場合であっても，注意はその対象位置に向けられる（Jiang et al., 2006）。このように感情刺激は自動的に評価され，その評価に基づいて対象への処理に注意資源が割り振られる。こうして感情的に重要そうな対象を意識に上らせ，さらなる認知処理を行なうような過程が存在していると考えられている（Bar-Haim et al., 2007）。

6．伝染する

感情はうつる。わかりやすい例としては他者との間で自動的・無意識的に生じる表情，発話，姿勢，動作等の感情伝染があげられる（Hatfield et al., 1993）。フェイスブックが行なった実験は倫理上の物議を醸したものの，実際に人が他者の感情に影響されて自身の感情的行動を変えてしまうことを実験室の外で初めて明らかにした（Kramer et al., 2014）。

また刺激間での伝染も生じうる。例えば，感情的に中性な刺激への評価がそ

の時同時に呈示された別の感情刺激の影響を受けることがわかっている（Sweeny et al., 2009）。スウィーニーらは画面上に2つの表情刺激を同時に呈示した。片方は喜び顔と怒り顔のいずれかであり，もう片方は情動価としては中性である驚き顔であった。この驚き顔の情動価の評定を実験参加者に求めたところ，2つの刺激が同一の半視野内に呈示された場合にだけ，驚き顔の評定値が対呈示された表情刺激の情動価に近づいた。これは半視野ごと別々に担当する感情処理機構が2つの刺激の情動価を平均化させた結果であると考えられている。

　もしも気持ち悪さも以上のような特徴を共有しているのであれば，気持ち悪さとは，表情や行為として外界へ表出され，その検出は自動的かつ潜在的になされ，認知的に再評価されたり特定の身体運動によって書き換えられたりするのだろう。さらに，注意とも深い関連を持っているに違いないし，伝染もするのだろう。ここで推測したような気持ち悪さの感情的特徴の多くはいまだ詳細に確かめられてはおらず，今後の研究によって解き明かされることを期待したいところである。できればむしろ現在推測していないような知見が得られたほうが，気持ち悪さの研究としては非常にエキサイティングであると思う。それは気持ち悪さという感情を他の感情から際立たせる顕著な特徴となるであろう。

　そういえば，気持ち悪さという感情は1つなのだろうか。言い換えると，気持ち悪さは一次元的で単一な感情なのか，それとも複数の類似した感情へさらに分類することが可能なのだろうか。この点を考えると，気持ち悪さという名称をどの程度の範囲にまで適用するかという定義上の問題に立ち返ることになってしまうが，ここではいったん後者の考えを採用しよう。「気持ち悪さ」という言葉で表わされる感情として，例えば嫌悪感，視覚的不快感，不気味さをあげることができる。もしかすると他にもあげることはできるのかもしれないが，本章ではこれらの感情について1つずつ見ていきたい。

第3節
嫌悪感としての気持ち悪さ

　嫌悪感は，気持ち悪さとの関係性がおそらく最も密接な感情であると考えられる。先述の通り，エクマンは基本感情として怒り，嫌悪，恐怖，喜び，悲し

み，驚きをあげていた。注目したいのはここに嫌悪が含まれている点である。つまり，嫌悪感は人間にとって明確に識別可能な基本感情である。このことはダーウィンによってすでに指摘されている（Darwin, 1872）。嫌悪感については表情以外の点に関しての体系的な研究がなかなか行なわれなかったのだが，その後ロジンによって嫌悪感研究は大きな進展を遂げた（Rozin & Fallon, 1987）。嫌悪感とは簡単にいえば，有毒物を体内に取り込まないための機能である。主に味覚において生じる感情であるが，嗅覚，視覚，触覚等においても生じうる。そもそも味覚として有毒物を知覚するのは生体にとってすでに危険であり，嗅覚や視覚などによって直接的に接触しなくてもその危険性を察知できる必要がある。恐怖と異なる点は，嫌悪が回避しようとしているのが中長期的な危険だということである。恐怖とは，いま目の前に存在する敵に対処するために生じるものであるが，嫌悪は有毒物を摂取することによって生じる中毒や病気を回避するために生じるのである（Curtis et al., 2004; Oaten et al., 2009）。

　嫌悪の表情は上唇挙筋の動きによって特徴づけられる。これは口角を引っ張り上げる筋肉であり，ここが強く収縮すると鼻の横に深い皺も寄る。この部位は糞便や傷口などの嫌悪画像を見たときに運動し，また同様に硫酸キニーネやクエン酸などの不快な水溶液を飲んだ際にも運動することが分かっている（Chapman et al., 2009）。つまり，キニーネのような毒物を摂取するときと視覚的に嫌悪感を生じているときとでは，同じ表情をしているのである。それは口や鼻や目からの異物の侵入を防ぐための，顔中の侵入口を閉ざすような表情である。場合によっては舌を出して吐くような表情にもなる。これはすでに侵入してしまった異物を体外へ排除するためのアクションである。

　嫌悪感を生じる対象は幅広い（Olatunji et al., 2007b）。毒物や腐敗物を味わう際には当然嫌悪感が生じる。さらに，排泄物，吐瀉物，血液などの人体由来の物質や，腐敗物や虫を見た際にも強い嫌悪感が生じる。これらは中核的嫌悪と呼ばれており，病原体や寄生虫の感染の回避である。また，明らかな病気の症状を示す他者や，他人の使った食器や便器などにも嫌悪感を抱くことがある。これらは汚染嫌悪と呼ばれている。さらに，死体，人体模型，内蔵などの死を連想させるものに対しても嫌悪感を抱く。これらは動物性嫌悪と呼ばれて

いる。それだけでなく、我々は行儀の悪い行為、近親相姦などの異常な性行為、人種差別、幼児虐待等の非道徳的な物事にも嫌悪感を抱き (Haidt et al., 1997)、吐き気を催す。嫌悪システムは嫌悪対象を拡大解釈し、悪＝吐くものとして排斥しようとする。例えば、近親相姦、不正行為、窃盗、あるいは金利不正操作といった非道徳的ニュースを呈示されているときに、水やチョコレートミルクの摂取量が低下することが報告されている (Chan et al., 2014)。こうした道徳的嫌悪は「魂」の劣化を防ごうとするためのものであるといわれている(Rozin et al., 1999)。これを科学的説明として成立させるためには異文化比較など様々な検討を行なう必要があるが、この説明にも通底するのは自身を中長期的な内部破壊から守るためのシステムが作動しているという考えであろう。

「汚染嫌悪」が存在することからもわかるように、嫌悪は伝染する。今も広く行なわれているのかは分からないが、かつての児童の間では路上の糞便を踏んだり動物の体液が付着したりした他の児童に対して、人差し指と中指を交差させたエンガチョあるいはバリアといった不浄さの伝染防止儀式が行なわれていた。つまり学童期にはもう嫌悪感を抱くことができ、呪術的であるとはいえ、その伝染を回避しようとする行動を取るのである。嫌悪は一次の嫌悪対象だけにとどまらず、たとえそれが空想的根拠であっても、それと接触した対象にも付与されるという一種の感染呪術・共感呪術的性質を持つといえる (Nemeroff & Rozin, 1992)。嫌悪の共感呪術には、伝染則と類似則という２つの法則がみられる。伝染則とは、嫌悪対象と物理的に接触した別の対象は、元の対象とまったく同じ嫌悪性質を付加され、それが永続的に残存するというものである。したがって伝染された対象が別の新規な対象と接触すると、その対象にもまた嫌悪が伝染する。二次伝染までにしばらく時間を置いたとしてもこの伝染性は残る。こうして嫌悪の「連鎖伝染」が生じるのである (Tolin et al., 2004)。類似則とは、嫌悪対象と見た目の似ているものにも嫌悪感を抱くというものである。例えば、便器の形状をしたカレー皿では食欲をなくすだろう。この嫌悪の共感呪術は決して児童だけにみられるわけではなく、大人でも生じている。さらには強迫神経症を持つ人々にはこれが実生活をおびやかす差し迫った問題にもなっている。

嫌悪感はいつから生じるのだろうか。新生児が悪臭に対して嫌悪表情を表出

することや（Soussignan et al., 1997），動物でも味覚嫌悪条件づけが成立することは知られている。しかしながら，中核的嫌悪がこれらの対象者においても生じるのかは明らかでない。少なくともヒトが8歳以上になれば明確な中核的嫌悪を示すようになる（Rozin & Fallon, 1987）。中核的嫌悪などの高次の嫌悪感はある程度の進化・発達段階で獲得される機能なのであろう。

　次なる疑問は，嫌悪感がどのような人に生じるのかということである。嫌悪感の感じやすさの個人差は，尺度によって測定することができる。有名なものにDS-R（Haidt et al., 1994, 修正版：Olatunji et al. 2007b）やDPSS-R（Olatunji et al., 2007a）という尺度（嫌悪感尺度）があり，様々な言語に翻訳されている。例えばこれらの尺度研究により，男性よりも女性の方が嫌悪感を抱きやすいことがわかった（Druschel & Sherman, 1999）。こうして嫌悪感の個人差が評価できるようになったことで，嫌悪感がどのような心理特性と関係しているのかに関する研究が活発になった。例えば，嫌悪感感度の高い人は，保守的政治思想を持っており（Inbar et al., 2009a），ゲイ差別が強い（Inbar et al., 2009b）。実際に嫌悪感感度の高い人々が多く住む地域では保守派のマケイン候補が優勢であった（Inbar et al., 2012）。また嫌悪画像をMRIスキャナの中で4秒間見せるだけで，脳活動からその人の政治的志向を当てることができる（Ahn et al., 2014）。これらの知見は嫌悪感感度の高い人が道徳的嫌悪を生じやすいことを示す。だが罪を犯していない人などいない。逆に，自身が過去に行なった非道徳的行為を思い出させると，殺菌おしぼりを持ち帰りたくなり（Zhong & Liljenquist, 2006），手洗いを暗示されると政治思想が保守的になる（Helzer & Pizarro, 2011）。どうも心の潔癖さは身体の清潔さと結びついているようである。

　嫌悪感研究はおそらく気持ち悪さにかかわる研究の中で最も進んでいる。しかも，日常的な生活の思いもよらない部分に嫌悪感が大きく関係していることもわかってきている。嫌悪感にはもはや毒物を体外排除するという役割を超えた，人間の社会運営を左右する力を持つ可能性が見えてきている。

第4節
その他の気持ち悪さ

1．視覚的不快感

　近年「蓮コラ」と呼ばれる合成写真をインターネット上でよく見かける。それは人物画像の表皮部分に蓮の花托（多数の穴が空いた部分）の画像を重畳させたものであり，多くの人がきわめて強い気持ち悪さを感じる。そうした反応を面白がる人々が多くの蓮コラを現在もつくり続けているが，いったいどうして蓮コラが気持ち悪いのだろうか。そもそもコントラストの高い縞模様などのパタンを見ていると，頭痛や吐き気などの不快感を生じることがある (Wilkins, 1995)。とくに縞の空間周波数が 1 – 3 cpd という中域にある場合に顕著であり，視覚的不快感 (visual discomfort) と呼ばれている。このように，特定の空間周波数を持つパタン刺激の1つとして蓮コラ画像を考えることができる。この蓮コラのように多数の穴や物体が密集した対象を見た際に，とくに強い不快感を感じる人々が存在している（トライポフォビア：集合体恐怖症）。研究者はこのトライポフォビアが中空間周波数帯域のコントラスト強度と関係しているのではないかと考え，実際にそうであることを突き止めた (Cole & Wilkins, 2013)。しかしながら，蓮コラの気持ち悪さが空間周波数成分によってのみ決められているのかについては疑問が残る。トライポフォビックな人々は蓮の花托の画像を見るだけで強い不快感を抱くが，そうでない人々は程度の差こそあれ，花托にそこまで強い不快感を抱かない。だがそれが皮膚上に配置されると，つまり蓮コラとして成立した場合に突然，強い気持ち悪さを感じるのである。合成前と後で空間周波数成分は大きく異ならず，したがって視覚的不快感によって蓮コラの気持ち悪さをどの程度説明できるのかに関してはさらなる検討が必要である。そして説明できない部分に関しては新たな説明を与える必要もあるだろう。

2．不気味さ

　目の前に何とも得体の知れない相手が立っているとする。これまで会ったこともないし，にやにやしているくせに体は硬直してぶるぶる震えている。明ら

かに不気味だろう。こういう場合にも我々は「気持ち悪い」という言葉で表現することがある。不気味という言葉が学術的に有名になったのは，ロボット工学の分野で「不気味の谷」という仮説的な現象が提案されてからである（Mori, 1970）。技術が進むとロボットの外見は徐々に人間に近づいていくだろう。そうして人間に似ていけばだんだんと親近感が生じてくる。しかしある一定の類似度を超えたとたん急激に好意度が下がり，不気味に感じるようになることが予測されたのである。人間への類似度の高いアンドロイドが発表されるたびにそのような感想を述べる人はたしかにいるようだ。この現象の説明としては，ヒトっぽいのにヒトではないことも明らかな対象を見ることで，自身の死への恐怖や身体欠損（不完全性）を連想するためであるというものや，あるいは病気や死体を連想することで動物性嫌悪を生じるためであるというものがある（MacDorman & Ishiguro, 2006）。我々はその他に，ロボットなのか人間なのかを区別できないこと自体が否定的印象を喚起するのではないかと考えた（Yamada et al., 2013）。つまり，得体の知れない相手はとりあえず排斥してしまえという認知システムが働くのではないかというわけである。実際に，新奇なものに対して拒絶するような性格特性を持つ人々では不気味の谷がより強く生じることも確認している（Sasaki et al., submitted）。あるいは最近では，知覚的不整合説が有力視されている（Kätsyri et al., 2015）。つまり，ある対象が同時に持つべきはずの知覚的特徴が一致しない場合——例えば明らかに人間らしい顔なのに目だけ明らかに人形など——に不気味さを感じるのである。

　我々は不気味の谷について提案した説明が他の心理現象にも適用できるのではないかと考え，その1つとして食わず嫌いを取り上げた。人間を含む雑食動物は，なんでも食べることができる。しかし何でも食べることができるせいで，有害なものまで食べてしまうことがあり，それを恐れると皮肉にも何も食べられなくなってしまう（雑食動物のジレンマ）。とくに初めて見る物体を食べるのにとても躊躇することがある。この食わず嫌い現象は「食物新奇性恐怖」と呼ばれ，食育や食科学的にとても重要なトピックである。我々はこの現象も同様に，初めて見た物体を自分の既存の知識に当てはめることができないためにとりあえず排除してしまおうとする認知システムが関与していると考え，それを実証した（Yamada et al., 2012）。またさらに，実験中に食品の匂いを漂わ

せることで，参加者がその匂いに気づくか否かにかかわらず新奇な食物を摂取可能になることも明らかになった（Yamada et al., 2014）。これらの知見は来たる昆虫食の時代に向けて重要になってくると思われる。現在，多くの人々が虫を食べるのに躊躇するが，将来的に食糧難が発生し，昆虫食に頼るほかなくなるときがきっと来るだろう。食の安全装置である食物新奇性恐怖のストッパーを外し，虫で命をつなぐためには，どうすれば我々が気持ち悪い対象を食べることができるのかを明らかにしなければならない。

第5節
面白い気持ち悪さ

　気持ち悪さは面白い。これは研究対象としての意味だけではない。実際に気持ち悪い対象を見るときに，なぜか笑いが生じるのだ。再びこの例で申し訳ないが，ある児童が糞便を踏むと，周囲のテンションが著しく上昇したことがあっただろう。共感呪術的な嫌悪対象への回避行動も同時に生じている場面において，快情動が生起するのはとても不思議である。こうした気持ち悪さへの笑いが，苦痛やストレスを低減させるためなのか（Cogan et al., 1987），他者の不幸を喜ぶシャーデンフロイデという感情のためなのか（Heider, 1958）は分からない。少なくとも自身が安全圏にいる必要はあるだろうが，我々は気持ち悪さを娯楽として消費することができるのかもしれない。そういえばキモかわいいという感情も理論的には不可解であるが，すでに市場ではキャラクターグッズなどの形式で気持ち悪さが消費され始めている。気持ち悪さというものは子どもを，消費者を，そして研究者を魅了してやまないのである。

第9章

空間と感情

佐々木恭志郎

第1節
上下空間と感情の結びつき

　天国と地獄について考えてみたい。天国と地獄はいったいどこにあるのだろうか（そもそも存在するのだろうか）。これまでそれを客観的に明らかにした者など存在しないので（少なくとも筆者の知る限りでは），厳密には「分からない」というのが正解だと思われる。しかしながら，我々はごく自然に「天国は上の方，地獄は下の方」と思いがちである。このような天国・地獄の場所の思い込みは，感情と上下空間の結びつき（例えば，Meier & Robinson, 2004）に起因しているのかもしれない。我々は快感情を上，不快感情を下と結びつけている。例えば，気分が良いことを「気分上々」と表現したり，精神的につらい時には「落ち込んでいる」と表現したりする。我々にとって天国は良い対象であり，地獄は嫌な対象であるため，自然と「天国は上，地獄は下」と思うようになったのかもしれない。

　上述のような空間と感情の概念的連合をここでは「空間－感情メタファ」と呼ぶ（図9-1）。本章では主にこの空間－感情メタファに焦点をあて，関与する現象（第2節），現時点までに判明しているメカニズム（第3節），さらに上下だけではなく左右と感情の結びつき（第4節）に関するトピックを紹介し，空間と感情がどのように結びつき，我々の行動においてどのような役割を担っているのかについて考察する。

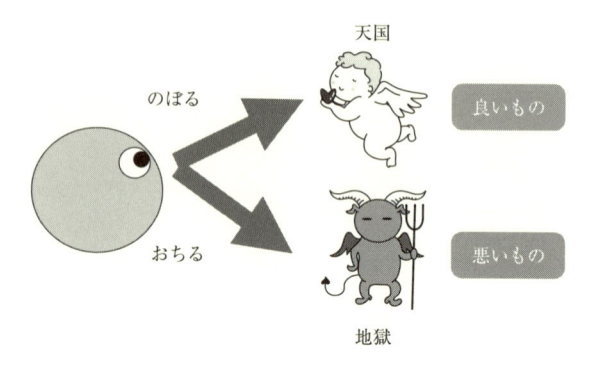

図9-1　上下空間と感情の結びつき
人間は，心のなかで快い（良い）対象を上側の空間，嫌な（悪い）対象を下側の空間と結びつけている。

第2節
空間－感情メタファが関与する現象

　本節では，空間－感情メタファが関与する現象についていくつかの研究を紹介する。空間－感情メタファが関与する現象については大きく二種類のタイプに分けられる。1つ目は，身体の動作・状態やある対象の位置，空間に関する単語（「上がる」「下がる」など）などが感情処理に影響を与えるもの（ここでは便宜上「空間が感情を誘導するパタン」と呼ぶ）である。もう1つは感情が関与する刺激が身体動作・状態や空間に関する単語の処理に影響を与えるもの（ここでは「感情が空間を誘導するパタン」と呼ぶ）である。

1．空間が感情を誘導するパタン
　最初に，上下空間が感情を誘導するパタンについていくつかの現象を紹介する。まずは，我々は日常生活において，誇らしい気分のときは背筋を伸ばし，落胆しているときうつむくことがたびたびあると思う。この「誇らしさと気分」についてだが，実はこのことを実験的に検討した研究が存在する。ステッパとストラック（Stepper & Strack, 1993）は，実験参加者にある簡単な課題をさせる実験を行なった。課題終了後，参加者は課題成績についてフィードバックを行なったのだが，その際に正立姿勢で座った状態でフィードバックを受けた

第9章 空間と感情

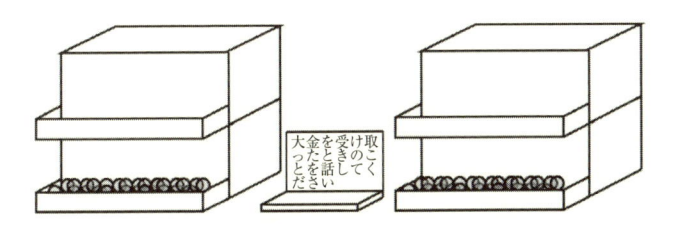

図9-2 カササントとダイクストラ（2010）の実験の実験装置例
（Casasanto & Dijkstra, 2010の図1を一部改変）
参加者はトレイのビー玉を手で移動させながら，中央のノートPC画面上の指示に従って記憶を想起した。

グループは，うつむいた姿勢で座った状態でフィードバックを受けたグループに比べて，みずからの成績に誇りを持つことが明らかになった。この実験では，誇らしさのみならず，気分も姿勢によって変容することが示されている。

なお，姿勢だけではなく，身体の動作も感情処理の影響を与えることが明らかにされている。カササントとダイクストラ（Casasanto & Dijkstra, 2010）では，二段になったトレイ（図9-2）の上段あるいは下段においてあるビー玉をもう一方に移動させる課題を行ないながら，みずからの体験に関する記憶を思い出すように参加者に求めた実験を行なった。実験の結果，下段から上段へビー玉を動かすグループでは快い記憶が，上段から下段へビー玉を動かすグループでは不快な記憶が想起されやすくなることが明らかになった。この記憶の想起の変調は，ベクションと呼ばれるみずからの身体が動いて感じる錯覚現象を用いた場合でも起こることが示されている（Seno et al., 2013）。具体的には，上方向のベクションを体験している時は快い記憶が想起されやすくなった。したがって実際に身体を動かす必要はなく，錯覚による身体移動でも感情処理に影響を与えることがこの研究から明らかになった。妹尾ら（Seno et al., 2013）はさらに，上方向のベクションが快い気分を誘発することも示しており，記憶想起の変調が気分一致効果（Blaney, 1986；Bower, 1981）が原因であることを示唆している。また，佐々木ら（Sasaki et al., 2015）は，画面に呈示された画像の感情価が，直後に上方向に画面をスワイプすると快く，下方向にスワイプすると不快になる現象を報告した（図9-3）。この現象は，上下の身体動作（スワイプする際の腕の動き）が時間的に遡って感情処理に影響を与え

157

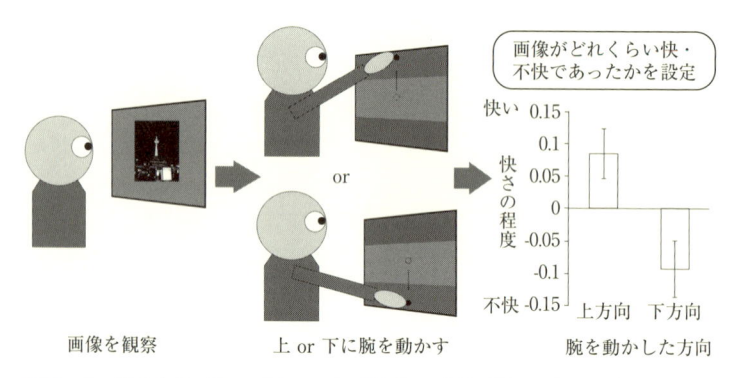

図9-3 佐々木ら（Sasaki et al., 2015）の実験手続きの概略図および結果
実験ではタッチパネルディスプレイ上に画像を呈示し，その後中央に呈示された黒点を手で上あるいは下に移動させた（前者では腕を上方向に，後者では腕を下方向に動かすことになる）。その結果，観察直後に腕を上に動かすと画像が快く，下に動かすと不快になることが明らかになった。

ることを示唆している。

さらに，身体動作や状態に限らず，刺激の空間位置も感情処理へ影響を与える。例えば，メイアとロビンソン（Meier & Robinson, 2004）は，参加者に画面に呈示された単語が「快いか，不快か」を判断させる課題を行なった。その際，単語を画面の中央のやや上，あるいはやや下に呈示した。実験の結果，快い単語は上に呈示された場合のほうが，下に呈示された場合に比べて判断が早くなることが明らかになった。一方で，不快な単語はその逆で，下に呈示された場合のほうが判断は早くなった。このように上下の空間を示唆するような身体の状態や刺激の位置は，感情の処理に影響を与える。

2．感情が空間を誘導するパタン

前項では空間が感情を誘導するパタンの研究を紹介した。一方で，逆に感情処理が，上下空間が関与するような身体状態や対象の処理に影響を与える研究も存在する。例えば，前項で上下方向のベクションが感情処理影響を与えることを示した研究（Seno et al., 2013）を紹介したが，逆に感情刺激が上下のベクションに与える影響を検討した研究も存在する。佐々木ら（Sasaki et al., 2012）は，上下ベクション体験時に快感情を喚起する音刺激を呈示し，ベクショ

ンへ与える影響を検討した。その結果，快い音を聞いていると，上方向へのベクションが下方向ベクションに比べて強くなることが明らかになった。

　また，カササント（Casasanto, 2009）では，シマウマとパンダを紙面上のどの位置に配置するかを選択させる課題を行なった。実験では，人型のキャラクターとその上下に四角の空欄が描かれている用紙を参加者に配布した（図9－4 (a)）。そして「そのキャラクターはシマウマが好きでパンダが嫌い」という教示を参加者に行なった。その後，参加者にシマウマとパンダをどちらの四角の空欄に配置するかを尋ねたところ，参加者の利き手にかかわらずシマウマを上の空欄に，パンダを下の空欄に配置することが明らかになった（もちろん参加者によっては「パンダが好きで，シマウマが嫌い」という逆の教示を受け，その参加者はパンダを上，シマウマを下に配置している：図9－4 (b)）。マルモレホラモスら（Marmolejo-Ramos et al., 2013）は，単語の感情価と配置に関する実験を行なっている。彼らは，参加者に様々な単語を空間上に配置させる課題を行なったところ，快い単語は不快な単語に比べて上側に配置されることが明らかになった。さらに，佐々木ら（Sasaki et al., 2016）では，感情を喚起する画像刺激を観察後に，参加者に画面に呈示された黒点を画面の任意の場所に移動させる課題を行なったところ，快い画像を観察後は，不快画像観察後に比べて，黒点を画面の上側に配置することが明らかになった。このように空間－感情メタファにしたがって，感情刺激の感情価は空間が関与する選択課題や自発的行為を変容させる。

　このような感情刺激の影響は，錯覚的身体運動や選択・自発的な行為に限らず，視覚的注意にも影響を与えることが明らかになっている。例えば，メイアとロビンソン（Meier & Robinson, 2004）では，画面中央に呈示された単語について感情判断をした直後に，上下いずれかに呈示されるターゲット（アルファベットのpかq）を弁別する課題を行なった。その結果，快い単語が呈示された場合は上側に呈示されたターゲットの弁別が促進された。一方で，不快な単語の場合は下側に呈示されたターゲットのほうが弁別は早くなった。

　加えて，空間が感情を誘導するパタン同様に，記憶が絡んだ現象も存在する。クロフォードら（Crawford et al., 2006）では，参加者は学習フェイズで60枚の画像に対して感情評価を行なった。その後，テストフェイズで，その画像が

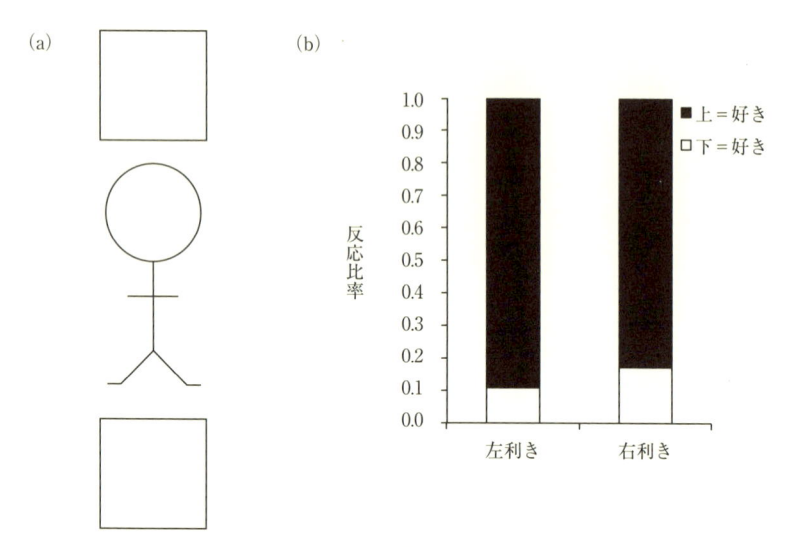

図9-4 カササントで使用した課題（a）と結果（b）（Casasanto, 2009の図1を一部改変）
参加者は事前に「中央の人物はシマウマが好きでパンダが嫌い」（または「パンダが好きでシマウマが嫌い」）と教示された。その後，シマウマとパンダをいずれかの空欄に描くことを求められた。

学習フェイズでどの位置に呈示されていたかを再生する課題を行なった。実験の結果，快画像は実際に呈示された位置よりも上側に再生されることが明らかになった。以上のように，空間−感情メタファにしたがって，感情刺激は上下空間が関与する身体動作・状態や選択，記憶，注意などに影響を与える。

これまで紹介してきた通り，空間−感情メタファが関与する現象は数多くみれる。さらに，「空間が感情を誘導するパタン」と「感情が空間を誘導するパタン」の両方が存在することから，空間−感情メタファにしたがって，空間と感情が双方向に影響を与えることが明らかである。このことはメタファ全般で議論されている問題ではあるが（詳しくはLee & Schwarz, 2012），少なくとも上下空間と感情の結びつきについては双方向性が存在しているといえる。

第3節
空間−感情メタファのメカニズム

第2節では，空間−感情メタファが関与する諸現象について紹介した。しか

しながら，このような現象はどのようにして生起しているのだろうか。本節では，空間－感情メタファの結びつきの起源や空間－感情メタファが関与する現象の処理過程について，現時点までに判明していることを紹介する。

1. 上下空間と感情の結びつきの起源

そもそも上下空間と感情はどのようにして結びついたのだろうか。カササント（Casasanto, 2009）は，起源について二種類の説をあげている。1つ目は，身体経験に基づいた説明である。例えば，我々は誇らしい気分のときは背筋を伸ばし，落胆しているときはうつむく。このように，たいていの場合，快い気分のときは上向きの姿勢を，不快な気分のときは下向きの姿勢をとることが多い。このような姿勢などの身体経験と感情の状態が共起することを無自覚的に学習し，その無自覚的な学習によって空間－感情メタファを心内に形成しているのではないかという説明である。なお，ここでのメタファはあくまでも具体的な概念（例えば，上下空間）と抽象的な概念（例えば，快不快感情）の非言語的な結びつき（心的メタファと呼ばれている）であり，言語的なメタファ（いわゆる会話などで用いられる比喩表現）は先立って存在しているこの心的メタファを符号化しているものであると考えられている。

しかしながら，この説には一点疑問が残る。それは，身体体験との共起関係が一見存在しないような感情のかかわる抽象概念も上下と結びついているという点である。例えば，先にあげた例のように「誇らしさと姿勢」や，あるいは「喜びとガッツポーズ」などは，日常における上下の身体運動経験と感情の共起といえる。したがって，「誇らしさ」や「喜び」が上下空間と結びつくということは，上記の説で説明ができる。しかしながら，空間－感情メタファについて議論される場合，「誇らしさ」や「喜び」に限らず快不快感情全般に及んでいる。現に，第2節で紹介したメイアとロビンソン（Meier & Robinson, 2004）の単語の感情価判断課題（呈示された単語が快単語か不快単語か判断する）を用いた研究などでは，「誇らしさ」や「喜び」に関する単語だけではなく，「ていねいさ」「貧しさ」「道徳的」といった単語も上下空間と結びついていることが明らかにされている。他にも，佐々木ら（Sasaki et al., 2015）やクロフォードら（Crawford et al., 2006）が用いた画像刺激や，佐々木ら（Sasaki et al., 2012）が使用した聴覚刺激も，必ずしも身体経験と関連深い感情刺激ば

161

かりではない。感覚運動体験に基づいた説では，このような共起関係の存在が想定しにくい結びつきがどのように生起したかについては説明が難しい。

それに対して，もう1つの説明は，空間-感情メタファなどの心的メタファは，言語的メタファを通して形成されているというものである。空間語（例えば「高い」「低い」など）は，字義通りに使用される場合（「高い」場所）と比喩的に使用される場合（志が「高い」）がある。このような字義的・比喩的な空間語の使用により，抽象的な概念は具体的な概念の投射を受けて成立し，この二者が結びついていると考えられている。この結びつきは，身体経験に基づいたものではなく，類推過程を通して形成されることが想定されているため，感情がかかわる抽象概念全般と上下空間が結びついていると考えられている（他の心的メタファを用いた研究（例えば，Boroditsky, 2000）でも同様の議論が行なわれている）。しかしながら，言語メタファを前提としたこの説明にも疑問が存在している。それは，最初にどのようにして感情と上下空間が言語的に結びついたのか，つまり上下にかかわる言語メタファがどのようにして生まれたのかという問題である。さらに，22言語文化圏で上下空間と感情の結びつきがみられることを考慮すると（Marmolejo-Ramos et al., 2013），なぜ広範囲の言語文化圏で共通した言語的メタファが存在しているのかというのも謎の1つである。

以上で述べてきたように，上下空間と感情の結びつきの起源については2種類の説明がなされている。しかしながら，いずれも解明すべき課題が残っているため，起源の解明にはさらなる研究が必要である。

2．処理の仕組み

空間-感情メタファが関与する現象において，どのような処理過程を経ているのであろうか。現時点では，処理過程の解明に切り込んだ研究はまだそれほど多くはないが，本項ではそのいくつかの研究を紹介する。

まずどのような入力情報が，空間-感情メタファの生起に必要であるのだろうか。アンゾルゲら（Ansorge et al., 2013）は，閾下語彙プライミングを用いて，この点を検討した。彼らは，空間語をプライムとして閾下あるいは閾上呈示し，その後に呈示される感情語の感情価を判断するように参加者に求めた。

実験の結果，閾下・閾上呈示にかかわらず，プライムが上空間に関係する単語の場合には快判断が促進され，不快判断が抑制されるが，プライムが下空間に関係する単語の場合には，快判断が抑制され，不快判断が促進されることが明らかになった。したがって，空間に関する情報から感情処理への影響は自動的に行なわれることが示唆される。しかしながら，逆に感情処理から空間課題に関する影響はそうともいえない。アンゾルゲらは，逆に感情語をプライムとして呈示し，その後に呈示される空間語が上下どちらに関与する語であるかについて判断する課題を行なったが，この場合は閾下プライムでは判断に影響はみられず，閾上プライムでのみ空間－感情メタファと一致した効果がみられた。同様に無意識的に処理された感情情報では空間課題への影響がみられないことについては，第2節で述べた佐々木らの研究（Sasaki et al., 2016）でも明らかにされている。彼らは，感情を喚起する画像を両眼間マスクにより画像が見えない場合には，黒点の配置に画像の感情価の影響は現われないことを明らかにした。つまり，上下空間にかかわる表象の活性化には，意識的に処理された感情情報が必要と考えられる。これらの研究結果を総合すると，空間に関する情報は感情概念を自動的に活性化させるが，上下空間に関する表象の活性化は自動的には行なわれず，意識的に処理された意味情報が必要であることが示唆される。なぜこのような非対称的な処理過程を辿るのかについてはまだ不明である。1つの可能性としては，もしかすると感情から空間に関係する課題に影響をおよぼす場合，一度高次の抽象概念にアクセスする必要があり，それが無意識下ではできないためなのかもしれない。

　また，空間－感情メタファと一致した影響は感情評価を必要とする可能性も指摘されている。例えば，最近の研究（Dudschig et al., 2015）で，色付きで呈示された感情語の感情価を口頭で答えた後に，その単語の色をキー押しで反応するといった課題を用いて，感情評価と空間－感情メタファの関係性が検討された。この課題では，参加者は縦向きに設置されたキーボードの中央のキーに指を置いた状態から課題を開始し，色に応じて上側あるいは下側のキーをできるだけ早く押すことを求められた（例えば，単語がオレンジなら上側，青なら下側のキーを押す：図9-5）。つまり，色によっては上方向あるいは下方向に腕を動かすことになった。実験の結果，快単語の場合は上側のキー押す時の

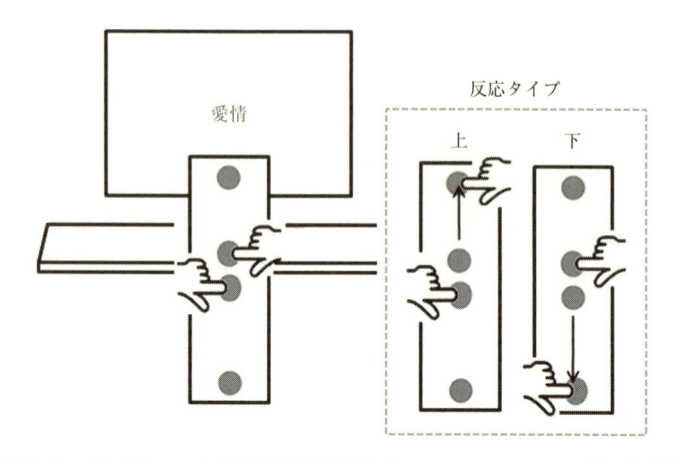

図 9-5　ダッドシィッヒらの実験手続き例（Dudschig et al., 2015を一部改変）
参加者は，各試行開始時はキーボードの中央に指を置いていた。課題は画面上の単語のフォントの色に従って，上側あるいは下側のキーをできるだけ早く押すことであった。

ほうが，下側のキー押すときに比べて反応時間は早くなった。一方で，不快単語の場合は，不快単語の場合は下側のキー押す時のほうが，上側のキー押すときに比べて反応時間は早くなった。つまり快単語の場合は上方向への腕の運動を，不快単語の場合は下方向の腕の運動が促進されることが明らかになった。しかしながら，この効果は感情語の感情評価をしない場合は生じなかった。この彼女たちの実験結果は，空間－感情メタファと一致した影響が現われるためには感情評価のプロセスが必要であることを示唆している。彼女たちはさらに実験を重ね，一般に姿勢に関連するような感情語（「喜び」や「誇り」などが使用されていた）に限っては，感情評価関係なく感情－空間メタファと一致した影響がみられることを示した。したがって，課題で使用される感情情報が身体経験と結びつきやすいものかによって，影響の現われ方が異なることが考えられる。しかしながら，これまで紹介した研究には，「課題中に感情評価を行なわれない」かつ「姿勢に関連しないような感情情報」においても，空間－感情メタファと一致した影響が確認されている研究も存在している（例えば，Marmolejo-Ramos et al., 2013；Sasaki et al., 2012, 2016）ので，依然慎重な議論が必要であると考えられる。

第4節
左右と感情の結びつき

　感情と結びついているのは上下空間だけではない。左右空間もまた感情の快不快と結びついている（例えば，Casasanto, 2009）。最も顕著な例は，「右」と「正しい」という英単語である。いずれも英単語は"right"である。他にも，「不器用」なことを"two left feet"と表現する（他にも言語的な例は存在する。詳しくはカササントの論文（Casasanto, 2009）を参照）。このように「右は快，左は不快」というような結びつきが少なくとも言語レベルでは存在している。ただし，言語レベルの表現と心内での結びつきはどうもやや一致していないようである。これまでの認知心理学的研究によると，どうやら利き手依存のようであり，右利きの人にとっては右が快感情，左が不快感情と結びついており，左利きの人の場合はその逆（左が快感情，右が不快感情）と結びついている（例えば，Casasanto, 2009）。おそらく言語表現で利き手依存ではなく，右と快感情，左と不快感情が一般的になっているのは，多くの人が右利きである（Corballis & Beale, 1976）ためではないかと考えられる。本節では，左右と感情の結びつきについての研究，そのメカニズムについてまとめて概観する。

　左右と感情の結びつきが利き手依存であることを示す現象は多数存在している。例えば，デ・ラ・ベガら（de la Vega et al., 2012）は，画面に呈示された単語の感情価を判断する課題を行なった。その際に，快の場合は9キー（キーボードの右側に存在する）を右手で，不快の場合はQキー（キーボードの左側に存在する）を左手で押す条件と，快の場合はQキーを左手で，不快の場合は9キーを右手で押す条件を設けた。実験の結果，右利き参加者の場合は前者の条件の方が早く判断ができ，左利きの参加者の場合は後者の条件の場合のほうが早く判断できた。さらに，彼女たちはその後の研究（de la Vega et al., 2013）で，参加者の手を交差させて同様の課題を行なった。その際，呈示された単語が快いものの場合は右手で，不快な場合は左手でキーを押す条件（右手ではキーボードの左側のキーを，左手ではキーボードの右側のキーを押すことになる）と，逆に快いものの場合は左手で，不快な場合は右手でキーを押す条件（右手ではキーボードの左側のキーを，左手ではキーボードの右側のキーを

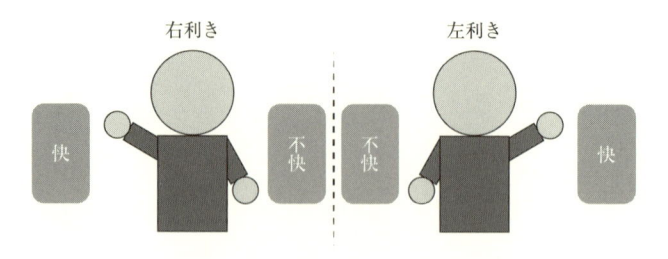

図 9-6 左右空間と感情の結びつき
左右の場合は利き手依存であり，右利きの人は右側を快感情，左側を不快感情と結びつけている。一方で，左利きの人は左側を快感情，右側を不快感情と結びつけている。

押すことになる)を設けた。実験の結果，キーの空間位置は関係なく，右利き・左利きいずれの参加者も利き手側で快，非利き手側で不快と判断する場合の方が判断は早くなることを明らかにした。

単語の感情価判断以外の研究では，第2節で紹介したカササントのシマウマ・パンダ課題がある（Casasanto, 2009；Casasanto & Chrysikou, 2011）。さらにカササント（Casasanto, 2009）では，紙面上の左右に呈示されたエイリアンのどちらがより知的・魅力的・誠実・幸福に見えるかを尋ねたところ，参加者の利き手側のエイリアンが選ばれやすいことが明らかになった。他にも現実場面を想定した実験や現実場面における行動を分析した場合でも左右と感情の結びつきは確認される。例えば，裁判の量刑を下す際に，右利き参加者は右側に弁護人が存在する場合は，参加者の右側に検察官がいる場合に比べて，量刑が軽くなることが紙筆実験を用いた研究で明らかにされている（山田ら，2014）。この結果は，右利き参加者にとって，利き手側の対象の意見を肯定的に捉えるために，その意見を重視し，量刑を下していることを示唆する。また，選挙演説中のジェスチャーでも左右と感情の関係がみられることを報告している研究も存在する（Casasanto & Jasmin, 2010）。具体的には，2004年と2008年の米国の選挙演説時に，右利きの演説者（ブッシュとケリー）は肯定的な意見を述べるときはみずからの右手を，否定的な意見を述べるときはみずからの左手を用いてジェスチャーを行ない，左手の演説者（マケインとオバマ）の場合は逆転する傾向があることを示した。以上のように左右と感情の結びつきが

166

図9-7 カササントとクリシコウ（2011）の実験2のトレーニングフェイズの風景
（Casasanto & Chrysikou, 2011の Supplementary information より）
図の丸の箇所は，参加者の右手である。右手はスキーグローブを身につけている上に，手首からもスキーグローブをぶら下げていた。

かかわる現象もいくつか存在するが，上下と感情に関する研究に比べて圧倒的に数もバリエーションも少ない。この点については，もしかすると上下空間と感情の結びつきに比べて，左右空間と感情の結びつきの方が顕著ではないことに起因しているのかもしれない（Marmolejo-Ramos et al., 2013）。

　それではなぜ利き手側が快感情と結びつくのだろうか。この点については，上下と感情の結びつきとは異なり，処理流暢性が関与しているという主張が現時点では主流である。これまでの実験心理学の知見により，処理が流暢に行なわれる対象に対して人は快い印象を抱くことが明らかにされている（例えば，Reber et al., 1998）。ゆえに利き手側のほうが流暢に外界とふれ合うことが可能であるため，利き手側が快感情と結びついていると考えられる。現に，元々は右利きだが事故により身体の右側が麻痺した患者においては，右と快感情の結びつきは消失していることが明らかになっている（Casasanto & Chrysikou, 2011）。加えて，カササントたち（Casasanto & Chrysikou, 2011）は，健常な右利きの参加者に右手が使いづらい課題（右手にスキーグローブをつけ，さらに右手首からスキーグローブをぶら下げた状態でドミノを立てる課題：図9-7）を行なわせ，一時的に利き手が流暢に外界の事物とふれ合うことができ

ない状態にした場合も，右と快感情の結びつきが消失することを示している。これら2つの実験は，左右と感情の結びつきは処理流暢性に基づいて形成されていることを直接的に示唆する証拠である。

　一方で，人間以外の生物でも左右と感情の結びつきを示唆する現象が報告されている。例えば，犬がうれしいとき（例えば，飼い主と一緒にいるとき）は右方向にしっぽを振り，緊張しているとき（例えば，見知らぬ人と一緒にいるとき）が左方向にしっぽを振ることが明らかになっている（Quaranta et al., 2007）。さらに，ミツバチも右の触覚を使用して向社会的行動を行なうことが示されている（Rogers et al., 2013）。これらの研究ではいずれも脳の半球左右差が関与している可能性をあげている。人間に限らず他の生物でもこのように左右と感情の関連がみられることを考えると，もしかすると人間の心内の左右と感情の結びつきも処理流暢性ベースだけではなく，脳の機能の左右差も関与している可能性があるかもしれない。

第5節
おわりに

　本章では，空間と感情の心的な結びつきについての研究を紹介した。これまでの多くの知見により，知覚，記憶，視覚的注意，評価，選択などの多くの内的処理に空間−感情メタファの影響がみられることが示されてきた。その一方で，これまでは主に現象報告の類のいわゆる発散的な知見が多かった。今後は，これまでのそれを収束的に説明できるようなメカニズムの解明に焦点を当てた研究をさかんに行なうことが必要である。

　また，心的メタファは今回紹介した空間−感情メタファに限ったものではない。例えば，温度と対人感情（例えば，Wiliams & Bargh, 2008），重さと重要性（例えば，Jostmann et al., 2009），道徳と清潔さ（例えば，Schnall et al., 2008），においと疑い（Lee & Schwarz, 2012）などの結びつきが存在し，空間−感情メタファ同様に我々の行動に影響を与えることがこれまでの研究で明らかにされてきた。空間−感情メタファだけではなく，これらのすべての心的メタファの研究を通して，総合的なメカニズムを解明していくことが今後は一層重要であると思われる。

第10章

パフォーマーの感性の熟達

安藤花恵

　みなさんは，だれかのパフォーマンスを目にして，惹きつけられた経験はないだろうか。俳優が演技をしているのを目にしたとき，舞台や街角でダンス・パフォーマンスを目にしたとき，ライブ会場で歌手の歌を聴いたとき，コンサートホールで一流音楽家の演奏にふれたとき……。熱のこもった教師の授業を受けたとき，話のうまい講演者の話を聴いたとき，街頭で政治家の迫力ある演説を聴いたとき……。そういったときに，ときおり，そのパフォーマンスにどうしようもなく惹きつけられてしまうことがある。パフォーマンスを行なっている人から目が離せなくなり，時が過ぎるのを忘れて，見入ったり聴き入ったりしてしまう。そのパフォーマンスによって感情を揺すぶられ，いつまでもそのパフォーマンスに浸っていたいと感じる。そのパフォーマンスが終わったときには，いくぶんか興奮していて，しばらくは何度も思い返すなど心に余韻が残る……。

　あたり前のことだが，だれのパフォーマンスであっても，どんなパフォーマンスであっても，このように心を惹きつけられるわけではない。世の中には，私たちの心を惹きつけるパフォーマンスと，そうでないパフォーマンスがある。この差を分けるものは何なのだろうか。心を惹きつけるようなパフォーマンスができる人は，他の人と何が違うのだろうか。この章では，筆者がこれまで行なってきた演劇俳優に対する研究を主に取り上げながら，演技者（パフォーマー）の感性の熟達について考察してみたい。

第*1*節
パフォーマーとは

1．熟達領域の分類

　何かを新しく始めたばかりの人のことを，初心者（novice）と呼ぶ。だれでも初心者の頃はうまくできない。習い事や部活，趣味や仕事など様々な場で，最初は経験者のようにはうまくできず，もどかしい思いをしたことのある人は多いだろう。そんな初心者も，経験を積み，練習・訓練を繰り返すうちに，徐々に知識や技能を身につけていく。長期の経験を積んで，高度な知識や技能を身につけた人を熟達者（expert）と呼ぶが，この熟達者と初心者の違いが何であるかを調べる研究が「熟達化（expertise）」研究であり，これまでに様々な領域で研究が行なわれてきた。

　チェスや囲碁・将棋といったボードゲームや，車や飛行機の運転などの技能，医療や学術・教師といった専門職能力，種々のスポーツや，絵画・音楽・文学などの芸術領域…。非常に多岐にわたる領域において，熟達化研究は進められてきている。熟達者が身につけてきている能力には，もちろん，個々の領域に特有のものもあるが，多くの領域にまたがって共通する能力もある。このように多岐にわたる領域において，領域間を比較したり，共通性を見いだすために，領域をいくつかの軸で整理することは有効だろう。大浦（2000）は，様々な領域を「創造的領域－非創造的領域」・「技能領域－非技能領域」という2つの軸で整理している。

　「非創造的領域」は，問題解決の手続きが定型化されており，決まった一連の手続きを習得すれば，それですべての課題が解決できるという領域である。例えば算盤や暗算，タイピングなどがこの領域に含まれる。一方，「創造的領域」は問題解決の手続きが定型化されておらず，状況によって問題解決法が異なる領域である。例えばチェスは，相手がどのような手を打ってくるかによって，こちらの駒の動かし方は変わるだろう。また，そのときの取るべき解決策（次にどの駒をどこへ動かすべきか）も1つではないかもしれない。このように，状況によって取るべき解決策が異なり，しかも正解は1つではないかもしれない中で，その場その場でふさわしい解決策を考え，実行していく領域が「創

表10-1　熟達領域の分類（大浦，2000をもとに作成）

	非創造的領域	創造的領域
非技能領域	計算問題を解く（制限時間なし） 書かれた文章のタイピング	学術 医療の診断 作曲 文学 デザイン・絵画 チェス
技能領域	珠算 口述のタイピング レストランにおける注文の記憶	スポーツ ドライビング 外科手術 楽器の演奏や歌唱 ダンス 演劇

造的領域」である。

「非技能領域」は，問題解決のプロセスが時間の制約を受けない領域であり，「技能領域」は，問題解決のためのプラン形成と実行を実時間の中で行なう必要がある領域である。例えば医療の分野で言えば，検査結果をもとに診断を行なうのは「非技能領域」といえるだろう。診断を下すまでに，検査結果を見比べながら，納得のいくまで時間をかけて熟考することができ，時間の制約を受けない。一方，同じ医療の領域でも外科手術などは，「技能領域」に含められる。手術の最中は，刻一刻と変わる状況に対して，即座に適切な解決策を考え，それをプラン通りにうまく実行しなければならない。よい解決策が思いつくまで時間をかけて考えるということもできないし，実行してみたら失敗したのでもう一度最初からやり直し…というわけにもいかない。

熟達化研究の中でよく扱われてきた領域について，大浦（2000）の「創造的領域－非創造的領域」と「技能領域－非技能領域」の2軸に当てはめて整理したものが表10-1である。

2．「表現－非表現」の軸

今回，これまで説明してきた2つの軸に加えて，「表現領域－非表現領域」という軸を提案したい。これは，その領域における問題解決の主目的が，他者へ向けた表現であるか否かという軸である。

表10-2 「表現-非表現」の軸による熟達領域の分類

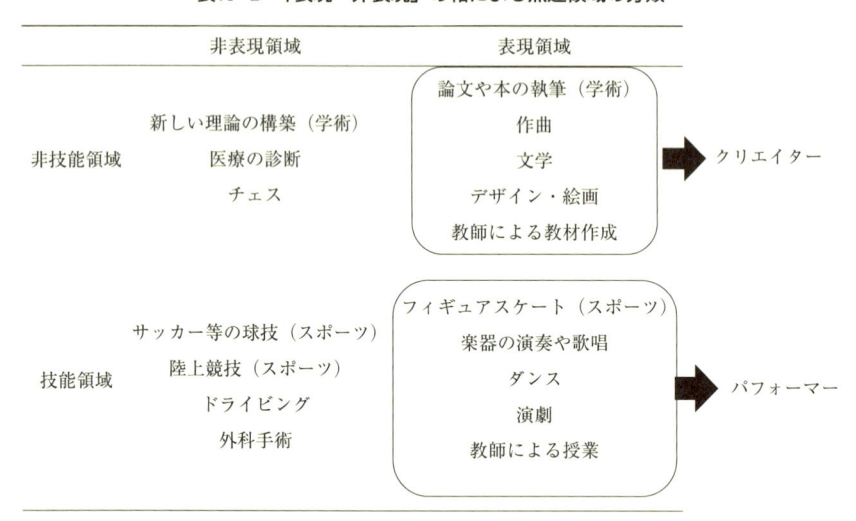

	非表現領域	表現領域	
非技能領域	新しい理論の構築（学術） 医療の診断 チェス	論文や本の執筆（学術） 作曲 文学 デザイン・絵画 教師による教材作成	→ クリエイター
技能領域	サッカー等の球技（スポーツ） 陸上競技（スポーツ） ドライビング 外科手術	フィギュアスケート（スポーツ） 楽器の演奏や歌唱 ダンス 演劇 教師による授業	→ パフォーマー

　例えばスポーツにおいて，フィギュアスケートは，ジャンプの回転数やエッジの使い方などの技術を競うと同時に，美しさや表現力といった芸術性も競う競技である。選手たちは，他者に見せるために体の隅々までに意識を行き渡らせながら滑っているのであり，フィギュアスケートというスポーツの主目的の1つは，みずからの演技を他者に見せること，つまり「表現」であるといえるだろう。一方，同じスポーツでもサッカーの目的は，ボールを相手ゴールに入れることであり，1つでも多くのゴールを奪って試合に勝つことである。選手が自分の身体の動きを観客に見せることが目的ではない。マラソン選手も，1秒でも早く42.195kmを走り切ることが目的で走っているのであって，みずからのランニングフォームの美しさを人に見せることを意識しているわけではない。

　このように，みずからの行為そのものや行為の結果（作品）を他者に見せることを目的としている領域を「表現領域」，行為の目的がそれ以外のところにある領域を「非表現領域」とする。表10-1における「創造的領域」のみを取り上げ，「表現領域-非表現領域」の軸を取り入れると，表10-2のようになる。

　「表現・非技能領域」に含まれるものは，他者に聴いてもらうための曲をつ

くる作曲や，他者に読んでもらうための作品を書く文学など，自身の行為の結果が表現作品となり，他者に鑑賞されるものである。この領域で表現活動を行なう人のことを，今後「クリエイター」と呼ぶ。また，「表現・技能領域」に含まれるものは，楽器演奏や歌唱，ダンスや，教師が行なう授業など，行為そのものが表現作品であり，行為中の人自身が鑑賞者の目にさらされるものである。この領域で表現活動を行なう人のことを「パフォーマー」と呼ぶこととし，この章では，「パフォーマー」に広く共通する熟達者の特徴とは何かを探っていく。

第2節
熟達における「技術」と「感性」

1．「技術」と「感性」

どんな分野にも，非常に優れた熟達者というものは存在する。彼らには生まれ持った才能があったのか，それとも，他の人よりもずっと多くの努力を行なってきたのか。この「才能か努力か」という問いは，熟達化研究において多くの研究者たちが議論してきた問いである。

この議論に一定の決着をつけたのがエリクソンら（Ericsson et al., 1993）である。熟達化研究において，国際レベルで活躍する熟達者になるためには最低でも10年は必要であるといわれており，この「10年ルール」は多くの分野であてはまることが報告されている。それでは，10年訓練を積めばだれでも国際レベルの熟達者になれるのかといえば，そうではないだろう。エリクソンらは，その差を分けるものは練習の「質」であるとし，すばらしい熟達者になるためには10年以上の「よく考えられた練習（deliberate practice）」が必要であると結論付けている。つまり，トップレベルの非常に優れた熟達者になるためには，練習・訓練の「質（よく考えられた練習を行なうこと）」と「量（日々の訓練を10年以上続けること）」の両方が必要だというのである。

どんな分野であれ，10年以上の訓練を続ければ，ある程度の熟達者にはなれるだろう。しかし，超一流になれるのは，10年以上の訓練を続けている人の中でも一握りである。この一握りの人たちが身につけてきたもの，通常の練習ではなく「よく考えられた練習」でなければ身につかないもの，超一流とそれ以

外を分けるもの，それこそが"感性"と呼べるものではないかと考えられる。

　熟達を通して身につく技能の中には，訓練法が確立していたり，「よく考えられた練習」でなくても，反復練習で比較的容易に身につきやすい能力がある。この能力をこの章では"技術"と呼んで，感性と区別したい。例えばピアノ演奏であれば，10年以上の訓練を積めば，だれでも楽譜を読むことができるようになるだろう。指も鍛えられて速く正確に動かせるようになり，楽譜通りにピアノを演奏することはできるに違いない。これが"技術"である。しかし，技術を身につけたピアニストが，全員，美しい音色を奏でることができ，情感豊かに曲を弾いて，聴衆の胸を打つ演奏ができるかといえば，そうではないだろう。楽譜に書かれた通りの音階・テンポ・リズム・強弱で演奏はできても，面白味のない演奏しかできない人もいるに違いない。もしくは，10年以上の経験を積んだ教師であれば，緊張せずに大きな声で授業できるようになるだろう。板書にしても，教育実習生だった頃に比べればずっとスムーズになるに違いない。しかし，このような技術は，子どもたちを惹きつけ，夢中にさせる授業ができるということを保証するものではない。

　この，ピアニストが美しい音色で，情感豊かに，聴く人の胸を打つ演奏をするために必要な能力が"感性"であり，教師が授業で子どもたちを惹きつけるために必要な能力が"感性"である。いくつかのパフォーマーにおいて，技術と感性として想定されるものを表10-3にまとめている。

　パフォーマーにおける技術とは，主に，その領域における身体の動かし方についての技能や，それを支える身体の筋力や柔軟性などである。それに対し，感性は，表現の受け手に訴えかけるために，身につけた技術を「どのように使うか・どのように発揮するか」に関する能力である。技術には訓練法が確立されているものも多く，長期間訓練を積めば多くの人が比較的容易に身につけられるのに対し，感性はそれをどのように身につければよいのか確立された訓練法は見当たらない。しかし，一流の熟達者になるためには必ず必要なものであり，パフォーマーにおける熟達の神髄ともいえるだろう。

　なお，クリエイターにおいても技術と感性は存在すると考えられる。例えば画家は，訓練を積むことで様々な画材の使い方に習熟し，デッサン力も身についていくだろう（技術）。しかし，使い方に習熟した画材をいかに使って，身

第 10 章　パフォーマーの感性の熟達

表10-3　パフォーマーにおける「技術」と「感性」の具体例

	技術	感性
フィギュアスケート	・正しいエッジでジャンプやスピンができる ・身体に柔軟性がある	・スケートで曲を表現することができる ・観客に訴えかける演技ができる
楽器演奏	・指の力・腕の力・肺活量など，その楽器の音を出すのに必要な体力を身につけている ・楽譜の通りに演奏することができる	・美しい音色が出せる ・聴衆の胸を打つ演奏ができる
歌唱	・幅広い音域の声が出せる ・声量がある ・楽譜の音階通りに歌うことができる	・情感を込めて歌うことができる ・聴衆の胸を打つ歌唱ができる
ダンス	・そのダンスにおけるステップ等の体の動かし方が身についている ・足が高く上がったり，たくさん回転できるなどの身体能力を身につけている ・音楽に合わせてダンスすることができる	・観客が見入ってしまうダンスができる
教師による授業	・教室全体に聞こえる大きさの声が出せる ・美しくスムーズに板書ができる	・生徒を引き込むことができる ・生徒の集中力を切らさずにいられる
演説	・話すべき内容を，原稿を見ずに，忘れずに話すことができる	・聴衆を納得させることができる ・聴衆を聴き入らせることができる

につけたデッサン力で何を描くのか，そのことによっていかにオリジナリティを発揮し，いかに見る人の足を止めて引き込むような，見る人に訴えかけることができる絵を描くのか，という感性は，訓練を積めばだれもが等しく身につけられる力ではない。また，非表現領域においても，技術と感性に相当するものはあるかもしれない。例えばサッカーにおいて，ボールを意図した方向・距離に蹴ることができたり，ドリブルしながら速く走ったりという能力は技術と呼べるだろう。そして，その技術を駆使して，試合という刻一刻と変化する状況の中で，どのようにボールを運ぶべきかをすばやく判断したり，自分がどの位置にいればいいかを判断して動ける力は，感性・センスと呼べるかもしれない。しかし，領域が変わると感性の内容も変わってくる可能性があり，すべて

175

の領域における感性を一括りにしてしまうのは危険である。今回は，パフォーマーにおける感性に絞って考察を深めたい。

2．演劇における技術と感性

　筆者は，初心者群俳優（経験1年未満）・中間群俳優（経験1～5年）・準熟達者群俳優（経験5年以上）の演技を様々な人（演劇未経験者・短期経験者・中期経験者・長期経験者）に見せ，評価をしてもらった（安藤，2011）。その結果，演劇経験のない者から長い者まで，だれが見ても，「セリフを棒読みでなく読める程度」や「身体の動きの大きさ」といった技術面では，中間群と準熟達者群に差はないと評定された（図10-1参照）。技術というものは，未経験者から見てもわかりやすく，また，それは数年の経験である程度熟達するものであることがわかる。

　しかし，経験の長さを評価してもらうと，経験のない人・浅い人は，中間群と準熟達者群に差はないと評価し，経験の長い人は，この2群の経験の長さは異なると判断した（図10-2参照）。中間群と準熟達者群では，技術には変わりがないのにもかかわらず，経験の長さは異なると評価されるのはなぜか。演劇経験の長い人は，技術以外の何を見て，中間群俳優と準熟達者群俳優の経験の長さの違いを理解したのだろうか。

　それぞれの俳優の演技のよかっ

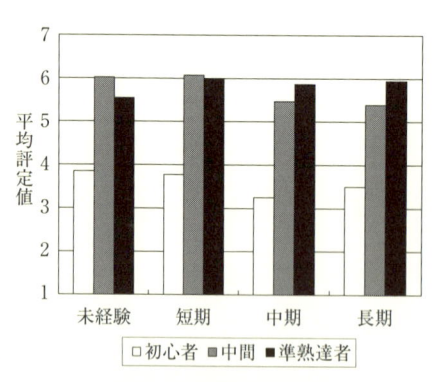

図10-1　経験の違う俳優群に対する「動きの大きさ」の評価（安藤，2011）

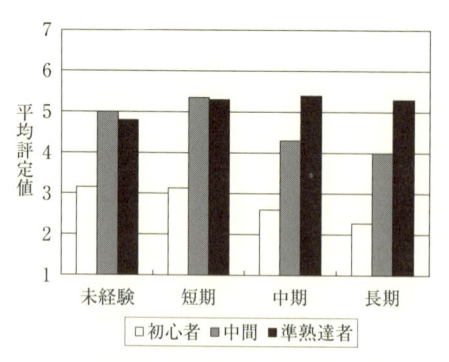

図10-2　経験の違う俳優群に対する「経験の長さ」の評価（安藤，2011）

第10章 パフォーマーの感性の熟達

たところ・悪かったところについて尋ねた自由記述を分析したところ，経験のない人・浅い人は，「声の大きさ」「動きがあるかどうか」などの技術についてばかり言及するのに対し，経験がある程度ある人は，技術についての言及が減り，「その役としてリアルにその場に存在しているか」「空気を変えることができているか」「演技が身体に馴染んでいるか」「自分で自分の演出ができているか」などの，感性的な評価を多く行なうことが明らかになった。中間群と準熟達者群は，技術には大きな違いはないが，この感性の部分に違いがあり，それを見抜くことができた演劇経験者たちが，この2群の経験年数には差があると判断したのだろう。

　やはり演劇においても，声・表情・身体の動きといった身体部位の動かし方は"技術"と呼べるものであり，ある程度経験を積めば身につけることができるようである。このような技術は，発声練習や身体訓練といった訓練法が確立しており，その訓練を繰り返すことで，比較的容易に身につくと考えられる。しかし，よく通る声を出し，表情や身体を大きく動かしながら演技をすれば，必ず「役としてリアルにその場に存在している」ような演技ができるわけではない。「空気を変えることができる」わけでもない。熟達した俳優たちは，身につけた技術をどのように使って演技すれば，役としてリアルに存在できるのか，どのように使って演技すれば空気を変えることができるのかを理解しているのだろう。この「技術をどのように使うか」が"感性"なのである。感性を身につけるためには，技術を身につけるよりも時間がかかるようである。しかも，確立した訓練法があるわけでもない。それどころか，長期経験者たちによる「演技が身体に馴染んでいるか」「自分で自分の演出ができているか」といった言葉を見ても，そもそも感性というものがいったい何なのか，どういう力を指すのかもはっきり定義できそうにない。しかし，経験が長くなればなるほど，技術よりも感性を重視するようになることも示されており（安藤, 2011），感性を身につけることこそが熟達の究極目標であるともいえる。それでは，パフォーマーにおける感性とは，いったいどのようなものなのだろうか。

第3節
パフォーマーにおける感性

1．3つの視点

　俳優がどのように演じるべきかを論じる演技論には様々なものがあり，河竹（1978）によると，役の心を重視し，役になりきる「感情移入型」と，外からどう見えるかという形を重視する「他者表現型」の2つのタイプに分けられるという。この2つは相反するものと考えられがちだが，実は「心」と「形」の両方が融合した状態が理想的であると考えられている。また，ウィルソン（Wilson, 2002）も，俳優の演技に対するアプローチを，演じる役やその状況にふさわしい感情を呼び起こして演技する「想像的アプローチ」と，観客の立場に立って自分自身の演技を外側からモニターする「技術的アプローチ」の，2種類に分けている。そしてやはり，この2つのアプローチは矛盾するものではなく，相補的なものであるとしている。

　河竹の「感情移入型」・ウィルソンの「想像的アプローチ」は，自分の演じる役という，自分とは異なる人物の視点に立ち，その人物が感じるであろう感情を自分も感じるということであり，"役の視点"に立っているといえる。また，「他者表現型」・「技術的アプローチ」は，自分の演技を見ている観客という，これもまた自分とは異なる人物の視点に立ち，自分の演技を客観視しているということであり，"観客の視点"に立っているといえるだろう。そしてこの2つの視点は，片方だけに立つのでは不十分であり，同時に両方の視点に立ちながら演技する必要があるのである。「型」が重要であると考えられがちな伝統芸能の歌舞伎においても，気持ちが先走って形をはみ出してしまうのも，形が気持ちを封殺してしまうのも一面的でよくないとされており，役の気持ちの理解と形の表現との相関が問われる（柴田，2010）というのであるから，俳優においては演技の際，役の視点と観客の視点の両方に同時に立つ必要があるというのは間違いないだろう。

　また，ノイスとノイス（Noice & Noice, 2006）によると，俳優は演技中，その状況にふさわしい感情を本当に感じているのと同時に，その一方で，前もって決められていた間や動きなどを冷静に実行するとされている。このような俳

第10章 パフォーマーの感性の熟達

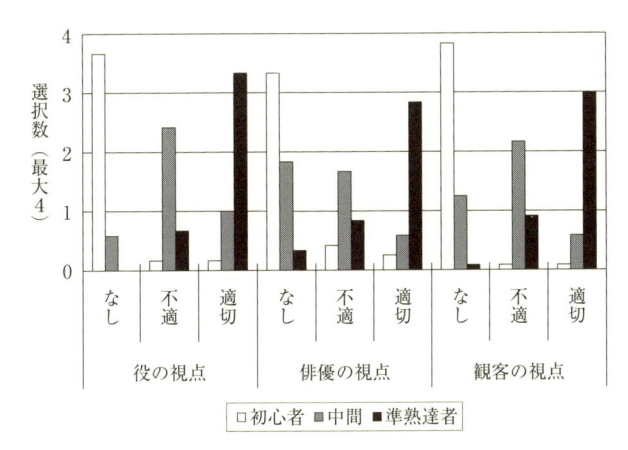

図10-3 各群4名の俳優について、演技中に3つの視点にどのように立っているかを俳優が選択した平均人数 (Ando, 2006より改変)

優の意識の二面性を、ディデロット（Diderot, 1830）は「俳優の矛盾（the actor's paradox）」と呼んだ。つまり俳優は、役の視点に立って、その役が感じるであろう感情を感じながら演技をしているが、我を忘れてのめり込むのではなく、必要な段取りなどを記憶して実行する、冷静な自分自身も残しているということである。これは、俳優自分自身の視点を失っていないということで、"俳優の視点"にも立ちながら演技をしているといえる。

つまり俳優は、演技をしている最中、役の視点・観客の視点・俳優の視点という3つの視点に同時に立ちながら演技していると考えられる。そこで筆者は、様々な長さの演劇経験を持つ俳優が演技中に3つの視点に立っているのかどうかを検討した（Ando, 2006）。その結果、初心者群（経験1年未満）はどの視点にも立てていない俳優が多く、中間群（経験1～5年）は3つの視点に立とうとしているがうまくいっていない俳優が多く、準熟達者群（経験5年以上）は3つの視点すべてにうまく立っている俳優が多いことが明らかになった（図10-3参照）。3つの視点すべてに同時に立ちながら演技をするということは難しく、その能力を獲得するには5年以上の経験が必要なようである。この、同時に3つの視点に立ちながら演技ができるということは、俳優における感性と呼べるのではないだろうか。

179

また，この「3つの視点に同時に立つ」ということは，俳優だけでなくパフォーマーに広く共通する感性の形であると考えられる。パフォーマーがパフォーマンスを行なう目的は，自分の身体の動きを観客に見せることである。よって観客から自分の動きがどのように見えるのかを考えることは非常に大切である。生田（1987）は，日本舞踊の学習者が，練習を積むにつれ徐々に師匠の視点から自分自身の踊りを見るようになるとしている。大浦と波多野（Oura & Hatano, 2001）は，ピアノの準熟達者たちが，練習中に，自分の演奏をまるで初めて聴く聴衆のように聴きながら（聴衆の視点に立ちながら）演奏し，伝えたいことが聴衆に伝わる演奏であるかを吟味して演奏の仕方を変えていくことを明らかにした。また，ピアノの熟達者が，「演奏会のアンコール」と「幼稚園児の誕生日パーティ」という違った観客を仮想すると，その観客に合わせて演奏の仕方が変わることも明らかにした（大浦・波多野, 2004）。岡は，ダンサーにおいても，観客の前で踊る経験を積むことによって，みずからの身体の動きが観客の目にどのように映るか客観的に思い描くことができるようになるとしている（岡, 2012）。

　このように，パフォーマーにおいて，熟達するにつれ，観客の視点に立ちながらパフォーマンスを行なうようになるというのは共通していると考えられる。それでは，役の視点や俳優の視点はどうだろうか。この2つの視点について言及している研究はあまり見当たらない。しかし，歌舞伎等を含む演劇において「心」と「形」の両方が必要であるとされるように，他のパフォーマーにおいても「心」は必要なのではないだろうか。観客の視点から客観的に自分のパフォーマンスを見る冷静さを持っているだけでなく，やはりパフォーマンスに「心」がこもっていなければ，人を惹きつけることはできないのではないだろうか。歌唱にしても，楽器の演奏にしても，ダンスにしても，フィギュアスケートにしても，教師による授業にしても，演説やプレゼンテーションにしても，ある種の"本気""感情""熱"のようなものがこもっていなければ，人はそのパフォーマンスに惹きつけられないのではないか。

　演劇以外の領域においては，必ずしも「自分とは異なる人物である役を演じる」というわけではないので，正確な意味では「役の視点に立つ」とは言えないかもしれない。しかし，俳優が役の視点に立つのと同様に，パフォーマーは，

その場にふさわしい感情を呼び起こして，実際に本当の感情を感じながらパフォーマンスをしなければならないのではないだろうか。パフォーマーが本当に感情を感じていて，その"感情"や"本気"，"熱"といったものが見る者に伝わってくる。しかし，その感情にのめり込みすぎて自己陶酔していたら観客はしらけてしまうだろう。本気の感情を感じながらも，観客の目に自分のパフォーマンスがどのように映っているのかをモニターし続け，パフォーマンスを適切なものに調整し続ける。また，感情にのめり込みすぎて我を忘れ，あらかじめ決められた段取り・セリフ・歌詞・ステップといったものを飛ばしてしまってはいけない。本気の感情を感じながらも（役の視点），冷静な自分も一方には持って決められたことを遂行し（俳優の視点），観客への見え方もモニターして，観客に合わせてパフォーマンスを調整し続ける（観客の視点）。これを同時並行的に行ないながらパフォーマンスをするというのは，非常に難しいに違いないが，その絶妙の技に，見る者は惹きつけられるだろう。

2．即興性

　経験を長く積んだ俳優にインタビューし，初心者の頃と比べて，経験を積むことで変わってきたことは何かを振り返ってもらったところ，興味深いことに，ほとんどの俳優が共通して，「演技をあらかじめ決めて固定しておくことがなくなった」と答えた（安藤，2015）。初心者の頃は，あらかじめどのようにセリフをいうか，どのような表情でどのような動きをするか演技を決めておき，それを1人で何度も練習して，決めた通りに演じるという演じ方であったという。しかし，相手役の演技が変われば，こちらの演技も変わってしかるべきである。相手がどのような演技をしようとも，それにかかわらず自分はこのように演じる，と決めてしまっては，相手役とかみ合った演技にはならず，不自然な演技になるに違いない。そして，相手役の演技は，セリフをいうタイミングや言い方，表情や立っている位置など，厳密には毎回毎回異なるはずである。そのため，熟達した俳優は，セリフやストーリーなどがあらかじめ決められている中でも，演技を完全に固定はせずに即興性を残して演技しており，相手役の演技を受けて，その場でそれに応じた反応を返す形で演技をしているのである。

柴田（2010）によると，歌舞伎は唄や鳴り物（楽器演奏）も録音ではなくその場で演奏されているので，歌舞伎役者同士だけでなく，歌や鳴り物とのアンサンブルも大切であるという。そのため，歌舞伎役者は「1人で」演じるのではなく，常に相手（他の歌舞伎役者や唄や鳴り物）に注意を払い，相手に合わせて演じなければならない。このような即興性は，他のパフォーマーにも共通すると考えられる。楽器の演奏にしても，毎回毎回判で押したように同じ演奏をすればよいというものではなく，他の演奏者の演奏や，指揮者との関係において，毎回変化していくべきものである。

また，優れたパフォーマーは，観客の反応にも合わせてパフォーマンスを調整していくという即興性をも持っている。熟達した落語家は，観客の反応から落語に対する観客の理解を測り，リアルタイムで自身の演技を観客に合わせて調整し，笑いを引き出しているという（野村・丸野，2007）。パフォーマーは皆，観客の目前でパフォーマンスを行なう。事前にプランを事細かに決めてその通りに動くのではなく，その場の観客の反応に応じてパフォーマンスを変え，そのことにまた観客が反応し，またそれに応じたパフォーマンスを行なうというようなインタラクションがあってこそ，観客はパフォーマンスを楽しみ，引き込まれていくだろう。

観客の反応に応じて即興的にパフォーマンスを行ない，また，複数のパフォーマーがいる場合は，パフォーマー間でもインタラクティブに，即興的にパフォーマンスを行なっていく。このように即興的であるためには，自分の考えに固執せず，相手の反応を受け入れることができる柔軟性，共演者や観客の反応を瞬時に的確に感じ取ることができる敏感さ，そして感じ取った相手の反応に即座に応じて適切な行動を取ることができる瞬発力や協調性，そういった様々な能力が必要になるだろう。即興性を持っているパフォーマーは，優れた感性を身につけているといえる。

3．態度・人柄

長期演劇経験者へのインタビュー調査（安藤，2015）では，他にも，初心者のうちは自分のことばかりを考えていたが，経験を積むにつれ視野が広くなったという発言が多くの俳優から得られた。初心者の頃は，「自分が目立ちたい」

と思い，演技をしていたというのである。それが経験を積むにつれ，「自分が目立つこと」よりも，「公演が成功すること」が目標となり，ストーリー全体の中での自分の役割を考えて，目立つべき部分では目立たなければならないが，目立ってはいけない部分では目立たないように演技する，というように変わったという。経験が10年以上の俳優になるとさらに視野が広がり，「演劇とはどういうものであるか」「広く社会において，演劇とはどうあるべきか」ということまで考えて演劇に臨むようになることが示唆された。自分が目立つことだけを目指していた頃と比べれば，大きな変化である。

　岡（2012）は舞踊経験の長いダンサーに，引き込まれるダンサー・引き込まれないダンサーについてインタビューしており，引き込まれないダンサーの特徴としては「自己完結，自己中心的，自己満足，傲慢」といった特徴があげられている。引き込まれるかどうかは，技術の有無によって決まるのではなく，舞踊に立ち現われるダンサーの人間性や，舞踊への向き合い方によって決まるのである。

　たとえ技術を持っていても，その技術を「自分が目立つため」「自己満足のため」という目的で使っていれば，それは見る者に伝わるのである。自分のためではなく，よりよい表現のために技術を駆使し，真摯に表現と向き合い続けているパフォーマーのパフォーマンスは，人を惹きつけるのであろう。

第4節
おわりに：感性を身につけるためには

　この章では，観客の目前でなんらかの表現を行なうパフォーマーに焦点を当て，その感性の熟達について考察を行なってきた。パフォーマンスに使うための声を鍛える，身体を鍛える，といった技術的な面については，訓練によって身につけることが可能である。しかし，人を惹きつけられるようなパフォーマンスができる，一流のパフォーマーになるためには，技術を身につけているだけでは不十分である。

　パフォーマンスを行なう際には，その状況にふさわしい感情を実際に感じなければならない。そこに本当の感情・本気の情熱といったものがあることで，見る者の心を動かすことができるのである。いくら大声量で正しい音階で歌う

ことができても，感情がまったくこもらない歌は，面白味がないだろう。逆に，技術的には下手な子どもの歌であっても，感情がこもっていれば人の心を打つかもしれない。しかし，感情に溺れてしまってはならず，一方では自分自身の冷静な心も残しておき，ミスのないようにパフォーマンスを遂行する必要がある。また，みずからのパフォーマンスが観客の目や耳にどのように見え，聞こえるのかを常にモニターしながら，パフォーマンスによって伝えたいことが伝わるように調整していく必要がある。これら3種類の認知活動を同時並行して行なうのは，非常に難しいことだろう。パフォーマンスの場で，観客の目前であっても，ふさわしい感情を自分の中に生み出すことができること，その一方で冷静さも保つことができること，そして自分の表現が観客にどのように届いているかがわかること，これが熟達したパフォーマーの持つ感性であるといえる。

　また，熟達したパフォーマーは，共演者や観客とのインタラクションによって，即興的にパフォーマンスを変化させている。観客の反応に応じたパフォーマンスが行なわれるため，観客もどんどん引き込まれていくだろう。この即興性も，パフォーマーの持つ重要な感性の1つである。

　こういった感性を身につけるための訓練というものは確立されていない。筆者が行なったインタビュー調査においては，即興性などの感性の必要性に気づき，それを追求するようになったきっかけとして，他者との交わりや環境の変化をあげた俳優が多かった（安藤，2015）。様々な熟達した俳優に出会い，練習や公演をともにする中で，その人達の考え方や演技に対する臨み方にふれて，自分との違いに気づくケースが多いようだ。また，みずからが演出家を経験したり，より経験の浅い俳優への指導経験を持つことで，良い演技・悪い演技というものを考えたり客観視することができ，演技への取り組み方が変化したという俳優も多かった。

　感性というものは，目で見える形で示して見せ，それを訓練させることは難しい。感性というものが何であるのか，一流のパフォーマーになるためにはいかに必要なものであるのかを，学習者本人が気づき，理解し，各個人で追求していく必要があるのかもしれない。だとすると，感性を身につけるために必要なことは，いかに「気づく」ための場を多く用意するかということだろう。様々

な熟達者とともにパフォーマンスを行なう機会を用意する。当該パフォーマンスを自分が行なうだけでなく，人のパフォーマンスを見る，サポートをする，人に教える，等様々な角度からかかわる機会を用意する。その中で感性の重要性に気づき，感性が何であるのかを理解し，追求していくことによって，パフォーマンスに真摯な態度で臨むようになり，人を惹きつけるパフォーマーに必要な態度・人柄が醸成されていくのだろう。

引用文献

序章

Baumgarten, A. G. 1750 *Aesthetica*, Frankfurt am Oder. 松尾　大（訳）1987　美学　玉川大学出版部
Berlyne, D. E. 1974 *Study in the new experimental aesthetics.* Hemisphere Pubishing Corp.
Biederman, I., & Vessel, E. A. 2006 Perceptual pleasure and the brain. *American Scientist*, 94, 249-255.
Böhme, G. 2001 *Aisthetik : Vorlesungen über Ästhetik als allgemeine Wahrenehmungslehre*, Wilhelm Fink Verlag. 井村　彰・小川真人・阿部美由起・益田勇一（訳）2005　感覚学としての美学　ゲルノート・ベーメ　勁草書房
Burk, E. 1757 *A philosophical inquiry into the origin of our ideas of the sublime and beautiful.* Dodsley, London. 中野好之（訳）1999　崇高と美の観念の起源　みすず書房
Carbon, C, C. 2010 The cycle of preference : Long-term dynamics of aesthetic appreciation. *Acta Psychologica*, 134, 233-244.
Casasanto, D. 2009 Embodiment of Abstract Concepts : Good and Bad in Rigft-and Left-Handers. *Journal of Experimental Psychology : General*, 138（3）, 351-367.
Cutting, J. E. 2003 Gustave Caillebotte, French Impressionism, and mere exposure. *Psychonomic Bulletin & Review*, 10, 319-343.
Eysenck, H. J. 1941 Type-factors in aesthetic judgments. *British Journal of Psychology*, 31, 262-270.
Fechner, G. T. 1876 *Vorschule der Aesthetik.* Leipzig, Breitkopf.
行場次朗・瀬戸伊佐生・市川伸一　1985　パターンの良さ評定における問題点—SD法による分析結果と変換構造説の対応　心理学研究, 56, 111-115.
久　隆浩　1988　景観嗜好と原風景　鳴海邦碩（編）景観からのまちづくり　学芸出版社　pp.134-146.
Hume, D. 1757 Of the standard of taste. In T.H.Green & T. H. Grose（Eds.）1889 *Essays moral, political and literary by David Hume.* London : Longmans, Green. 中　敏弘（訳）2011　ヒューム　道徳・政治・文学論集　名古屋大学出版会
Humphrey, N. 2006 *Seeing Red : A Study in Consciousness Mind/Brain Behaviour.* Harvard University Press. 柴田裕之（訳）2006　赤を見る：感覚の進化と意識の存在理由　紀伊國屋書店
Kanizsa, G. 1979 *Organization in Vision:Essays on Gestalt Perception.* Praeger. 野口　薫（監訳）1985　視覚の文法：ゲシュタルト知覚論　サイエンス社
Kant, I. 1781 *Kritik der reinen Vernunft.* Johann Friedrich Hartknoch　天野貞祐（訳）1921　純粋理性批判　岩波書店
Kant, I. 1790 *Kritik der Urteilskraft.* Hamburg: Meiner. 篠田英雄（訳）1964　判断力批判　岩波書店
河内十郎　1997　感性と知性の関係—脳損傷事例から考える　辻　三郎（編）感性の科学—感性情報処理へのアプローチ　サイエンス社　pp.47-51.
北岡明佳　2007　心理学から芸術へのアプローチ．基礎心理学研究, 26（1）, 97-102.
久石　譲　2006　感動をつくれますか？　角川グループパブリッシング
児玉優子・三浦佳世　2011　パターンのよさと知覚的体制化．心理学研究, 82, 277-282.
桑子敏雄　2001　感性の哲学　日本放送協会
京都市立芸術大学美学文化理論研究会　2001　アイステーシス—二十一世紀の美学にむけて　行路社
Luo, W. & Miura, K. 2015 The effects of culture-based visual experience on the evaluation of Japa-

187

nese and Chinese historic buildings. *Kyushu University Psychological Research*, 15, 1-8.
Metzger, W. 1953 *Gesetze des Sehens*. Verlag von Waldemar Kramer, Frankfurt am Main.
三浦佳世　2006　感性心理学　海保博之・楠見　孝（編）心理学総合事典　朝倉書店　pp.606-612.
三浦佳世　2007　知覚と感性の心理学　岩波書店
三浦佳世　2008　感性からの環境評価　持続型都市建築システム学シリーズ　循環建築・都市デザイン―人間の感性と豊かさのデザイン　技報堂出版　pp.7-33.
三浦佳世　2010　感性認知―アイステーシスの実証科学として　三浦佳世（編著）知覚と感性　北大路書房　pp.2-27.
三浦佳世　2013　感性　日本認知心理学会（編）認知心理学ハンドブック　有斐閣　pp.64-67.
三浦佳世　2014　時間と空間の知覚と表現―写真のミニチュア効果・フォトコラージュ　絵画の時間研究を通して　モルフォロギア, 36, 2-22.
Miura, T. 2012 *Visual attention and Behaviour: Bridging the Gap Between Basic and Practical Research*. Kazama Shobo, Japan
中嶋優・一川　誠　2010　画像の具象性と刺激位置が配置の美的印象に及ぼす効果　日本感性工学会論文誌, 8(1), 137-143.
中島義明　1987　直感物理学―運動軌道の認知　大阪大学人間科学部紀要, 13, 79-107.
中村雄二郎　1997　感性の覚醒　岩波書店
Noguchi, K. 2003 The relationship between visual illusion and aesthetic preference: an attempt to unify experimental phenomenology and empirical aesthetics. *Axiomathes*, 13, 261-281.
大中悠起子・松田隆夫　2006　パノラマ写真にこえる広視界感と側方距離知覚との間の差異性　立命館大学人間科学研究, 11, 35-44.
苧坂直行　2013　美しさと共感を生む脳―神経美学からみた芸術　新曜社
大澤俊朗　2008　バウムガルテンの受容史について―美学というディシプリンをめぐる批判的考察　*Quadrante*, 10, 381-402.
Penrose, R. 1989 *The Emperor's New Mind: Concerning Computers, Minds, and The Laws of Physics*. Oxford University.
Ramachandran, V. S., & Hirstein, W. 1999 The science of art -A neurological theory of aesthetic experience. *Journal of Consciousness Studies*, 6, 15-51.
Reboul, O. 1980 Sentiment.. *Encyclopaedia Universalis*, 14, 883.
Rosenkranz, J. K. F. 1853 *Aesthetik des Hässlichen*. Gebrüder Bornträger. 鈴木芳子（訳）　2007　醜の美学　未知谷
坂本　博　1996　感性の哲学　篠原　昭・清水義雄・坂本　博（編著）感性工学への招待―感性から暮らしを考える　森北出版　pp.20-35.
佐々木健一　2001　感性は創造的でありうるか　京都市立大学美学文化理論研究会（編）アイステーシス　行路社　pp.21-46.
長尾　真　1995　辻　三郎（監修）感性情報処理の情報学・心理学的研究　文部省科学研究費補助金重点領域研究平成6年度成果報告書　pp.135-172.
千代章一郎　2010　感性のまなざし　感性哲学, 10, 3-4.
Shimojo, S. & Ichikawa, S. 1989 Intuitive reasoning about probability: Theoretical and experimental analyses of the "problem of three prisoners". *Cognition*, 32, 1-24.
Silvia, P. J. 2012 Human Emotions and Aesthetic Experience: An overview of empirical aestheics. In A. P. Shimamura & S. E. Palmer (Eds.), *Aesthetic Science*, Oxford University Press, pp.250-275.
Stamenov, M. I., & Gallese, V. (Eds.) 2002 *Mirror Neurons and the Evolution of Brain and Language*. John Benjamins Publishing company.
都甲　潔　2004　感性の起源　中央公論新社

引用文献

鳥居修晃 1975 はじめて見る世界 磯貝芳郎・藤田 統・森 孝行（編著）心の実験室 福村出版
von Franz, M.-L. 1964 Conclusion : Science and the unconscious. In C.G. Jung(Ed.), *Man and His Symbols*. Aldus Books Ltd,London. 河合隼雄（監訳） 1975 人間と象徴―無意識の世界 河出書房新社
Welsch, W. 1990 *Ästhetisches Denken*. Stuttgart : Philipp Reclam jun, GmbH & Co. 小林信之（訳） 1998 感性の思考―美的リアリティの変容 勁草書房

第1章

Baumgartner, G. 1960 Indirekte Größenbestimmung der rezeptiven Felder der Retina beim Menschen mittels der Hermannschen. *Gittertäuschung. Pflügers Archiv für die gesamte Physiologie*, 272, 21-22.
Bergen, J. R. 1985 Hermann's grid : New and improved. *Investigative Ophthalmology and Visual Science*, Supplement 26, 280.
Colley, R. H. 1961 *Defining advertising goals for measured advertising results*. New York : Association of National Advertisers.
Ehrenstein,W. 1941 Über Abwandlungen der L. Hermannschen Helligkeitserscheinung. *Zeitschrift für Psychologie*, 150, 83-91.
Ehrenstein, W. 1954 *Probleme der ganzheitspsychologischen Wahrnehmungslehre* (3 rd ed). Leipzig : Barth.
Hering, E. 1920 *Grundzüge der Lehre vom Lichtsinne*. Berlin : Springer.
Hermann, L. 1870 Eine Erscheinung des simultanen Contrastes. *Pflügers Archiv für die gesamte Physiologie*, 3, 13-15.
日比野治雄 1999 視角 中島義明・安藤清志・子安増生・坂野雄二・繁桝算男・立花政夫・箱田裕司（編）心理学辞典 有斐閣 p.309.
Hubel, D. H., & Wiesel, T. N. 1965 Receptive fields, binocular interaction and functional architecture in the cat's visual cortex. *Journal of Physiology*, 160, 106-154.
Hubel, D. H., & Wiesel, T. N. 1977 Ferrier lecture on functional architecture of macaque monkey visual cortex. *Proceedings of the Royal Society of London*, B 198, 2848-2853.
Kapadia, M. K., Ito, M., & Gilbert, C. D. 1995 Improvement in visual sensitivity by changes in local context : Parallel studied in human observers and in V 1 of alert monkeys. *Neuron*, 15, 843-856.
Kapadia, M. K., Westheimer, G., & Gilbert, C. D. 2000 Spatial distribution of contextual interactions in primary visual cortex and in visual perception. *Journal of Neurophysiology*, 84, 2048-2062.
Kawabe, T., Qian, K., Yamada, Y., & Miura, K. 2010 Last but not least : The jaggy diamonds illusions. *Perception*, 39, 573-576.
北岡明佳 2005 トリック・アイズ グラフィックス カンゼン
Levine, M. W., & McAnany, J. J. 2008 The effects of curvature on the grid illusions. *Perception*, 37, 171-184.
Malpeli, J. G., Schiller, P. H., & Colby, C. L. 1981 Response properties of single cells in monkey striate cortex during reversible inactivation of individual lateral geniculate laminae. *Journal of Neurophysiology*, 46, 1102-1119.
Mansfield, R. J. W. 1974 Neural basis of orientation perception in primate vision. *Science*, 186, 1133-1135.
Mansfield, R. J .W., & Ronner, S. F. 1978 Orientation anisotropy in monkey visual cortex. *Brain Research*, 149, 229-234.
村上富士夫 1999 側抑制 中島義明・安藤清志・子安増生・坂野雄二・繁桝算男・立花政夫・箱田裕司（編）心理学辞典 有斐閣 p.538.

Qian, K., Kawabe, T., Yamada, Y., & Miura, K. 2012 The role of orientation processing in the scintillating grid illusion. *Attention, Perception, & Psychophysics*, 74, 1020-1032.

Qian, K., Yamada, Y., Kawabe, T., & Miura, K. 2009 The scintillating grid illusion : Influence of size, shape, and orientation of the luminance patches. *Perception*, 38, 1172-1182.

Read, J. C. A., Robson, J. H., Smith, C. L., & Lucas, A. D. 2012 The scintillating grid illusion is enhanced by binocular viewing. *i-Perception*, 3 (10), 820-830.

Schiller, P. H., & Carvey, C. E. 2005 The Hermann grid illusion revisited. *Perception*, 34, 1375-1397.

Schiller, P. H., Finlay, B. L., & Volman, S. F. 1976a Quantitative studies of single-cell properties in monkey striate cortex. I. Spatiotemporal organization of receptive fields. *Journal of Neurophysiology*, 39, 1288-1319.

Schiller, P. H., Finlay, B. L., & Volman, S. F. 1976b Quantitative studies of single-cell properties in monkey striate cortex. II. Orientation specificity and ocular dominance. *Journal of Neurophysiology*, 39, 1320-1333.

Schrauf, M., Lingelbach, B., & Wist, E. R. 1997 The scintillating grid illusion. *Vision Research*, 37, 1033-1038.

Schrauf, M., & Spillmann, L. 2000 The scintillating grid illusion in stereo-depth. *Vision Research*, 40, 717-721.

Schrauf, M., Wist, E. R., & Ehrenstein, W. H. 2000 The scintillating grid illusion during smooth pursuit, stimulus motion, and brief exposure in humans. *Neuroscience Letters*, 284, 126-128.

Snowden, R., Thompson, P., & Troscianko, T. 2006 *Basic vision : An introduction to visual perception*. New York : Oxford University Press.

Spillmann, L. 1971 Foveal perceptive fields in the human visual system measured with simultaneous contrast in grids and bars. *Pflügers Archiv für die gesamte Physiologie*, 326, 281-299.

Spillmann, L. 1994 The Hermann grid illusion : A tool for studying human perceptive field organization. *Perception*, 23, 691-708.

Spillmann, L., & Levine, J. 1971 Contrast enhancement in a Hermann grid with variable figure-ground ratio. *Experimental Brain Research*, 13, 547-559.

VanRullen, R., & Dong, T. 2003 Attention and scintillation. *Vision Research*, 43, 2191-2196.

Verheyen, F. J. 1961 A simple after-image method demonstrating the involuntary multidirectional eye movements during fixation. *OpticalActa*, 8, 309-311.

Wolfe, J. M. 1984 Global factors in the Hermann grid illusion. *Perception*, 13, 33-40.

第 2 章

Adams, W. J., Graf, E. W., & Ernst, M. O. 2004 Experience can change the 'light-from-above' prior. *Nature Neuroscience*, 7, 1057-1058.

Andrews, B., Aisenberg, D., d'Avossa, G., & Sapir, A. 2012 Cross-cultural effects on the assumed light source direction : evidence from English and Hebrew readers. *Journal of Vision*, 13 (13), 1-7.

Busey, T. A., Brady, N. P., & Cutting, J. E. 1990 Compensation is unnecessary for the perception of faces in slanted pictures. *Perception & Psychophysics*, 48, 1-11.

Chastel, A. 1961 *The Genius of Leonardo da Vinci*, NY : Orion Press.

Cutting, J. E. 1987 Rigidity in cinema seen from the front row, side aisle. *Journal of Experimental Psychology : Human Perception and Performance*, 13, 323-334.

Dekel, G. 2014 Perspective-localized painter, Felice Varini, interviewed by Gil Dekel. *Poetic Mind* 2 Oct 2014.＜http : //www.poeticmind.co.uk/interviews-1/i-am-a-painter/＞

Eby, D. W., & Braunstein, M. L. 1995 The perceptual flattening of three-dimensional scenes enclosed

by a frame. *Perception*, 24, 981-993.
Ernst, M. O., Banks, M. S., & Bülthoff, H. H. 2000 Touch can change visual slant perception. *Nature Neuroscience*, 3, 69-73.
萩原朔太郎　1939　僕の寫眞機　アサヒカメラ10月号
稲垣進一　1988　江戸の遊び絵　東京書籍
Knill, D. C. 2007 Learning Bayesian priors for depth perception. *Journal of Vision*, 7 (8), 13: 1-20.
Mamassian P. & Goutcher R. 2001. Prior knowledge on the illumination position. *Cognition*, 81, 1-9.
McManus, C., Buckman, J., & Woolley, E. 2004 Is light in pictures presumed to come from the left side? *Perception*, 33, 1421-1436.
三浦佳世・田谷修一郎　2005　錯視とデザイン　後藤倬男・田中平八（編）錯視の科学ハンドブック　東京大学出版会　pp.436-446.
中溝幸夫・田谷修一郎　2008　三次元空間の知覚　海保博之（監修）・菊地正（編）朝倉心理学講座第6巻　感覚知覚心理学　朝倉書店　pp.93-114.
Papathomas, T. V., & Bono, L. M. 2004 Experiments with a hollow mask and a reverspective: Top-down influences in the inversion effect for 3-D stimuli. *Perception*, 33, 1129-1138.
Perkins, D. N. 1973 Compensating for distortion in viewing pictures obliquely. *Perception & Psychophysics*, 14, 13-18.
Poggio, T., Torre, V., & Koch, C. 1985 Computational vision and regularization theory. *Nature*, 317, 314-319.
Schwartz, L. F. 1998 Computer-aided illusions: Ambiguity, perspective and motion. *The Visual Computer*, 14, 52-68.
Sun, J., & Perona, P. 1998 Where is the Sun? *Nature Neuroscience*, 1, 183-184.
Taya, S. & Miura, K. 2010 Cast shadow can modulate the judged final position of a moving target. *Attention, Perception & Psychophysics*, 72, 1930-1937.
田谷修一郎・佐藤雅之　2006　遠近法情報がステレオ奥行き残効に及ぼす影響．*Vision*, 18, 151-160.
Vishwanath, D., Girshick, A. R., & Banks, M. S. 2005 Why pictures look right when viewed from the wrong place. *Nature Neuroscience*, 8, 1401-1410.
Wade, N. J., & Hughes, P. 1999 Fooling the eyes: Trompe l'oeil and reverse perspective. *Perception*, 28, 1115-1120.
Wheatstone, C. 1838 Contributions to the Physiology of Vision.-Part the First. On some remarkable, and hitherto unobserved, Phenomena of Binocular Vision. *Philosophical Transaction Royal Society of London*, 128, 371-394.
Wolfe, J. M. (Ed.) 2012 *Sensation and perception* (3 rd ed). Sunderland: Sinauer Associates.
Zone, R. 2007 *Stereoscopic Cinema & the Origins of 3-D Film*, 1838-1952. University Press of Kentucky.

第3章

Adelson, E. H. 2001 On seeing stuff: The perception of materials by humans and machines. Proceedings of the SPIE, 4299, pp.1-12.
Bex, P. 2010 (In) Sensitivity to spatial distortion in natural scenes. *Journal of Vision*, 10 (2): 23, 1-15.
Fleming, R. W., Jakel, F., & Maloney, L. T. 2011 Visual perception of thick transparent materials. *Psychological Science*, 22 (6), 812-820.
河邉隆寛・／吹上大樹・澤山正貴・西田眞也　2015a　変幻灯—止まっている対象を錯覚的に動かす

光投影技術　NTT技術ジャーナル，27（9），87-90．
Kawabe, T., Maruya, K., Fleming, R. W., & Nishida, S. 2015b Seeing liquids from visual motion. *Vision Research*, 109, 125-138. doi：10. 1016 / j. visres. 2014. 07. 003.
Kawabe, T., Maruya, K., & Nishida, S. 2015c Perceptual transparency from image deformation. *PNAS*, 112 (33), E4620-4627.（Open Access）
Nishida, S., & Johnston, A. 1999 Influence of motion signals on the perceived position of spatial pattern. *Nature*, 397, 610-612.
Paulun, V. C., Kawabe, T., Nishida, S., & Fleming, R. 2015 Seeing liquids from static snapshots. *Vision Research*, 115, 163-174.
Ramachandran, V. S. 1987 Interaction between colour and motion in human vision. *Nature*, 328, 645-647.
Ramachandran, V. S., & Anstis, S. M. 1990 Illusory displacement of equiluminous kinetic edges. *Perception*, 19（5）, 611-616.
Sayim, B., & Cavanagh, P. 2011 The art of transparency. *i-Perception*, 2（7）, 679-696.

第4章

安部博史・野中博意・古川　聡　2012　脳から始めるこころの理解　福村出版
Adler, L. E., Hoffer, L. D., Wiser, A., & Freedman, R. 1993 Normalization of auditory physiology by cigarette smoking in schizophrenic patients. *The American Journal of Psychiatry*, 150, 1856-1861.
荒生弘史・黒川智愛理・諏訪園秀吾　2015　非注意のリズム刺激による低周波脳波律動と感覚ゲーティング　日本認知心理学会第13回大会発表論文集，1-48．
Arnal, L. H., & Giraud, A. L. 2012 Cortical oscillations and sensory predictions. *Trends in Cognitive Sciences*, 16, 390-398.
Barbas, H., Bunce, J. G., & Medalla, M. 2013 Prefrontal pathways that control attention. In D. T. Stuss & R. T. Knight（Eds.）, *Principles of frontal lobe function*. Oxford, UK： Oxford University Press. pp.31-48.
Beeli, G., Esslen, M., & Jäncke, L. 2005 Synaesthesia： When coloured sounds taste sweet. *Nature*, 434, 38.
Boutros, N. N., Gjini, K., Eickhoff, S. B., Urbach, H., & Pflieger, M. E. 2013 Mapping repetition suppression of the P50 evoked response to the human cerebral cortex. *Clinical Neurophysiology*, 124, 675-685.
de Wilde, O. M., Bour, L. J., Dingemans, P. M., Koelman, J. H., & Linszen, D. H. 2007 A meta-analysis of P50 studies in patients with schizophrenia and relatives： Differences in methodology between research groups. *Schizophrenia Research*, 97, 137-151.
Dolu, N., Süer, C., & Özesmi, Ç. 2001 A comparison of the different interpair intervals in the conditioning-testing P50 paradigms. *International Journal of Psychophysiology*, 41, 265-270.
Eisler, H., Eisler, A. D., & Hellström, Å. 2008 Psychophysical issues in the study of time perception. In S. Grondin（Ed.）, *Psychology of time*. Bingley, UK： Emerald Group Publishing. pp.75-109.
El-Kaim, A., Aramaki, M., Ystad, S., Kronland-Martinet, R., Cermolacce, M., Naudin, J., et al. 2015 On the correlation between perceptual inundation caused by realistic immersive environmental auditory scenes and the sensory gating inventory in schizophrenia. *European Psychiatry*, 30, 606-614.
Garcia-Rill, E., Moran, K., Garcia, J., Findley, W. M., Walton, K., Strotman, B., et al. 2008 Magnetic sources of the M50 response are localized to frontal cortex. *Clinical Neurophysiology*, 119, 388-398.
Grunwald, T., Boutros, N. N., Pezer, N., von Oertzen, J., Fernández, G., Schaller, C., et al. 2003 Neu-

ronal substrates of sensory gating within the human brain. *Biological Psychiatry*, 53, 511-519.
橋本亮太　2012　エンドフェノタイプ　脳科学辞典
　　https://bsd.neuroinf.jp/wiki/　エンドフェノタイプ（2015年8月27日閲覧）
Hetrick, W. P., Erickson, M. A., & Smith, D. A. 2012 Phenomenological dimensions of sensory gating. *Schizophrenia Bulletin*, 38, 178-191.
広瀬香美　2014　絶対音感のドレミちゃん　角川マガジンズ
石井良平・高橋秀俊・栗本　龍・青木保典・池田俊一郎・畑　真弘・池澤浩二・カヌエト　レオニデス・中鉢貴行・岩瀬真生・武田雅俊　2012　統合失調症のエンドフェノタイプについて―神経生理指標を中心に　精神神経学雑誌, 114, 629-646.
神宮英夫　1994　時間知覚研究の問題点と課題　大山　正・今井省吾・和氣典二（編）新編感覚・知覚心理学ハンドブック　誠信書房　pp.1553-1562.
Johannesen, J. K., Bodkins, M., O'Donnell, B. F., Shekhar, A., & Hetrick, W. P. 2008 Perceptual anomalies in schizophrenia co-occur with selective impairments in the gamma frequency component of midlatency auditory ERPs. *Journal of Abnormal Psychology*, 117, 106-118.
Kenemans, J. L., & Kahkonen, S. 2011 How human electrophysiology informs psychopharmacology: From bottom-up driven processing to top-down control. *Neuropsychopharmacology*, 36, 26-51.
Key, A. P. F., Dove, G. O., & Maguire, M. J. 2005 Linking brainwaves to the brain: An ERP primer. *Developmental Neuropsychology*, 27, 183-215.
Kisley, M. A., Noecker, T. L., & Guinther, P. M. 2004 Comparison of sensory gating to mismatch negativity and self-reported perceptual phenomena in healthy adults. *Psychophysiology*, 41, 604-612.
Knight, R. T., Richard Staines, W., Swick, D., & Chao, L. L. 1999 Prefrontal cortex regulates inhibition and excitation in distributed neural networks. *Acta Psychologica*, 101, 159-178.
Knott, V., de la Salle, S., Smith, D., Phillipe, T., Dort, H., Choueiry, J., et al. 2013 Baseline dependency of nicotine's sensory gating actions: Similarities and differences in low, medium and high P50 suppressors. *Journal of Psychopharmacology*, 27, 790-800.
Lijffijt, M., Lane, S. D., Meier, S. L., Boutros, N. N., Burroughs, S., Steinberg, J. L., et al. 2009 P50, N100, and P200 sensory gating: relationships with behavioral inhibition, attention, and working memory. *Psychophysiology*, 46, 1059-1068.
McGhie, A., & Chapman, J. 1961 Disorders of attention and perception in early schizophrenia. *British Journal of Medical Psychology*, 34, 103-116.
Micoulaud-Franchi, J. A., Vaillant, F., Lopez, R., Peri, P., Baillif, A., Brandejsky, L., et al. 2015 Sensory gating in adult with attention-deficit/hyperactivity disorder: Event-evoked potential and perceptual experience reports comparisons with schizophrenia. *Biological Psychology*, 107, 16-23.
Mitsudo, T., Nakajima, Y., Remijn, G. B., Takeichi, H., Goto, Y., & Tobimatsu, S. 2009 Electrophysiological evidence of Auditory temporal perception related to the assimilation between two neighboring time intervals. *NeuroQuantology*, 7, 114-127.
Mitsudo, T., Nakajima, Y., Takeichi, H., & Tobimatsu, S. 2014 Perceptual inequality between two neighboring time intervals defined by sound markers: Correspondence between neurophysiological and psychological data. *Frontiers in Psychology*, 5, 937.
三浦佳世　2010　感性認知―アイステーシスの実証科学として　三浦佳世（編著）現代の認知心理学1　知覚と感性　北大路書房　pp.2-27.
Näätänen, R., Paavilainen, P., Rinne, T., & Alho, K. 2007 The mismatch negativity (MMN) in basic research of central auditory processing: A review. *Clinical Neurophysiology*, 118, 2544-2590.
中島祥好・佐々木隆之・上田和夫・レメイン　ジェラード（Remijn, G.）2014　聴覚の文法　コロナ社

Nakajima, Y., ten Hoopen, G., & Van der Wilk, R. 1991 A new illusion of time perception. *Music Perception*, 8, 431-448.

入戸野 宏 2005 心理学のための事象関連電位ガイドブック 北大路書房

Noll, R. 2009 *The encyclopedia of schizophrenia and other psychotic disorders*. New York: Facts On File.

O'Donnell, B., F., Salisbury, D. F., Niznikiewicz, M. A., Brenner, C. A., & Vohs, J. L. 2011 Abnormalities of Event-Related Potential Components in Schizophrenia. In E. S. Kappenman & S. J. Luck (Eds.), *The Oxford handbook of event-related potential components*. New York: Oxford University Press. pp.537-561.

大平英樹・市川奈穂 2006 生理心理学・神経科学的方法の利用 吉田寿夫（編著）心理学研究法の新しいかたち ナカニシヤ出版 pp.50-84.

Peelle, J. E., & Davis, M. H. 2012 Neural oscillations carry speech rhythm through to comprehension. *Frontiers in Psychology*, 3, 320.

Pratt, H., Starr, A., Michalewski, H. J., Bleich, N., & Mittelman, N. 2008 The auditory P$_{50}$ component to onset and offset of sound. *Clinical Neurophysiology*, 119, 376-387.

佐々木和義 2000 注意欠陥多動性障害 坂野雄二（編）臨床心理学キーワード 有斐閣 pp.132-133.

Schroeder, C. E., & Lakatos, P. 2009 Low-frequency neuronal oscillations as instruments of sensory selection. *Trends in Neurosciences*, 32, 9-18.

Schröger, E., Marzecová, A., & SanMiguel, I. 2015 Attention and prediction in human audition: A lesson from cognitive psychophysiology. *European Journal of Neuroscience*, 41, 641-664.

Yadon, C. A., Kisley, M. A., & Davalos, D. B. 2015 The effects of vigilance and visual distraction on the P50 mid-latency auditory evoked potential. *Journal of Psychophysiology*, 29, 33-44.

第5章

Abe, S. 1935 Experimental study on the co-relation between time and space. *Tohoku Psychological Folia*, 8, 53-68.

Ahrens, M., & Sahani, M. 2011 Observers exploit stochastic models of sensory change to help judge the passage of time. *Current Biology*, 21, 200-206.

Angrilli, A., Cherubini, P., Pavese A., & Manfredini, S. 1997 The influence of affective factors on time perception. *Perception & Psychophysics*, 59, 972-982.

Brown, S. W. 1985 Time perception and attention: The effects of prospective versus retrospective paradigms and task demands on perceived duration. *Perception & Psychophysics*, 38, 115-124.

Brown, S. W. 1995 Time, change, and motion: The effects of stimulus movement on temporal perception. *Perception & Psychophysics*, 57, 105-116.

Bueti, D., & Walsh, V. 2009 The parietal cortex and the representation of time, space, number and other magnitudes. *Philosophical Transactions of the Royal Society, B: Biological Sciences*, 364, 1831-1840.

Buhusi, C. V., & Meck, W. H. 2005 What makes us tick? Functional and neural mechanisms of interval timing. *Nature Reviews Neuroscience*, 6, 755-765.

Burle, B., & Casini, L. 2001 Dissociation between activation and attention effects in time estimation: Implications for internal clock models. *Journal of Experimental Psychology: Human Perception and Performance*, 27, 195-205.

Campbell, L. A., & Bryant, R. A. 2007 How time flies: A study of novice skydivers. *Behaviour Research and Therapy*, 45, 1389-1392.

引用文献

Casini, L., Ramdani-Beauvir, C., Burle, B., & Vidal, F. 2013 How does one night of sleep deprivation affect the internal clock? *Neuropsychologia*, 51, 275-283.

Cohen, J., Hansel, C. E. M., & Sylvester, J. D. 1953 A new phenomenon in time judgment. *Nature*, 172, 901.

Creelman, C. D. 1962 Human discrimination of auditory duration. *Journal of the Acoustical Society of America*, 34, 582-593.

Droit-Volet, S., & Gil, S. 2009 The time-emotion paradox. *Philosophical transactions of the Royal Society B*, 364, 1943-1953.

Eagleman, D. M. 2008 Human time perception and its illusions. *Current Opinion in Neurobiology*, 18, 131-136.

Eagleman, D. M., & Pariyadath, V. 2009 Is subjective duration a signature of coding efficiency? *Philosophical transactions of the Royal Society B*, 364, 1841-1851.

Fortin, C., & Rousseau, R. 1998 Interference from short-term memory processing on encoding and reproducing brief durations. *Psychological Research*, 61, 269-276.

Gibbon, J., Church, R. M., & Meck, W. H. 1984 Scalar timing in memory. *Annals of the New York Academy of Sciences*, 423, 52-77.

Hicks, R. E., Miller, G. W., Gaes, G., & Bierman, K. 1977 Concurrent processing demands and the experience of time-in-passing. *American Journal of Psychology*, 90, 431-446.

神宮英夫 1996 時間の感覚的処理と認知的処理 松田文子・調枝孝治・甲村和三・神宮英夫・山崎勝之・平 伸二（編）心理的時間—その広くて深いなぞ 北大路書房 pp.38-49.

Kanai, R., Lloyd, H., Bueti, D., & Walsh, V. 2011 Modality-independent role of the primary auditory cortex in time estimation. *Experimental Brain Research*, 209, 465-471.

Kanai, R., Paffen, C. L. E., Hogendoorn, H., & Verstraten, F. A. J. 2006 Time dilation in dynamic visual display. *Journal of Vision*, 6, 1421-1430.

Kaneko, S., & Murakami, I. 2009 Perceived duration of visual motion increases with speed. *Journal of Vision*, 9 (7) : 14, 1-12.

Lewis, P. A., & Miall, R. C. 2003 Distinct systems for automatic and cognitively controlled time measurement : Evidence from neuroimaging. *Current Opinion in Neurobiology*, 13, 250-255.

Lhamon, W. T., & Goldstone, S., 1975 Movement and the judged duration of visual targets. *Bulletin of the Psychonomic Society*, 5, 53-54.

Macar, F., Grondin, S., & Casini, L. 1994 Controlled attention sharing influences time estimation. *Memory and Cognition*, 22, 673-686.

Maricq, A. V., & Church, R. M. 1983 The differential effects of haloperidol and methamphetamine on time estimation in the rat. *Psychopharmacology*, 79, 10-15.

Mauk, M. D., & Buonomano, D. V. 2004 The neural basis of temporal processing. *Annual Review of Neuroscience*, 27, 307-340.

Meck, W. H. 1996 Neuropharmacology of timing and time perception. *Cognitive Brain Research*, 3, 227-242.

Morrone, M. C., Ross, J., & Burr, D. 2005 Saccadic eye movements cause compression of time as well as space. *Nature Neuroscience*, 8, 950-954.

Oliveri, M., Vicario, C. M., Salerno, S., Koch, G., Turriziani, P., Mangano, R., Chillemi, G., & Caltagirone, C. 2008 Perceiving numbers alters time perception. *Neuroscience Letters*, 438, 308-311.

Pariyadath, V., & Eagleman, D. M. 2007 The effect of predictability on subjective duration. *PLoS ONE*, 2, e1264.

Penton-Voak, I. S., Edwards, H., Percival, A., & Wearden, J. H. 1996 Speeding up an internal clock in

195

humans. Effects of click trains on subjective duration. *Journal of Experimental Psychology : Animal Behavior Processes*, 22, 307-320.

Rammsayer, T. H. 1993 On dopaminergic modulation of temporal information processing. *Biological Psychology*, 36, 209-222.

Rammsayer, T. H. 1999 Neuropharmacological evidence for different timing mechanisms in humans. *Quarterly Journal of Experimental Psychology*, 52, 273-286.

Rammsayer, T. H., & Lima, S. D. 1991 Duration discrimination of filled and empty auditory intervals : Cognitive and perceptual factors. *Perception & Psychophysics*, 50, 565-574.

Schwarz, M., Winkler, I., & Sedlmeier, P. 2013 The heart beat does not make us tick : The impacts of heart rate and arousal on time perception. *Attention, Perception, & Psychophysics*, 75, 182-193.

Thomas, E. A. C., & Cantor, N. E. 1976 Simultaneous time and size perception. *Perception & Psychophysics*, 19, 353-360.

Tipples, J. 2010 Time flies when we read taboo words. *Psychonomic Bulletin Review*, 17(4), 563-568.

Treisman, M. 1963 Temporal discrimination and the indifference interval : Implications for a model of the 'internal clock'. *Psychological Monographs*, 77, 1-31.

Treisman, M., Faulkner, A., Naish, P. L., & Brogan, D. 1990 The internal clock : Evidence for a temporal oscillator underlying time perception with some estimates of its characteristic frequency. *Perception*, 19, 705-743.

Tse, P. U., Intriligator, J., Rivest, J., & Cavanagh, P. 2004 Attention and the subjective expansion of time. *Perception & Psychophysics*, 66, 1171-1189.

Ulrich, R., Nitschke, J., & Rammsayer, T. 2006 Perceived duration of expected and unexpected stimuli. *Psychological Research*, 70, 77-87.

Walsh, V. 2003 A theory of magnitude : common cortical metrics of time, space and quantity. *Trends in Cognitive Sciences*, 7, 483-488.

Watts, F. N., & Sharrock, R. 1984 Fear and time estimation. *Perceptual and Motor Skills*, 59, 597-598.

Wearden, J. H., & Penton-Voak, I. S. 1995 Feeling the heat : Body temperature and the rate ofsubjective time, revisited. *Quarterly Journal of Experimental Psychology*, 48B, 129-141.

Wearden, J. H., Pilkington, R., & Carter, E. 1999 Subjective lengthening' during repeated testing of a simple temporal discrimination. *Behavioural Processes*, 46, 25-38.

Xuan, B., Zhang, D., He, S., & Chen, X. 2007 Larger stimuli are judged to last longer, *Journal of Vision*, 7 (10) : 2, 1-5.

Yamamoto, K., & Miura, K. 2012a Perceived duration of plaid motion increases with pattern speed rather than component speed. *Journal of Vision*, 12 (4) : 1, 1-13.

Yamamoto, K., & Miura, K. 2012b Time dilation caused by static images with implied motion. *Experimental Brain Research*, 223, 311-319.

Zakay, D., & Block, R. A. 1997 Temporal cognition. *Current Directions in Psychological Science*, 6, 12-16.

第6章

Aaen-Stockdale, C., Hotchkiss, J., Heron, J., & Whitaker, D. 2011 Perceived time is spatial frequency dependent. *Vision Research*, 51 (11), 1232-1238.

新井志帆子・川畑秀明 2013 絵画鑑賞による美的経験が時間知覚に及ぼす影響 電子情報通信学会技術研究報告, 113 (299), 85-89.

Arnheim, R. 1954 *Art and visual perception : A psychology of the creative eye*, Berkely and Los Angeles : University of California Press. アルンハイム・波多野完治・関 計夫（訳）1963 美術と

引用文献

視覚─美と創造の心理学　美術出版社
Augstin, M.D., Leder, H., Hutzler,F., & Carbon, C. C. 2008 Style follows content : On the microgenesis of art perception, *Science Direct*, 128, 127-138.
Cutting, J. E. 2002 Representing motion in a static image : constraints and parallels in art, science, and popular culture. *Perception*, 81, 1165-1193.
Davenport, J. L. 2007 Consistency effects between objects in scenes. *Memory & Cognition*, 35(3), 393-401.
Droit-Volet, S., Fanget, M., & Dambrun, M. 2015 Mindfulness meditation and relaxation training increases time sensitivity. *Consciousness and Cognition*, 31, 86-97.
Droit-Volet, S., & Wearden, J. H. 2002 Speeding up an internal clock in children? Effects of visual flicker on subjective duration. *Quarterly Journal of Experimental Psychology*, 55 (B), 193-211.
Elliott, M. A., Salva, O. R., Mulcahy, P., & Regolin, L. 2012 Structural Imbalance Promotes behavior analogous to aesthetic preference in domestic chicks, *PLos one*, 7 (8), e43029, 1-7.
Geisler, W. S. Motion streaks provide a spatial code for motion direction. *Nature*, 400 (6739), 65-9.
Gibson, J. J. 1979 *The ecological approach to visual perception*. Boston: Houghton Mifflin. ギブソン・古崎　敬・古崎愛子・辻　敬一郎・村瀬　旻（訳）1985　生態学的視覚論─ヒトの知覚世界を探る　サイエンス社
行場次朗・瀬戸伊佐夫・市川伸一　1985　パターンの良さ評定における問題点：SD法による分析結果と変換構造説の対応　心理学研究, 56, 111-115.
堀　月子　1993　芸術と時間　九州大学出版会
ジュリー・ブロック　2012　加藤周一における時間と空間　かもがわ出版
川村　智　2009　画像内の空間認知におけるボカシの効果　日本心理学会73回大会発表論文集, 573.
木村　敏　1982　時間と自己　中央公論新社
Lessing, G. E. 1766 *Laokoon oder Über die Grenzen der Malerei und Poesie : Mit beiläufigen Erläuterungen verschiedener Punkte der alten Kunstgeschichte*. Christian Friedrich Voss. 斎藤栄治（訳）1970　絵画と文学との限界について　岩波書店
Locher, P., Krupinski, E., Mello-Thoms, C., & Nodine, C. 2007 Visual interest in pictorial art during an aesthetic experience. *Spatial Vision*, 21, 55-77.
Lyotard, J.F. 1984 L'instant Newman. In Baudson, M (dir.) L'art et temps, Bruxells : Albin Michel (Lyotard, J-F. 1988 *L'inhumain : Causeries sur le temps, Galilée*. 篠原資明・上村　博・平芳幸浩（訳）2002　非人間的なもの─時間についての講話6　瞬間，ニューマン　法政大学出版会）
三浦佳世　1999a　時間の空間表現─絵画の実験心理学的考察を通して　平成8-9年度科研費補助金基盤研究（C）（2）研究成果報告書, 2-10.
三浦佳世　1999b　絵画における時間─視覚要因の分析を通して　基礎心理学研究, 17(1), 121-126.
三浦佳世　2006　心理学と感性─知覚と表現の実証研究を通して　都甲　潔・坂口光一（編）感性の科学─心理と技術の融合　朝倉書店　pp.59-76.
三浦佳世　2011　絵画の時間印象・時間表現─感性心理学からのアプローチ　日本色彩学会誌, 35(4), 318-323.
三浦佳世　2014　時間と空間の知覚と表現─写真のミニチュア効果・フォトコラージュ・絵画の時間研究を通して　モルフォロギア, 36, 2-22.
小野史典・河原純一郎　2004　時間知覚を伸縮させる意識的・無意識的要因 *Technical Report on Attention and Cognition*, 23, 1-2.
Ricoeur, P. 1983 *Temps et Récit*. Paris : Seuil. 久米　博（訳）1987　時間と物語　新曜社
Shlain, L. 1991 *Art & Physics : Parrallel visions in space, tune & light*. NY : William Morrow and Company.

197

Souriau, É 1949 Time in the plastic arts. *Journal of Aesthetics and Art Criticism*, 7 (4) 294-307.
Thakral, P. P., Moo, L. R., & Slotnick, S. D. 2012 A neural mechanism for aesthetic experience. *NeuroReport*, 23, 310-313.
Thorpe, S., & Thorpe, M. F. 2001 Seeking categories in the brain. *Science*, 291, 260-262.
Wagmans, J., Verhavert, S., & Augustin, M.D. 2014 The time course of aesthetic experiences. *Proceedings of the 2nd Visual Science of Art Conference, Abstracts*, 27.
Worringer, W. 1908 *Abstraktion und Einfühlung*. Buchveröffentlichung: Münche. 草薙正夫(訳)1953 抽象と感情移入 岩波書店
養老孟司 1990 時間と自己同一性 数理科学, 324, 57-61.

第7章

安居院猛・中嶋正之 1981 FFT の使い方 エレクトロニクス選書 6 秋葉出版
Cattaneo, Z., Lega, C., Flexas, A., Nadal, M., Munar, E., & Cela-Conde, C. J. 2014 The world can look better: Enhancing beauty experience with brain stimulation. *Social Cognitive and Affective Neuroscience*, 9, 1713-1721.
Cela-Conde, C. J., Marty, G., Maestú, F., Ortiz, T., Munar, E., Fernández, A., Roca, M., Rosselló, J. & Quesney, F. 2004 Activation of the prefrontal cortex in the human visual aesthetic perception. *Proceedings of the National Academy of Sciences of the United States of America*, 101, 6321-6325.
長 潔容江・原口雅浩・三浦佳世 2015a 絵画におけるフラクタルと美的評価の関係 認知心理学会第13回大会発表論文集, 159.
長 潔容江・原口雅浩・三浦佳世 2015b 絵画のゆらぎと美的評価の関係 日本心理学会第79回大会発表論文集
Greenwald, A. G., McGhee, D. E., & Schwartz, J. L. K. 1998 Measuring individual differences in implicit cognition: The implicit association test. *Journal of Personality and Social Psychology*, 74, 1464-1480.
Höge, H. 1997 The golden section hypothesis-Its last funeral. *Empirical Studies of the Arts*, 15, 233-255.
川畑秀明 2013 視覚芸術の神経美学 苧阪直行(編)社会脳シリーズ4 美しさと共感を生む脳―神経美学からみた芸術
Kawabata, H., & Zeki, S. 2004 Neural correlates of beauty. *Journal of Neurophysiology*, 91, 1699-1705.
川﨑寧史 2006 景観画像・風景画像のゆらぎ特徴 図学研究, 40, 175-178.
Lengger, P. G., Fischmeister, F. Ph.S., Leder, H., & Bauer, H. 2007 Functional neuroanatomy of the perception of modern art: A DC-EEG study on the influence of stylistic information on aesthetic experience. *Brain Research*, 1158, 93-102.
Lindsay, P. H., & Norman, D. A. 1977 *Human information processing: An introduction to psychology*. Academic Press Inc. 中溝幸夫・箱田裕司・近藤倫明(訳)1983 情報処理心理学入門 I 感覚と知覚 サイエンス社
Livio, M. 2003 *The golden ratio: The story of Phi, the world's most astonishing number*. Broadway Books. 斉藤隆央(訳)2012 黄金比はすべてを美しくするか?―最も謎めいた「比率」をめぐる数学物語 早川書房
三井秀樹 2009 形の美とは何か 日本放送出版協会
三井秀樹 2010 美の構成学―バウハウスからフラクタルまで 中央公論新社
三浦佳世 2007 知覚と感性の心理学(心理学入門コース1)岩波書店
武者利光 1992 ゆらぎの世界―自然界の1/fゆらぎの不思議 講談社
小沢一雅 2006 フラクタル次元による絵画の複雑さの評価法 情報処理学会研究報告

Stieger, S., & Swami, V. 2015 Time to let go? No automatic aesthetic preference for the golden ratio in art pictures. *Psychology of Aesthetics, Creativity, and the Arts*, 9, 91-100.
Taylor, R. P. 2002 Order in Pollock's chaos. Nature Publishing Group. ポロックの抽象画にひそむフラクタル 日経サイエンス2003年3月号 日本経済新聞社
Taylor, R. P., Micolich, A. P. & Jonas, D. 1999 Fractal analysis of Pollock's drip paintings. Nature, 399, 422.
Taylor, R. P., Spehar, B., Van Donkelaar, P., & Hagerhall, C. M. 2011 Perceptual and physiological responses to Jackson Pollock's fractals. *Frontiers in Human Neuroscience*, 5, 1-13.
Wade, N. 1982 *The art and science of visual illusions*. Routledge Kegan & Paul. 近藤倫明・原口雅浩・柳田多聞（訳）1989 ビジュアル・イリュージョン——芸術と心理学の融合 誠信書房
山口昌哉 1999 カオスとフラクタル——非線形の不思議 講談社

第8章

Ahn, W.-Y., Kishida, K. T., Gu, X., Lohrenz, T., Harvey, A., Alford, J. R., et al. 2014 Nonpolitical images evoke neural predictors of political ideology. *Current Biology*, 24, 2693-2699.
Anderson, B. A., Laurent, P. A., & Yantis, S. 2011 Value-driven attentional capture. *Proceedings of the National Academy of Sciences*, 108, 10367-10371.
Bargh, J. A., Chaiken, S., Govender, R., & Pratto, F. 1992 The generality of the automatic attitude activation effect. *Journal of Personality and Social Psychology*, 62, 893-912.
Bar-Haim, Y., Lamy,D., Pergamin, L., Bakermans-Kranenburg, M. J., & van IJzendoorn, M. H. 2007 Threat-related attentional bias in anxious and nonanxious individuals : A meta-analytic study. *Psychological Bulletin*, 133, 1-24.
Casasanto, D. 2009 Embodiment of abstract concepts : Good and bad in right- and left-handers. *Journal of Experimental Psychology : General*, 138, 351-367.
Chan, C., Van Boven, L., Andrade, E. B., & Ariely, D. 2014 Moral violations reduce oral consumption. *Journal of Consumer Psychology*, 24, 381-386.
Chapman, H. A., Kim, D. A., Susskind, J. M., & Anderson, A. K. 2009 In bad taste : Evidence for the oral origins of moral disgust. *Science*, 323, 1222-1226.
Cogan, R., Cogan, D., Waltz, W., & McCue, M. 1987 Effects of laughter and relaxation on discomfort thresholds. *Journal of Behavioral Medicine*, 10, 139-144.
Cole, G. G., & Wilkins, A. J. 2013 Fear of holes. *Psychological Science*, 24, 1980-1985.
Curtis, V., Aunger, R., & Rabie, T. 2004 Evidence that disgust evolved to protect from risk of disease. *Proceedings Biological Sciences*, 271 Suppl 4, S131-S133.
Damasio, A. 1994 *Descartes' error : Emotion, reason, and the human brain*. New York : Gosset/Putnam.
Darwin, C. 1872 *The expression of the emotions in man and animals*. London : John Murray.
Davis, J. I., Senghas, A., Brandt, F., & Ochsner, K. N. 2010 The effects of BOTOX injections on emotional experience. *Emotion*, 10, 433-440.
Dijksterhuis, A., & Smith, P. K. 2002 Affective habituation : Subliminal exposure to extreme stimuli decreases their extremity. *Emotion*, 2, 203-214.
Druschel, B. A., & Sherman, M. F. 1999 Disgust sensitivity as a function of the Big Five and gender. *Personality and Individual Differences*, 26, 739-748.
Ekman, P., & Friesen, W. V. 1971 Constants across cultures in the face and emotion. *Journal of Personality and Social Psychology*, 17, 124-129.
Ekman, P., Sorenson, E. R., & Friesen, W. V. 1969 Pan-cultural elements in facial displays of emotion.

Science, 164, 86-88.
Fazio, R. H., Sanbonmatsu, D. M., Powell, M. C., & Kardes, F. R. 1986 On the automatic activation of attitudes. *Journal of Personality and Social Psychology*, 50, 229-238.
Gross, J. J. (Ed.) 2007 *Handbook of emotion regulation*. New York, NY : Guilford Press.
Gyurak, A., Gross, J. J., & Etkin, A. 2011 Explicit and implicit emotion regulation : A dual-process framework. *Cognition & Emotion*, 25, 400-412.
Haidt, J., McCauley, C., & Rozin, P. 1994 Individual differences in sensitivity to disgust : A scale sampling seven domains of disgust elicitors. *Personality and Individual Differences*, 16, 701-713.
Haidt,J., Rozin,P., McCauley,C., & Imada,S. 1997 Body, Psyche, and Culture : The Relationship between Disgust and Morality. *Psychology & Developing Societies*, 9, 107-131.
Hatfield, E., Cacioppo, J. T., & Rapson, R. L. 1993 Emotional contagion. *Current Directions in Psychological Science*, 2, 96-99.
Heider, F. 1958 *The psychology of interpersonal relations*. New York : Wiley.
Helzer, E. G., & Pizarro, D. A. 2011 Dirty liberals! : Reminders of physical cleanliness influence moral and political attitudes. *Psychological Science*, 22, 517-522.
Hennenlotter, A., Dresel, C., Castrop, F., Ceballos-Baumann, A. O., Baumann, A. O. C., Wohlschläger, A. M., & Haslinger, B. 2009 The link between facial feedback and neural activity within central circuitries of emotion—New insights from botulinum toxin—induced denervation of frown muscles. *Cerebral Cortex*, 19, 537-542.
Inbar, Y., Pizarro, D. A., & Bloom, P. 2009a Conservatives are more easily disgusted than liberals. *Cognition & Emotion*, 23, 714-725.
Inbar, Y., Pizarro, D. A., Knobe, J., & Bloom, P. 2009b Disgust sensitivity predicts intuitive disapproval of gays. *Emotion*, 9, 435-439.
Inbar, Y., Pizarro, D., Iyer, R., & Haidt, J. 2012 Disgust sensitivity, political conservatism, and voting. *Social Psychological and Personality Science*, 3, 537-544.
Jack, R. E., Garrod, O., Yu, H., Caldara, R., & Schyns, P. G. 2012 Facial expressions of emotion are not culturally universal. *Proceedings of the National Academy of Sciences of the United States of America*, 109, 7241-7244.
James, W. 1884 What is an emotion? *Mind*, 9, 188-205.
Jiang, Y., Costello, P., Fang, F., Huang, M., & He, S. 2006 A gender-and sexual orientation-dependent spatial attentional effect of invisible images. *Proceedings of the National Academy of Sciences of the United States of America*, 103, 17048-17052.
Kätsyri, J., Förger, K., Mäkäräinen, M., & Takala, T. 2015 A review of empirical evidence on different uncanny valley hypotheses : Support for perceptual mismatch as one road to the valley of eeriness. *Frontiers in Psychology*, 6, 390.
Kim, M. J., Neta, M., Davis, F. C., Ruberry, E. J., Dinescu, D., Heatherton, T. F., et al. 2014 Botulinum toxin-induced facial muscle paralysis affects amygdala responses to the perception of emotional expressions : Preliminary findings from an A-B-A design. *Biology of Mood & Anxiety Disorders*, 4, 11.
Kramer, A. D. I., Guillory, J. E., & Hancock, J. T. 2014 Experimental evidence of massive-scale emotional contagion through social networks. *Proceedings of the National Academy of Sciences of the United States of America*, 111, 8788-8790.
Lang, P. J., Bradley, M. M., & Cuthbert, B. N. 1990 Emotion, attention, and the startle reflex. *Psychological Review*, 97, 377-395.
Lang, P. J., Bradley, M. M., & Cuthbert, B. N. 2008 *International affective picture system (IAPS) : Af-*

fective ratings of pictures and instruction manual. Technical Report A-8. University of Florida, Gainesville, FL.
Lange, C. 1885 Om sindsbevægelser: Et psyko-fysiologisk Studie. Copenhagen: Jacob Lunds Forlag.
LeDoux, J. E. 1995 Emotion: Clues from the brain. Annual Review of Psychology, 46, 209-235.
LeDoux, J. E. 1996 The emotional brain. New York: Simon & Schuster.
Lewin, K. 1935 A dynamic theory of personality. New York: McGraw-Hill.
MacDorman, K. F., & Ishiguro, H. 2006 The uncanny advantage of using androids in cognitive science research. Interaction Studies, 7, 297-337.
Marmolejo-Ramos, F., Elosúa, M. R., Yamada, Y., Hamm, N. F., & Noguchi, K. 2013 Appraisal of space words and allocation of emotion words in bodily space. PLOS ONE, 8 (12), e81688.
McKenna, F. P., & Sharma, D. 1995 Intrusive cognitions: An investigation of the emotional Stroop task. Journal of Experimental Psychology: Learning, Memory, and Cognition, 21, 1595-1607.
Mori, M. 1970 The uncanny valley. Energy, 7, 33-35.
Morris, J. S., Ohman, A., & Dolan, R. J. 1998 Conscious and unconscious emotional learning in the human amygdala. Nature, 393, 467-470.
Murphy, S. T., & Zajonc, R. B. 1993 Affect, cognition, and awareness. Affective priming with optimal and suboptimal stimulus exposures. Journal of Personality and Social Psychology, 64, 723-739.
Nemeroff, C., & Rozin, P. 1992 Sympathetic magical beliefs and kosher dietary practice: The interaction of rules and feelings. Ethos, 20, 96-115.
Oaten, M., Stevenson, R. J., & Case, T. I. 2009 Disgust as a disease-avoidance mechanism. Psychological Bulletin, 135, 303-321.
Öhman, A., Flykt, A., & Esteves, F. 2001 Emotion drives attention: Detecting the snake in the grass. Journal of Experimental Psychology: General, 130, 466-478.
Olatunji, B. O., Cisler, J. M., Deacon, B. J., Connolly ,K., & Lohr, J. M. 2007a The disgust propensity and sensitivity scale-revised: Psychometric properties and specificity in relation to anxiety disorder symptoms. Journal of Anxiety Disorders, 21, 918-930.
Olatunji, B. O., Williams, N. L., Tolin, D. F., Abramowitz, J. S., Sawchuk, C. N., Lohr, J. M., & Elwood, L. S. 2007b The Disgust Scale: Item analysis, factor structure, and suggestions for refinement. Psychological Assessment, 19, 281-297.
Rozin, P., & Fallon, A. E. 1987 A perspective on disgust. Psychological Review, 94, 23-41.
Rozin, P., Lowery, L., Imada, S., & Haidt, J. 1999 The CAD triad hypothesis: A mapping between three moral emotions (contempt, anger, disgust) and three moral codes (community, autonomy, divinity). Journal of Personality and Social Psychology, 76, 574-586.
Russell, J. A. 1980 A circumplex model of affect. Journal of Personality and Social Psychology, 39, 1161-1178.
Sasaki, K., Ihaya, K., & Yamada, Y. submitted Avoiding potential threat of hard-to-categorize objects contributes to the uncanny valley. Manuscript submitted for publication.
Sasaki, K., Yamada, Y., & Miura, K. 2015 Post-determined emotion: Motor action retrospectively modulates emotional valence of visual images. Proceedings of the Royal Society B: Biological Sciences, 282, 20140690-20140690.
Schachter, S., & Singer, J. E. 1962 Cognitive, social, and physiological determinants of emotional state. Psychological Review, 69, 379-399.
Schlosberg,H. 1954 Three dimensions of emotion. Psychological Review, 61, 81-88.
Soussignan, R., Schaal, B., Marlier, L., & Jiang, T. 1997 Facial and autonomic responses to biological and artificial olfactory stimuli in human neonates: Re-examining early hedonic discrimination of

odors. *Physiology & Behavior*, 62, 745-758.
Strack, F., Martin, L. L., & Stepper, S. 1988 Inhibiting and facilitating conditions of the human smile: A nonobtrusive test of the facial feedback hypothesis. *Journal of Personality and Social Psychology*, 54, 768-777.
Sweeny, T. D., Grabowecky, M., Paller, K. A., & Suzuki, S. 2009 Within-hemifield perceptual averaging of facial expressions predicted by neural averaging. *Journal of Vision*, 9 (3), 1-11.
Theeuwes, J. 2010 Top-down and bottom-up control of visual selection. *Acta Psychologica*, 135, 77-99.
Tolin, D. F., Worhunsky, P., & Maltby, N. 2004 Sympathetic magic in contamination-related OCD. *Journal of Behavior Therapy and Experimental Psychiatry*, 35, 193-205.
Tomkins, S. S. 1962 *Affect, Imagery, Consciousness: Vol. I: The Positive Affects*. New York, NY: Springer.
van Overveld, M., de Jong, P. J., Peters, M. L., & Schouten, E. 2011 The Disgust Scale-R: A valid and reliable index to investigate separate disgust domains? *Personality and Individual Differences*, 51, 325-330.
Vuilleumier, P., Armony, J. L., Driver, J., & Dolan, R. J. 2001 Effects of attention and emotion on face processing in the human brain: An event-related fMRI study. *Neuron*, 30, 829-841.
Wilkins, A. J. 1995 *Visual stress*. Oxford: Oxford University Press.
Williams, L. E., Bargh, J. A., Nocera, C. C., & Gray, J. R. 2009 The unconscious regulation of emotion: Nonconscious reappraisal goals modulate emotional reactivity. *Emotion*, 9, 847-854.
Xue, Y., & Yamada, Y. 2014 A cross-cultural comparison of disgust ratings for negative IAPS images. *Unpublished Paper*.
Yamada, Y., & Kawabe, T. 2011 Emotion colors time perception unconsciously. *Consciousness and Cognition*, 20, 1835-1841.
Yamada, Y., Kawabe, T., & Ihaya, K. 2012 Can you eat it? A link between categorization difficulty and food likability. *Advances in Cognitive Psychology*, 8, 248-254.
Yamada, Y., Kawabe, T., & Ihaya, K. 2013 Categorization difficulty is associated with negative evaluation in the "uncanny valley" phenomenon. *Japanese Psychological Research*, 55, 20-32.
Yamada, Y., Sasaki, K., Kunieda, S., & Wada, Y. 2014 Scents boost preference for novel fruits. *Appetite*, 81, 102-107.
Yang, E., Zald, D. H., & Blake, R. 2007 Fearful expressions gain preferential access to awareness during continuous flash suppression. *Emotion*, 7, 882-886.
Zhong, C. B., & Liljenquist, K. 2006 Washing away your sins: Threatened morality and physical cleansing. *Science*, 313, 1451-1452.

第9章

Ansorge, U., Khalid, S., & König, P. 2013 Space-valence priming with subliminal and supraliminal words. *Frontiers in Psychology*, 4, 1-15.
Blaney, P. H. 1986 Affect and memory: A review. *Psychological Bulletin*, 99, 229-246.
Boroditsky, L. 2000 Metaphoric structuring: Understanding time through spatial metaphors. *Cognition*, 75, 1-28.
Bower, G. H. 1981 Mood and memory. *American Psychology*, 36, 129-148.
Casasanto, D. 2009 Embodiment of abstract concepts: Good and bad in right- and left-handers. *Journal of Experimental Psychology: General*, 138, 351-367.
Casasanto, D., & Chrysikou, E. G. 2011 When left is "right". Motor fluency shapes abstract concepts. *Psychological Science*, 22, 419-422.

引用文献

Casasanto, D., & Dijkstra, K. 2010 Motor action and emotional memory. *Cognition*, 115, 179-185.
Casasanto, D., & Jasmin, K. 2010 Good and bad in the hands of politicians : Spontaneous gestures during positive and negative speech. *PLoS ONE*, 5, e11805.
Corballis, M., & Beale, I. 1976 *Psychology of left and right*. Hillsdale, NJ : Erlbaum.
Crawford, E. L., Margolies, S. M., Drake, J. T., & Murphy, M. E. 2006 Affect biases memory of location : Evidence for the spatial representation of affect. *Cognition & Emotion*, 20, 1153-1169.
de la Vega, I., de Filippis, M., Lachmair, M., Dudschig, C., & Kaup, B. 2012 Emotional valence and physical space : Limits of interaction. *Journal of Experimental Psychology : Human Perception and Performance*, 38, 375-385.
de la Vega, I., Dudschig, C., de Filippis, M., Lachmair, M., & Kaup, B. 2013 Keep your hands crossed : The valence-by-left/right interaction is related to hand, not side, in an incongruent hand-response key assignment. *Acta Psychologica*, 142, 273-277.
Dudschig, C., de la Vega, I., & Kaup, B. 2015 What's up? Emotion-specific activation of vertical space during language processing. *Acta Psychologica*, 156, 1-13.
Jostmann, N. B., Lakens, D., & Schubert, T. W. 2009 Weight as an embodiment of importance. *Psychological Science*, 20, 1169-1174.
Lee, S. W. S., & Schwarz, N. 2012 Bidirectionality, mediation, and moderation of metaphorical effects : The embodiment of social suspicion and fishy smells. *Journal of Personality and Social Psychology*, 103, 737-749.
Marmolejo-Ramos, F., Elosúa, M. R., Yamada, Y., Hamm, N. F., & Noguchi, K. 2013 Appraisal of space words and allocation of emotion words in bodily space. *PLoS ONE*, 8, e81688.
Meier, B. P., & Robinson, M. D. 2004 Why the sunny side is up : Association between affect and vertical position. *Psychological Science*, 15, 243-247.
Quaranta, A., Siniscalchi, M., & Vallortigara, G. 2007 Asymmetric tail-wagging responses by dogs to different emotive stimuli. *Current Biology*, 17, 199-201.
Reber, R., Winkielman, P., & Norbert, S. 1998 Effects of conceptual fluency on affective judgments. *Psychological Science*, 9, 45-48.
Rogers, L. J., Rigosi, E., Frasnelli, E., & Vallortigara, G. 2013 A right antenna for social behaviour in honeybees. *Scientific Reports*, 3 : 2045.
Sasaki, K., Seno, T., Yamada, Y., & Miura, K. 2012 Emotional sounds influence vertical vection. *Perception*, 41, 875-877.
Sasaki, K., Yamada, Y., & Miura, K. 2015 Post-determined emotion : Motor action retrospectively modulates emotional valence of visual images. *Proceedings of the Royal Society B : Biological Sciences*, 282 : 201406.
Sasaki, K., Yamada, Y., & Miura, 2016 Emotion biases voluntary vertical action only with visible cues. *Acta Psychologica*, 163, 97-106.
Schnall, S., Benton, J., & Harvey, S. 2008 With a clean conscience : Cleanliness reduces the severity of moral judgments. *Psychological Science*, 19, 1219-1222.
Seno, T., Kawabe, T., Ito, H., & Sunaga, S. 2013 Vection modulates emotional valence of autobiographical episodic memories. *Cognition*, 126, 115-120.
Stepper, S., & Strack, F. 1993 Proprioceptive determinants of emotional and nonemotional feelings. *Journal of Personality and Social Psychology*, 64, 211-220.
Williams, L. E., & Bargh, J. A. 2008 Experiencing physical warmth promotes interpersonal warmth. *Science*, 322, 606-607.
山田祐樹・佐々木恭志郎・三浦佳世　2014　法と空間心理学―法廷配置と利き手が生み出す量刑判断

バイアス　日本認知心理学会第12回大会発表論文集，128.
第10章
Ando, H. 2006 Expertise of actors: Three viewpoints in acting. *Psychologia*, 50, 5-14.
安藤花恵　2011　演劇俳優の熟達化に関する認知心理学的研究　風間書房
安藤花恵　2015　長期経験者へのインタビュー調査による演劇俳優の熟達過程の考察　西南学院大学人間科学論集，10, 115-130.
Diderot, D. 1830 *The paradox of acting*. W. H. Pollock（Trans.）Kessinger Publishing.
Ericsson, K. A., Krampe, R., & Tesch-Romer, C. 1993 The role of deliberate practice in the acquisition of expert performance. *Psychological Review*, 100, 363-406.
生田久美子　1987　「わざ」から知る　東京大学出版会
河竹登志夫　1978　演劇概論　東京大学出版会
Noice, H., & Noice, T. 2006 Artistic performance: Acting, Ballet, and contemporary dance. In K. A. Ericsson, N. Charness, P. J. Feltovich, & R. R. Hoffman（Eds.）*The Cambridge handbook of expertise and expert performance*. New York: Cambridge University Press. pp.489-503.
野村亮太・丸野俊一　2007　ユーモア生成過程にみられる演者と観客による関係システムの解明認知科学，14, 494-508.
岡　千春　2012　舞踊する身体における自我の熟達　人間文化創成科学論叢，15, 37-44.
大浦容子　2000　創造的技能領域における熟達化の認知心理学的研究　風間書房
Oura, Y., & Hatano, G. 2001 The constitution of general and specific mental models of other people. *Human Development*, 44, 144-159.
大浦容子・波多野誼余夫　2004　想定された異なる聴衆に対する演奏の調整―ダイナミクス・パラメタの分析　音楽知覚認知研究，10, 1-19.
柴田庄一　2010　技芸の修練と熟達の機制―歌舞伎の芸談を通覧して　言語文化論集，31, 61-82.
Wilson, D. G. 2002 *Psychology for performing artists*（2 nd ed.）. Whurr Publishers.

人名索引

●あ

アイゼンク（Eysenck, H. J.） 7
天野貞祐 12
アリストテレス（Aristoteles） 12
アルンハイム（Arnheim, R.） 108
アレクサ・ミード（Alexa Meade） 59
アングリッリ（Angrilli, A.） 97
アンゾルゲ（Ansorge, U.） 162

●い

生田久美子 180
イーグルマン（Eagleman, D. M.） 96, 99, 104
市川誠 17

●う

ウィリアムズ（Williams, L. E.） 168
ヴェルシュ（Welsch, W.） 1, 9
ヴェルデン（Wearden, J. H.） 93
ウォルシュ（Walsh, V.） 98
ウルリッヒ（Ulrich, R.） 95

●え

エクマン（Ekman, P.） 143
エーデルソン（Adelson, E. H.） 65
エリクソン（Ericsson, K. A.） 173
エルケイム（El-Kaim, A.） 86

●お

大浦容子 170, 180

●か

カーヴィー（Carvey, C. E.） 34
カササント（Casasanto, D.） 17, 157
カッティング（Cutting, J. E.） 17, 107
金井良太 101, 104
河内十朗 14
カント（Kant, I.） 9, 12, 13, 20

●き

キスリー（Kisley, M. A.） 83, 84
北岡明佳 18, 25
ギブソン（Gibson, J. J.） 115
ギボン（Gibbon, J.） 103, 104
行場次朗 7, 109

●く

クァランタ（Quaranta, A.） 168
草間彌生 21
クリシコウ（Chrysikou, E. G.） 167
クロフォード（Crawford, E. L.） 159
桑子敏雄 18

●さ

ザクイ（Zakay, D.） 104
佐々木健一 8

●し

ジャスミン（Jasmin, K.） 166
シュナール（Schnall, S.） 168
シュラフ（Schrauf, M.） 26
シュロスバーグ（Schlosberg, H.） 143
シュワルツ（Schwarz, M.） 93
シュワルツ（Schwarz, N.） 160
ジョストマン（Jostmann, N. B.） 168
ジョハネセン（Johannesen, J. K.） 86
シラー（Schiller, P. H.） 34
シルビア（Silvia, P. J.） 16

205

神宮英夫　92

●す
ステッパ（Stepper, S.）　156
ストラック（Strack, F.）　156
スノーデン（Snowden, R.）　39
スピルマン（Spillmann, L.）　32
スーリオ（Souriau, E.）　109

●せ
妹尾武治　157

●そ
ソンタグ（Sontag, S.）　16

●た
ダイクストラ（Dijkstra, K.）　157
ダーウィン（Darwin, C.）　143
ダッドシィッヒ（Dudschig, C.）　163

●つ
ツェ（Tse, P. U.）　96

●て
テイラー（Tailor, R. P.）　131
デ・ラ・ベガ（de la Vega）　165

●と
都甲潔　13
トムキンス（Tomkins, S. S.）　143
トリーズマン（Treisman, M.）　103
ドロクボレ（Droit-Volet, S.）　94, 97

●な
ナイト（Knight, R. T.）　87
長尾真　13

●に
西周　13

●の
ノイス（Noice, H.）　178
ノイス（Noice, T.）　178
野口薫　18

●は
バウムガルテン（Baumgarten, A. G.）
　　1-3, 14, 137
バーク（Burk, E.）　16
バージ（Bargh, J. A.）　168
橋本治　13
波多野誼余夫　180
パトリック・ヒューズ（Patrick Hughes）
　　54
ハーマン（Hermann, L.）　26
バーライン（Berlyne, D. E.）　6, 7
バワー（Bower, G. H.）　157
ハンフリー（Humphrey, N.）　4

●ひ
ビーダーマン（Biederman, I.）　16
ヒューム（Hume, D.）　3

●ふ
フェヒナー（Fechner, G. T.）　6, 127
フェリチェ・ヴァリーニ（Varini, F.）
　　45
ブオノマーノ（Buonomano, D. V.）
　　92, 104
フォン・フランツ（von Franz, M.-L.）
　　14
ブラウン（Brown, S. W.）　94, 100
ブレイニー（Blaney, P. H.）　157
フロイト（Freud, S.）　21
ブロック（Block, R. A.）　104

●へ
ベルク（Berque, A.）　4
ペンローズ（Penrose, R.）　14

●ほ
ホイートストーン（Wheatstone, C.） 53
ポーラン（Paulun, V. C.） 65
ボロディスキー（Boroditsky, L.） 162

●ま
マルモレホラモス（Marmolejo-Ramos, F.） 159
マンデルブロー（Mandelbrot, B.） 129

●み
三浦佳世　8, 111
三浦利章　16
ミコロートフランキ（Micoulaud-Franchi, J. A.） 85
光藤崇子　82

●め
メイヤー（Meier, B. P.） 155
メック（Meck, W. H.） 92, 94

●や
ヤドゥン（Yadon, C. A.） 88

●ら
ラマチャンドラン（Ramachandran, V. S.） 12, 14, 75
ラムザイヤー（Rammsayer, T. H.） 92, 94

●り
リー（Lee, S. W. S.） 160
リオタール（Lyotard, J. F.） 110
リーバー（Reber, R.） 167

●る
ルブール（Reboul, O.） 3

●れ
レッシング（Lessing, G. E.） 109

●ろ
ロジャーズ（Rogers, L. J.） 168
ロジン（Rozin, P.） 148
ローゼンクランツ（Rosenkranz, J. K. F.） 2
ロビンソン（Robinson, M. D.） 155

事項索引

●あ
アートセラピー　6
IAPS　142
アイステーシス　1, 9
アイダとしてのイマ　122
AIDMA の法則　42
アナモルフォーシス　47
アナモルフォーズ　47
アニメーション　118
暗黙知　11

●い
怒り　143
閾下語彙プライミング　162
意識的　8
異時同図法　108
イデオ・サヴァン　20
違和感　122
陰影に基づく凹凸判断　9

●う
ヴァンテージポイント　46
動き筋　117
運動視差　55, 117

●え
エイムズの椅子　19
液体粘性　64
SD 法　5, 113
S1単純細胞　36
エッジ検出器　36
N1　80
FFT（高速フーリエ変換）　116
fMRI（機能的磁気共鳴画像装置）

109, 138
1／f ゆらぎ　6, 135
MT 野　101
エンドフェノタイプ　87
エントロピー　6

●お
黄金比　6, 126
黄金分割　126
奥行き知覚の手がかり　118
奥行き手がかり　49
奥行き手がかりの統合　56
汚染嫌悪　148
驚き　143
オノマトペ　16
お化け　118
オプティカルフロー　117

●か
ガーナーパターン　108
絵画的奥行き手がかり　19
絵画的手がかり　49
概日リズム　92
下位認識能力　14
ガウスフィルター　116
覚醒水準　17
覚醒度　93, 120, 142
活動性　7, 109
カッパ効果　100
過度の取り込み　84
悲しみ　143
カラーモード　19
感覚　11
感覚ゲーティング　84

209

感覚ゲーティングに関する質問紙調査
　　　84
感覚モダリティ　　104
眼球運動　　16, 32
鑑識眼　　15
感受性　　12
感情　　13, 142
感情価　　97
感情馴化　　144
感情処理　　147
感情伝染　　146
感情表出　　143
感情プライミング　　143
感情抑制　　144
感性　　8, 174
感性工学　　3
感性錯視学　　18
感性知　　9, 12
感性認知　　5
感性認知学（aesthetic science）　　6
感性評価　　7
感染呪術　　149
感度　　12
顔面フィードバック仮説　　145

●き
記述選択法　　113
規則性　　7, 109
生の能力　　15
基本感情　　147
客体　　3
客観的　　13
嗅覚　　12
共感呪術　　149
共通感覚　　12
恐怖　　143
きらめき格子錯視　　26

●く
空間 – 感情メタファ　　155

空間周波数　　115
空間周波数チャンネル　　119
クラスター分析　　113

●け
芸術心理学　　6
経頭蓋直流刺激　　138
ゲシュタルト心理学　　10, 108
嫌悪　　143
嫌悪感　　147
嫌悪感尺度　　150
現実感　　121

●こ
広告デザイン　　24, 42
高次視覚野　　109
行動経済学　　15
個人差　　16, 77
昆虫食　　153
コントラスト　　28

●さ
サイコメトリクス　　6
最大尤度差スケーリング法　　65
錯視　　24
錯視デザイン　　18
錯覚　　24
雑食動物のジレンマ　　152

●し
視角　　32
視覚経路　　30
視覚的思考　　10
視覚的不快感　　147
視覚伝導路　　30
視覚野　　30
時間印象　　120
時間縮小錯覚　　81
時間知覚　　21, 92, 120
時間評価　　92

事項索引

時間窓　117
色彩調和　6
自己相似性　129
示唆的運動　108
事象関連電位　79
静かな感情　13
質感　63
実験現象学　19
実験現象美学　18
実験美学　6
自動化　8
シミュレーション　19
社会心理学　21
シャーデンフロイデ　153
集合体恐怖症　151
周辺視　32
周辺視野　41
主観的　13
熟達　16
熟達化　170
熟達者　170
主体　3,13
趣味（好み）の違い　16
照合変数　6
冗長度　6
情動価　142
情動ストループ効果　144
食物新奇性恐怖　152
初心者　170
触覚　11
処理負荷　6
処理流暢性　6,167
進化論　14
新奇性　6
身体化　146
身体感覚　9
身体性　17
身体的覚醒　145
身体特異性仮説　146
心的メタファ　161

心理的現在　92
心理物理学　6

●す
スカラー計時理論　103
ステレオグラム　53
ステレオコープ　53

●せ
生得的　8,15
接近−回避のモデル　7
線遠近法　50
潜在知　12
潜在的　147
前注意的　143
先天盲　10
前頭前皮質　137
専門家　16

●そ
造形心理学　6
創造性　6
相対的大きさ　50
側抑制　33,38
即興性　181

●た
第一次視覚野（Ｖ１）　30,101
対称性　6
体制化　16
大脳基底核　94
他我問題　5
多義的　10
DAGMARモデル　42
多変量解析　7,113
だまし絵　24
単眼性手がかり　49
短縮法　50
単純細胞　31
単純接触効果　17

●ち
知覚　　　1，9, 14, 115
知覚変調　　84
蓄積器　　103, 120
知性　　14
注意　　16, 94, 118, 147
注意欠如／多動性障害　　85
中核的嫌悪　　148
中心視　　32
直観的　　8
直観的思考　　9

●て
手がかり　　49
テクスチャ勾配　　50
典型性　　6
転動性　　84

●と
統合失調症　　85
統合的　　8
統合的認知　　2
洞察　　9
動物性嫌悪　　148
透明液体　　70
等量分割　　127
ドーパミンシステム　　94
トライポフォビア　　151
トロンプ・ルイユ　　58

●な
内的時計モデル　　103

●に
二重課題　　94

●は
バー検出器　　36
パーソナリティ特性　　6
ハーマン格子錯視　　26

蓮コラ　　151
パターンのよさ　　109
パターンのよさ判断　　16
パトス　　13, 17
パルボ系　　119
判断　　12

●ひ
P50　　83
美学　　2
非剛体素材　　64
ヒューリスティクス　　9, 14
評価性　　7, 9, 109
表現リテラシー　　118
表情　　143
ひらめき　　9
非論理的　　14

●ふ
フーリエ変換　　134
フォトグラフィックブラー　　118
不気味さ　　147
不気味の谷　　152
複雑細胞　　31
複雑性　　6
普遍性　　7
フラクタル　　6, 129
フラクタル次元　　131
不良設定問題　　49
プレグナンツ　　108
プロジェクションマッピング　　75
文化差　　17

●へ
平面手がかり　　58
ベクション　　157
変幻灯　　64

●ほ
方位　　115

方位情報　29
方位選択性　30
包括的　8
方向選択性　30
ボックスカウンティング法　131

●ま
マイクロジェネシス研究　122
マグニチュード理論　98
マグノ系　119

●み
味覚　11
ミニチュア効果　118
未分化　8
ミラーニューロン　16

●む
無意識　146
無関心な（私欲のない）快　13
無自覚的　8, 10
無自覚的推論　10
ムーブマン　108

●も
網膜神経節細胞　33
モーションブラー　117
モーションライン　108

●や
役の視点

●ゆ
ゆらぎ　133

●よ
よい形　10
余白　121
喜び　143

●ら
ランダムネス　6

●り
利休好み　17
離人症　122
立体視　53
リバースペクティブ　54
両眼視差　52
両眼性手がかり　49

●ろ
ロゴス　11, 17
論理的　8

●わ
笑い　153

あとがき

　本書は，編著者である三浦佳世先生が2016年3月をもって九州大学をご退官される節目にあたって，その記念事業の一環として企画されたものです。三浦先生が1998年4月に九州大学に赴任され，「感性認知学」研究室を立ち上げられてから，18年がたとうとしています。その間，先生の斬新かつスマートな研究や温かな人柄に惹かれて，国内外から門下生が集いました。大学院で直接薫陶を受けた者たちは，現在，それぞれの勤務先で教育や研究に携わっており，そのフロンティア精神は脈々と受け継がれています。

　本書は，三浦先生をはじめ門下生が一丸となって執筆したものです。それぞれが追求した「感性認知学」について，先端の内容もできるだけ平易に解説し，読者の方々にこの分野の面白みや，研究の醍醐味をお伝えすることを目指しました。集まった原稿は，感覚知覚から高次認知までをカバーしており，三浦先生が掲げた感性認知学の幅広さと奥深さを体現した書籍となりました。そしてまた何より，個々の章が，既存の枠組みや研究テーマを乗り越えようとするエネルギーに満ちており，あたかも研究室の活気がそのまま一冊の本に凝縮されたかのような思いがします。心理学の基礎を学ぶ方々のみならず，実験心理学に関心のある方，そして，心理学を軸として芸術や工学，医学等との接点に関心のある方にも，学術的資料としてご活用いただくことはもちろん，読み物としてもお手に取っていただければと心より願っています。

　なお，企画段階から親身に相談に応じてくださり，出版に向けて導いてくださった北大路書房のご厚意がなければ，本書の刊行は成し得ませんでした。とりわけ，出版の企画を引きうけていただいた代表取締役の関一明氏，上記の欲張りな企画内容を実現するために，折々具体的なアドバイスをいただき，遅れがちなスケジュールの中で刊行を実現させていただいた編集部の北川芳美氏には，深く感謝いたします。

2016年1月

門下生を代表して　荒生弘史・田谷修一郎

執筆者一覧 （執筆順。*は編著者，**は編集幹事）

三浦　佳世*	九州大学大学院人間環境学研究院教授	序章，第6章
錢　　琨	九州大学持続可能な社会のための決断科学センター助教	第1章
田谷修一郎**	大正大学人間学部講師	第2章
河邉　隆寛	NTTコミュニケーション科学基礎研究所主任研究員	第3章
荒生　弘史**	大正大学人間学部准教授	第4章
山本健太郎	東京大学先端科学技術研究センター，日本学術振興会特別研究員	第5章
長　潔容江	九州大学大学院人間環境学府博士後期課程	第7章
山田　祐樹	九州大学基幹教育院准教授	第8章
佐々木恭志郎	九州大学大学院人間環境学府，日本学術振興会特別研究員	第9章
安藤　花恵	西南学院大学人間科学部准教授	第10章

【編者紹介】

三浦　佳世（みうら・かよ）
　1952年　京都市に生まれる
　1979年　大阪大学大学院文学研究科博士課程単位取得満了
　現　在　九州大学大学院人間環境学研究院教授（学術博士）
　主　著　共視論―母子像の心理学（講談社選書メチエ）（分担執筆）　講談社　2005年
　　　　　感性の科学―心理と技術の融合　（分担執筆）　朝倉書店　2006年
　　　　　知覚と感性の心理学（心理学入門シリーズ1）　岩波書店　2007年
　　　　　美と感性の心理学―ゲシュタルト心理学の新しい地平（日本大学文理学部叢書）
　　　　　　　（分担執筆）　富山房インタナショナル　2007年
　　　　　知覚と感性（現代の認知心理学1）（編著）　北大路書房　2010年
　　　　　美しさと共感を生む脳―神経美学からみた芸術（社会脳シリーズ　4）（分担執筆）
　　　　　　　新曜社　2013年
　　　　　新・知性と感性の心理―認知心理学最前線　（分担執筆）福村出版　2014年

感性認知
―― アイステーシスの心理学 ――

| 2016年 3 月 10 日　初版第 1 刷印刷 | 定価はカバーに表示 |
| 2016年 3 月 20 日　初版第 1 刷発行 | してあります。 |

編　著　者　　三　浦　佳　世
発　行　所　　㈱北大路書房
〒 603-8303　京都市北区紫野十二坊町12-8
　　　　　　　電　話　(075) 431-0361㈹
　　　　　　　F A X　(075) 431-9393
　　　　　　　振　替　01050-4-2083

© 2016　　　　　　　　　　　印刷・製本／亜細亜印刷㈱
検印省略　落丁・乱丁本はお取り換えいたします。
ISBN978-4-7628-2920-8　　　　　Printed in Japan

・ JCOPY 〈㈳出版者著作権管理機構 委託出版物〉
本書の無断複写は著作権法上での例外を除き禁じられています。
複写される場合は，そのつど事前に，㈳出版者著作権管理機構
(電話 03-3513-6969,FAX 03-3513-6979,e-mail: info@jcopy.or.jp)
の許諾を得てください。